DESIGN A
[デザイン・ア・ベタービジネス]
> BETTER BUSINESS

ビジネスイノベーション実践のための
ツール、スキル、マインドセット

著/パトリック・ファン・デル・ピール、ジャスティン・ロキッツ、リサ・ケイ・ソロモン
訳/神月謙一　監修/ NEC

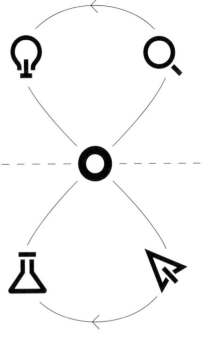

BNN
Bug News Network

◉凡例
- 訳注・編注は〔〕で括った。

このページを見て、不安になったり、ギョッとしたりしただろうか？　□はい　□いいえ

日本語版へ向けて ≫ パトリック・ファン・デル・ピール

私のビジネスデザインの旅路は、ベストセラーとなった『ビジネスモデル・ジェネレーション』（翔泳社、2012年）の出版から始まった。ビジネスモデルキャンバスについて書かれたこの本は、戦略的なマネジメントツール活用の先駆けであったといえる。ビジネスモデルキャンバスは、わかりやすく、使いやすく、周囲と共同するための素晴らしい方法だ。ビジネスモデル社（以下、BMI）の私のチームは、戦略とイノベーションのための一連のツールを開発するために、本書『DESIGN A BETTER BUSINESS』制作への挑戦を始めた。出版以降、多くのチームや企業がこれらのツールを活用してよい成果を上げ、私たちはいくつかの賞を受賞した。オーストラリアのグッドデザイン賞では、本書がマネジメントツールの普及に寄与したことが高く評価され、また本書に掲載したWavinのケーススタディは、デザイン・マネジメント協会のゴールデンデザイン賞を受賞している。

私たちのミッションは、クライアントのデザインを支援し、より良いビジネスを創造することである。BMIの台湾チームは、本書の監修を務めるNECの長期的な戦略パートナーとしてシフトを加速させてきた。改革の旅路は、チームが未来を改めて考え、想像し、デザインし直す必要があるため、決して簡単な道のりではない。チームには俊敏な行動が求められるが、一方で、この「変革」というマラソンを走りきるためには、かなりの粘り強さが必要となる。

今、私たちの生活に甚大な影響を及ぼしているパンデミックによって、デジタル化が加速している。2020年3月以降、BatteriiやMiro、Muralといったデジタル環境の使用が増加しており、このことは、人々がデジタルな働き方を受け入れたことを意味している。そして同時に、私たちのツールの需要が大幅に高まっていることも強調したい。不確実性に満ちた世界では、十分な準備をしておくことが難しい。でも、変化に立ち向かうために、適切なクリエイティブプロセスを踏み、ツールを使いこなす企業は、常に一歩先を行き、勝ち残ることができるはずである。

NECのチームが、本書の日本語版刊行に尽力してくれたことを嬉しく思うし、とても感謝している。本書に掲載したツールは、ビジネスをより良くデザインしたい多くの人々に活用されている。新しい会社や新たなコンセプト、あるいはビジネスモデルにおけるあなたのデザインジャーニーが、これらのツールによって、もっとワクワクするものになり、成功につながることを願っている。

反逆者になろう！ コンフォートゾーンから一歩踏み出し、私たちの仲間になってほしい。

日本語版への解説 　≫ 紺野 登

これはデザインの本である

最初から私事で恐縮だが、縁あって『ビジネスモデル・ジェネレーション』日本語版の解説を書かせていただいた。10年以上前、おそらく日本では最初にビジネススクール（多摩大学大学院）のカリキュラムにビジネスモデルキャンバスを採り上げたという経緯がある。同書はその後世界で100万部を超えるベストセラーとなった。その続編、『バリュー・プロポジション・デザイン』にも解説を寄せたので、今回で三度目の「ビジネスモデル本」の解説をさせていただくことになる。ちなみに本書の著者の一人、パトリック・ファン・デル・ピールは『ビジネスモデル・ジェネレーション』のプロデューサーとして名を連ねていたので、記憶されている読者もいるかもしれない。

前置きはこれくらいにしよう。本書はタイトル通り、デザインの本である。といっても、プロダクトデザインやモノのデザインの本ではない。著者たちによるとデザインは、「本質的に世界の見方を拡張する。人はデザインによって新しいものを取り入れ、人々を説得して方針を変えさせ、最終的に、より的確な（ビジネス上の）判断を下す」のだという。読者の想定通り、この「デザイン」という人間の知は、とりわけ今世紀においてビジネスを営む上での基盤となっているのである。

背景には1980年代以降からのビジネス知識やカリキュラムの陳腐化などがある。今われわれはVUCAと言われるような、複雑で混沌とした世界を経験している。そこでは、かつての「戦略の定石」が必ずしも有効ではない。たとえば、業界構造分析によってポジショニングを考えよ、といっても、もはや業界の垣根はなくなっている。築き上げた競争優位性も短命だ（これをリタ・マグレイスは「競争優位の終焉」と呼んだ）。企業という枠組みすら、オープンで曖昧である。こうした時代には論理分析で「解」を求めるのでなく、より良いビジネスをデザインすること、つまり、目的や思いをもとに、ビジネスや新産業、あるいはあるべき状態や変化を試行錯誤的に創り上げることが新たなやり方なのだ。

デザインという言葉の曖昧さについて

ここでいつでもあがる問いは「デザイン」という言葉、概念の曖昧さなので、一旦整理しておきたい。

デザインというと、図像、物の形や色が対象というのが一般的なイメージだと思う。しかし、それは「視覚時代」の20世紀のデザインのあり方だった。映画やテレビ、コンピュータのモニター、YouTube やインスタグラムに至るまで、この一世紀ほどは「視覚優位の時代」だった。振り返れば、1920年代頃から、デザインは既に存在している製品、たとえば自動車や家電製品に魅力的な形態を纏わせ、広告宣伝を通じてモノの欲望を喚起する消費文化を形成した。下って、1970年代ころから、デザインはそれまでになかった機能や製品にカタチを与える役割を担った。たとえばマウスなどは存在しなかったモノだ。そこでは人間と技術の関係を調停するというデザインの役割が生まれた。

ここまでは、デザインは確かに「モノ」のデザインだった。そして隠れた力として、きわめて大きなインパクトを経済、産業、経営に及ぼした。そこでは、デザインはモノの機能的価値に意味的価値を付加する、という役割を担った（モノのコト化、などとも言われた）。

しかし、大量生産時代の終焉、インターネットの浸透、知識経済への移行のなかで、デザインはあらたな役割を得た。その展開の一形態が「デザイン思考」だ。現代はモノの豊かさよりも環境や社会イノベーション、精神価値重視の時代だ。デザインは、人間・ユーザーの経験

を下地に、社会、技術、ビジネスを融合し、本質的に価値に基づいて新たな関係を創出することだ。その対象は、生活者や市民の経験、ビジネスそのもの（あるいは経営や組織まで）、そしてもちろんソフトウェアやエコシステムまでが対象になった。こうしてデザインは100年かけて、ビジネスモデルをデザインするような変化を遂げた！

デザイン思考は今世紀になって急速に広がったが、いま、こういった新しいデザインの力を享受している企業とそうでない企業に二分されているように思う。後者は、まだ従来の大量生産時代の計画的な思考から抜け出せていないともいえる。

もともとデザインは、人間が持っているアート的な能力を、近代になって工芸デザインや製品デザインとして生かすことで、ロシア前衛芸術やバウハウス（20世紀初頭の総合的デザイン教育）以降ひろがってきた「運動」だ。最近は「デザイン思考からアート思考へ」といったスローガンも聞こえるが、実はアート思考的要素はもともとこうしたデザイン運動の中にあったものだ。ただし、最近のデザイン思考は、単なる手順を追う作業やワークショップで使われる定型的ツールになってしまったという批判がある。その反動として、アート思考的な部分が叫ばれるようになったといえる。

イノベーション経営の時代

なぜいまビジネスにデザインが重要なのか？　その鍵はいうまでもなく、「イノベーション」にある。本書にあるように、デザインは「急速に『イノベーション』のようなキーワードになりつつある。デザインはプロセスであると同時にマインドセットである」。

イノベーションは日本ではいまだに「技術革新」と訳されることがある。

またイノベーションというと何か「遠い」感じがするというのが実感ではないだろうか。なかには、日本企業にはイノベーションは向かない、といった説すら聞こえる。どうしても本業の維持に目がいくようだ。しかし、イノベーションについての認識を変えざるをえないような状況が訪れている。2019年夏にIMS（Innovation Management System）の国際標準規格としてISO56002がガイドラインとして世界導入されるなど、イノベーション経営は世界のどこでも、どんな企業でも取り組めるものになっている。今は経営イコールイノベーションといっていい時代なのだ。

その有力な「知」がデザイン、というわけだが、その本質は知識創造のプロセスである。市場や社会の暗黙知を観察や共感を通じて獲得し、機会を見出し、その暗黙知をアイデアやコンセプト（形式知）にする。そのアイデアを基軸に、利用可能な資産・技術をもとにプロトタイプとして（新）結合し、それを再び市場（顧客）や社会の日常に浸透させる（内面化）ための実験をおこなう。これは読者も知っている、デザイン思考のプロセスに対応する。

本書の デザインジャーニー	一般的デザイン思考 プロセス	知識創造(SECI) プロセス
Understand 理解する	観察 (Observation)	共同化 Socialization （新たな暗黙知）
Ideate アイデアを出す	アイディエーション (Ideation)	表出化 Externalization （新たな概念：形式知）
Prototype プロトタイプをつくる	プロトタイピング (Prototyping)	連結化 Combination （新たな形式知）
Validate 検証する	実験 (Experiment/Storytelling)	内面化 Internalization （形式知を新たな暗黙知へ）

これらを何度となく繰り返す（本書でいうダブルループ）、つまり「試

行錯誤するという仕事」こそイノベーションなのだが、それを「うまく」やりたいのだ。失敗を恐れないことは重要だが、だからといってただ失敗するのでなく、効果的・効率的に失敗したいのだ。そのためにデザインの智慧を用いて、われわれの創造性を遍く引き出していくようなプロジェクトや場を設ける。本書はこうしたイノベーション実践のツールボックスだといえる。

道具と技術とマインドセット

本書のコンセプトは、ツールを使いこなし、ハンズオンでビジネスをデザインすることであり、その主要なツールがビジネスモデルキャンバスだ。その実践のための経験や知見をまとめ、理想と現実の間のギャップを埋めようという狙いだ。

道具と使う技術とマインドセットの組み合わせが、本書で言いたいことだ。「会計士や、内科医、外科医はツールを使うための訓練を受けるが、ビジネスパーソンは経営のための訓練しか受けない。ビジネスパーソンはイノベーションを起こせると思っているが、それを実現するための適切なスキルやツールを持っていない。しかし、こうしたツールでさえ、実践の現場でうまく使わなければ役に立たない」。このあたりのフラストレーションが本書の動機のように思われる。前述のように、ビジネスモデルキャンバスが導入されて10年経つ。その後、随分と浸透してきたように思うが、そのされ方はというと、必ずしも当初の狙い通りに広がっているわけではない。たとえば、新たなビジネスモデルを描くことより9つのボックスを詳細に記述することに力を注いだり、たくさんのパターン集を頭に入れて当てはめたり。詳細化することは重要だし、事例の図解もわかりやすいが、ビジネスモデルを図式化したり固定化したりしてしまうと、そこ（他者のモデルや自分自身のその時のアイデア）から逸脱・変化していくのは難しくなる。

ビジネスモデルは常にデザインしていくもの、現状に挑戦して変化する知でなければならない。本書にもあるように「デザイナーとは大義を持った反逆者（Designer: A Rebel with a Cause）」だからである。

実践者のための心得

重要なのは、デザイン思考やビジネスモデルについて考えたり読んだりする段階から、実践の段階へ移れ、ということだと思う。ここで筆者の解釈は置いて、いくつかポイントになることを挙げておきたい。これは、拙著『イノベーション全書』（東洋経済新報社、2020年）の中でも述べた重要なポイントだ。

（1）準備とチーム

実践は大事だが、すぐに飛び込んではいけない。あるコンサルタントがデザイン思考をクライアント企業に導入しようとして失敗した例がある。それは、ツールとしての新奇性を「売り込もう」としたからで、既存の製品開発の仕組み（実は、そちらがイノベーション経営として観察すべき課題だった）を十分考察せずに、ワークショップをやってしまった。結果、アイデア・コンテストになってしまい、結局「何のためにやっているの？」と不評を買うことになってしまった。いうまでもなくデザイン思考は単なるツールでない。それを支える文脈、つまり組織文化やチームの意識の共有などを前提とする。

どのような狙いやスコープでデザイン思考のプロセスを実践するか、については入念な思慮（プロスペクトつまり予想、見通し）が必要だ。ビジネスをデザインすることとは、特定の職能を持った専門家や、戦略を担当する部門にとどまらないものであり、現場の人々、さらに顧客まで巻き込んだ草の根的な協業である。そのチームとは、読者とともに「旅」をする仲間である。

日本語版への解説

作家のマーガレット・ヘファーナンは、「スーパースターばかり集めたチーム」が必ずしも強いわけではなく、自分自身は「創意工夫やクリエイティビティによって名声を得た企業では、スーパースターを見つけることができなかった」と語っている。ある日本企業のトップと話した時にも同じ話を聞いた。各部門から選り抜きのメンバーでイノベーション・プロジェクトチームを作ったが、ことごとく失敗した。一方、これをやりたいという個性的な人間が参加してできたチームはうまくいくことが多かった、というのだ（『イノベーション全書』より）。

「ジャーニー」というのは、こういったチームとともに、ありきたりのストーリーを追うことではない。実践のただなかで、自らビジネスを物語りつつデザインするという、「語る行為」なのである。

(2) 視点（POV）

視点は、英語では POV: Point Of View。ほかに perspective、viewpoint といったりもするが、その重要性にかなりの紙幅が割かれている。ちなみに本書（英語版）では104回登場する。

　視点は、物事に対する見方、態度、立場、姿勢、目線。
　視点は、何かを観察するときの空間的な位置。
　視点は、何かを見るときの精神的な立場。

である。これは、自身（自社）のイノベーションを考える上で決定的に重要だ。既存の価値観に対しての挑戦なのか、新たな産業や市場を作ろうという試みなのか、どのような展開を持つのかまさにそのパースペクティブ、透視図を描くことなのだ。

(3) 場づくり

ファシリテーションはワークショップをうまくまとめるだけのものではない。ただのミーティングに終わるかどうかは、どのような「場」を生み出すかの構想にかかっている。ワークショップにおいては、ファシリテーターが主役（スター）になってはいけないと思う。あくまでも主役は場に参加する当事者である。本書ではこう言っている。

「ファシリテーションは、単に議論やミーティングを活性化させるためのものではない。プロセス全体を活性化させるためのものだ。あなたは作戦の黒幕になる必要がある。重要なのは、正しいかどうかではない。プロセスをデザインし管理することによって、チームを効果的に支援できるかどうかだ。ファシリテーションには、環境、情報、ネットワーク、チーム、エネルギーが関係する。これには、チームが1ステップ進むごとの情報交換や、チームで交わした約束も含まれる。」

(4) マインドセット

マインドセットとは、われわれの習性となった考え方、思考態度や傾向である。単なる意識の持ち方、以上のことを意味する。本書では、これまでとは異なる、適切で、創造的でユニークな、チームや組織の、デザインの、そしてメイカーズ（モノを創る人）としてのマインドセットのありかたが説かれている。一方でマインドセットは陳腐化するし「死んだような」状態でもありえる。新たなマインドセットは、デザイン思考を通じて学べる（変化する）と本書では述べる。

(5) 良い目的（パーパス）

最後に、そもそもわれわれが試行錯誤する前提として求められるのは、目的についての理解である。目的は目標とは違い、主観的な要素を持

ち意味や意義からなる。イノベーションにおいては、目的はその種子と言ってもよい。良い目的の発見は良いビジネスのためのジャーニーを決定づける。多くの企業は今、イノベーションについて多くを学んでも、体制を整えても、それでもイノベーションが起きないことを嘆く。たとえばオープンイノベーションは極めてポピュラーなコンセプトだが、どれだけ実践できているところがあるのだろうか。オープンイノベーションの専門家に聞けばその答えはシンプルである。目的のないオープンイノベーションが多いのだ。

イノベーションは、より良い社会のために変化を起こそう、といった主観的な力が重要だが、それは独りよがりであってはならない。そこで社会や顧客、パートナーと目的を共有し臨時的な共同体を創出することが不可欠になる。その目的はわれわれに、やってやろうという意思を生み出し、その意思が実践を生み出すのである。今世界中の企業の経営者が目的の重要性を語っている。ただし単に良い目的を標榜したりするだけでなく、それによってチームや組織を束ね、プロジェクトを実践させること、つまり「目的のエンジニアリング（Purpose Engineering）」が欠かせないのである。

イノベーションにおける最大の課題は、頭でやるべきだとわかっていても実践できないわれわれの弱さである。そこで本書を「勇気」を持って読むことを勧めたい。そうすることで本書の持つ力を読者のものとし、より良いビジネスをデザインする実感を得られるものと思う。

PROFILE

紺野 登

多摩大学大学院教授、エコシスラボ株式会社代表、一般社団法人 Future Center Alliance Japan（FCAJ）代表理事、一般社団法人 Japan Innovation Network Chairperson（JIN）理事。組織や社会の知識生態学（ナレッジエコロジー）をテーマに、デザインマネジメント、リーダーシップ教育、組織変革、研究所などのワークプレイス・プロジェクトなどの実務にかかわる。

本書の使い方

目次

イントロダクション	P.12	より良いビジネスとダブルループをデザインする
〉 第1章 準備する	P.28	あなたのチームと、ビジネス環境と、仕事の仕方を準備する
◉ 第2章 視点	P.50	反逆者となり、自分のビジョンを構築し、デザイン基準を設定する
◌ 第3章 理解する	P.86	あなたの顧客、あなたが置かれたコンテクスト、あなたのビジネスを理解する
◯ 第4章 アイデアを出す	P.128	アイディエーションを学び、アイデアを膨らませ、アイデアを選択する
⌖ 第5章 プロトタイプを作る	P.156	アイデアに命を吹き込み、それをスケッチし、試作する
⚗ 第6章 検証する	P.184	最もリスクの高い想定を見つけ、実験し、ピボットする
》 第7章 拡張する	P.218	いつ、どのように拡張するか。投資のレディネスレベル
付録	P.264	日本語版オリジナルコンテンツ、索引、制作チーム紹介

7 章
48 ケーススタディ
21 ツール
25 ダウンロードデータ
8 スキル
31 デザイナー
36 ハック(コツ)
>150 グラフィックス

本書には**31人のデザイン思考の実践者**と**思想的リーダーの個人的なストーリーや経験**が詰め込まれている。たとえば以下のような人々だ。

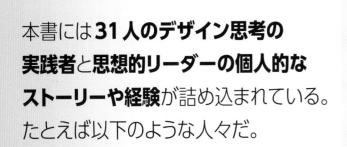

スティーブ・ブランク
シリアルアントレプレナー、
著作家、講演者
P. 247

ドロシー・ヒル
ING 銀行の戦略担当 VP
P. 67

ロブ・フィッツパトリック
『The Mom Test
（ママのテスト）』の著者
P. 93

ツールアイコンの凡例

 パーソナル
このツールは
人間中心の視点を必要とする。

 作る
このツールは
何かを作るのに役立つ。

発生させる
このツールは
選択肢を生み出すのに役立つ。

 フォーカスする
このツールは
判断や選択に役立つ。

 セッション
通常の作業セッション。

圧力鍋
高密度のセッション。

チームサイズ
チームの規模の大小。

私たちは、あなたを思い浮かべながらこの本をデザインした。他の多くの本と違って、本書はいくつかの読み方ができる。

まず、普通に、最初から最後まで順に読み通せる。各章は互いに支え合うようにできている。また、たとえば新しいツールやスキルなど、興味を引くものを探して走り読みすることもできる。さらに、イントロダクション（26ページ）にはファストパスを設けた。何か特定のことを今すぐに学びたいときに利用してほしい。

さあ、始めよう!

不確実性：そこにチャンスは潜んでいる

ビジネスを取り巻く世界は
不確実性に満ちている。
だが、不確実性の中にこそ、
革新的なビジネスを
デザインする（あるいは
既存のデザインを見直す）
無数のチャンスがあるのだ。
見つける方法がわかれば、
チャンスは容易につかめる。

世界は変わった。かつて繁栄した多くの企業が、消費習慣やテクノロジーなどの大きな変化に飲み込まれて消えていった。同時に、あらゆる市場がネットワーク経済に移行し、今、不確実性と予測不能性の中から姿を現しつつある。興味深い（そして一部の人々にとって腹立たしい）のは、先頭に立って変化を牽引しているのが、20年前には存在しなかった企業であることだ。それは、ただ運が良かったからでも、他社より優秀な従業員がいたからでもない。では、業界をリードする企業は、どうやって誰も気づかないような場所に金脈を発見したのだろうか？　答えは、デザインだ。

デザインは、本質的に世界の見方を拡張する。デザインは、学習し、反復できる、トレーニング可能なプロセスであり、習得すれば誰もが独自の大きな価値を生み出せる。デザインのために、すでに持っているプロセスやツールを捨てる必要はない。事実はまったく逆だ。これまで、数えきれないほどの新興企業が、デザインの力で新しいビジネスモデルや市場を創造してきた。デザインがあるからこそ、いつ、どのツールを使えばいいかがわかるのだ。人はデザインによって新しいものを取り入れ、人々を説得して方針を変えさせ、最終的に、より的確な（ビジネス上の）判断を下す。

何よりも、デザインは、不確実性と変化の中でビジネスが成長し、発展し、進化するために必要な条件を生み出す。だから、優れた企業ほど新しく組織的な方法で問題にアプローチし、計画や予測よりも行動に集中する。優れた企業は、デザイン

と戦略を結びつけてチャンスをつかみ、不確かで予測のつかない世界で成長や変革を押し進める。

この本の狙いは、チャンスを利用するための、ツール、スキル、マインドセットを提供することだ。不確実性から生まれたチャンスを利用して、より良いビジネスをデザインするのである。そのために、デザインの基本をマスターした人々の実例を数多く取り入れた。また、デザインに基づく意思決定によって変革を起こした企業のケーススタディも含んでいる。デザインは反復できるプロセスだと書いたが、同じように、この本も読者をデザインの旅路に導くだけのものではない。デザインを1つの企画や製品から企業全体へと拡張する過程で、あなたが繰り返し参照できるリファレンスとなるようにできている。■

この本には
あなたに必要なものが
すべて含まれている

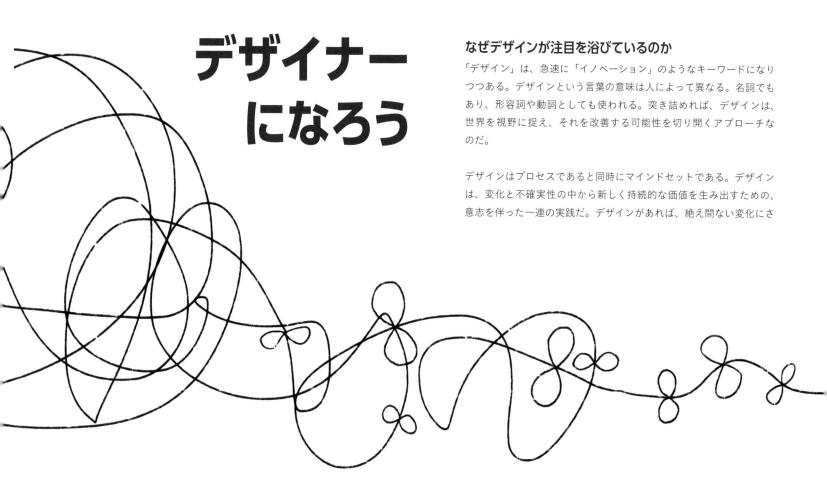

デザイナー
になろう

なぜデザインが注目を浴びているのか

「デザイン」は、急速に「イノベーション」のようなキーワードになりつつある。デザインという言葉の意味は人によって異なる。名詞でもあり、形容詞や動詞としても使われる。突き詰めれば、デザインは、世界を視野に捉え、それを改善する可能性を切り開くアプローチなのだ。

デザインはプロセスであると同時にマインドセットである。デザインは、変化と不確実性の中から新しく持続的な価値を生み出すための、意志を伴った一連の実践だ。デザインがあれば、絶え間ない変化にさ

らされても、個人や組織は、しなやかで弾力的でいられる。だが、残念なことに、私たちは逆の状況に陥ることが多い。予測できない変化に直面すると慌てふためいてしまうのだ。

大いなる力には……

あなたの有利な点は、すでに時々はデザイナーになっていることだ。戦略を練ったり、洞察に基づいて判断したりするとき、あなたはデザイナーとして行動している。不利な点は、たぶんあなたが判断をするために使っているツールの多くが、少なくともそれだけでは、以前ほどは役に立たなくなっていることだ。だとすれば、デザイナーは何をすべきなのか？　そして、より良い判断をするためには、どんなツールを使えばいいのだろう？

イテレーション

デザイン（およびデザインツール）について重要なのは、それが繰り返しのプロセスであることだ。デザイナーとしてのあなたは、そのプロセスによって、まず視点を定め、外へ出て世界を観察し、自分の視点を人々に知らせる。そして、発見した機会に取り組むためにいくつかの選択肢を考え、それぞれの有効性を検証し、機会を最大限に生かせる選択肢を実行する。しかし、選んだ選択肢の実行を単純に拡張することにとらわれてはいけない。デザインは持続し、繰り返すものだ。デザインは長期的な曖昧さと変化に対処するようにできている。■

デザインは、価値を探し、発見し、獲得するための、訓練から生まれるアプローチである。

デザイナー：理由ある反逆

７つの基本スキル

すべては顧客から始まる。

視覚的に考え、**視覚的**に仕事をする。

ひとりで飛ばない。あなたが誰よりも賢明なわけではない。

ストーリーを語り合って経験を共有する。

顧客を観察して理解を深めれば、顧客のニーズについての新しい洞察が得られる。求めている答えを得るためには適切な質問をしなければならない。

視覚的に仕事をすれば、物事の全体像を捉えられ、複雑な問題を明確にできる。そして、戦略的な対話に筋が通り、聞き手を引き込むことができる。

共同作業をして、さまざまな洞察を得よう。組織や市場の頭脳を結集すれば、潜んでいるチャンスを見つけられる。

物語には明確な始まりと終わりがあり、たいがい聞き手が感情移入できるヒーローが登場する。面白い話は心に残る。面白い話は人々に語り継がれ、広まっていく。

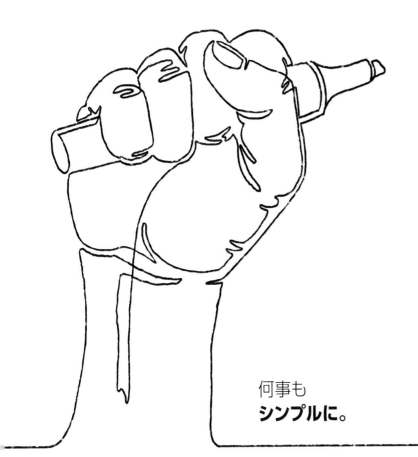

何事も
シンプルに。

とにかく行動を起こす。いきなり最終製品を作ろうとしない。肝心な問題の解決に役立たない機能を付け加えない。

**小さな実験を
積み重ねて**
少しずつ学ぶ。

小さなイテレーションと試行錯誤が、役に立つ多くの新しい洞察をもたらす。それは、すぐに作り始めてしまえば得られないものだ。現実は想像どおりにはいかない。

不確実性を取り込む。
**不確実性は
脳にとっての飴だ。**

ビジネスにおいて変化ほど確実なものはない。この事実を受け入れ、不確実性から生まれるチャンスを利用しよう。

より良いビジネスを

イノベーション、ビジネス、戦略を結びつける

あなたがより良いビジネスをデザインするという
目標を持ったデザイナーだとしよう。
そういうあなたにとって、良いビジネスとはどういうものだろう？
どうすればもっと良いビジネスをデザインできるのだろうか？

既存の多くの有名企業、とりわけスタートアップ以外の企業は、ただ製品を市場に出し、コストを下げて利益を増やすことに専念している。こうしたビジネスでは、戦略は直線的に遂行される。準備し、実行する。それだけだ。この流れでよく見落とされるのは、取引の反対側にいる顧客であり、顧客のニーズを満たすために製品やサービスをデザインし、開発している人々である。

 視点 P.50

一方、デザイナーは常に顧客のことを考えている。彼らは、アイディエーション、プロトタイピング、検証といったデザイン特有のツールを使って、独自の視点で人や問題にアプローチする。人間中心のツールや、スキル、マインドセットを使い、学習に基づいて新しい価値提案やビジネスモデルを探求し、デザインし、実行するのだ。デザイナーはこの作業を続け、繰り返す中で、不確実性の霧に潜むチャンスを発見する。

デザインする

この本は、今までになかった方法で、デザイナーになる旅路へとあなたを案内する。あなたの視点がデザインプロセスの中心になり、理解、アイディエーション、プロトタイピング、検証を通じて、絶えず影響を受け、情報を与えられるのだ。これは、繰り返し、循環するプロセスである。

それでは、より良いビジネスとは何だろうか？ 良いビジネスとは、人を中心にして、デザインツール、実践、プロセスを結びつけたものだ。

デザイナーの役割をまっとうするためには、デザインに厳しさを取り入れなければならない。ただ毎日の仕事（日常業務）をこなすだけではなく、新たなツールやスキルやマインドセットを用いて、ビジネスにおける判断と成果を導き出すのである。

そうする中で、未来のあなたの選択肢がはっきりしてくる。デザイナーとして、不確実性の霧の中に明確なチャンスが見え始めるだろう。≫

 理解する P.86 — アイデアを出す P.128 — プロトタイプを作る P.156 —  検証する P.184 —

良いビジネスは、新たな顧客や、価値提案や、ビジネスモデルを絶えず追求しながら、ビジネスを遂行し、拡張する。デザイナーとしてのあなたの仕事は、これらを結びつけることである。そして、（デザインによって）ビジネスを持続させ、成長させるための新たな選択肢を考案し、テストすることである。自分がデザインしているものを使う人のことを考えるのがあなたの仕事だ。その過程で、あなた独自の視点が得られる。

ダブルループ

デザインジャーニー

ダブルループの出発点は単純な観察である。あらゆるプロジェクト、製品、企業、変革、アイデアは、1つの視点から始まる。それは事実に基づいている場合もあるし、想定に基づく場合もある。あなたの視点がどんなものでも、そこから持続的な変化を生み出すためには、ゴールに近づく努力をしなければならない。

ダブルループはあなたの視点を取り入れ、デザインプロセスに厳密さと継続性を加える。これは、理解することであなたの視点に絶えず情報が加わり、理解によって新しいアイデアがひらめき、視点をさらに強化するということだ。こうしたアイデアに基づいてプロトタイプが作られ、有効性を確かめ評価するために検証がおこなわれる。それによって、今度はあなたの視点にさらに情報が加えられるので、あなたはアイデアの実現に近づける。

すべてのデザインジャーニーには出発点があり、目的地がある。ここに示したデザインジャーニーの場合、出発点はデザインループ左端の「準備する」である。あなた自身、あなたのチーム、あなたを取り巻く環境、あなたが使うツールは、ジャーニーを成功させるために必須のものだ。デザインループの右端は目的地の「拡張する」である。この本では、拡張は2つの意味を持っている。1つは、あなたのアイデアの成果や変革を拡張することだ。これはあなたの視点から始まる。2つ目は、デザインプロセスの拡張だ。いずれにせよ、この本はより良いビジネスをデザインするためのものである。中心にあるのはデザインであり、目的はデザインを拡張することである。■

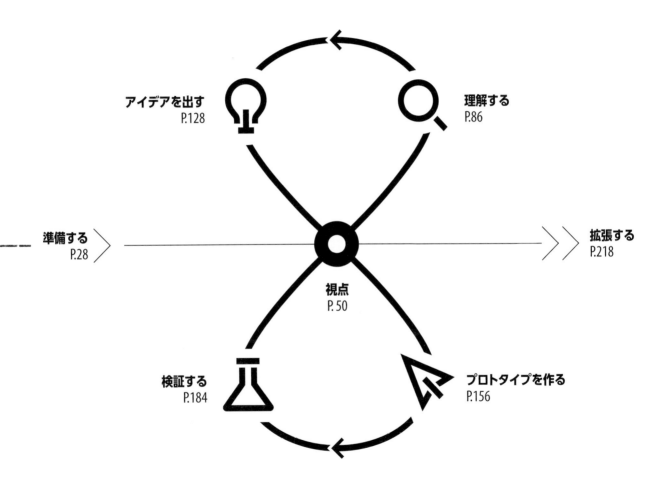

アイデアを出す
P.128

理解する
P.86

準備する
P.28

拡張する
P.218

視点
P. 50

検証する
P.184

プロトタイプを作る
P.156

ダブルループから見えるもの

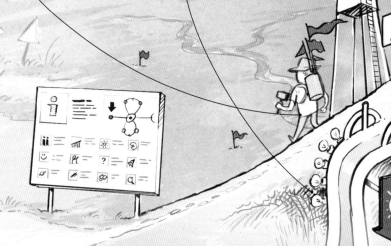

視点 P.50
デザインは人間的なものだ。デザインジャーニーは、あなたの将来の視点に多くの情報を与えてくれる。

理解する P.86
あらゆるデザインジャーニーの出発点は、顧客、コンテクスト、そしてあなたが構想するビジネスだ。これらを理解することが、より良いものをデザインする鍵である。

アイデアを出す P.128
正しいソリューションは1つではない。アイディエーションをおこなえば、あなたとチームからアイデアがあふれ、みんなのアイデアを発展させることができる。

準備する P.28
デザインは入念な準備を必要とするチームスポーツだ。

》 拡張する P.218

デザインジャーニーは、繰り返し、循環しながら、小さなプロジェクトから組織全体の文化規範へと拡張していく。

プロトタイプを作る P.156

アイデアはどこかの時点で日の当たる場所に出さなければならない。プロトタイピングは、アイデアに命を与え、そこから学習するためにある。

検証する P.184

アイデアは仮定に基づいた考えにすぎない。どこに本当の価値があるかを理解するためには、アイデアをテストし、結果を評価する必要がある。

あなたは
新しいものを
創造するために
ここにいる。

ツール

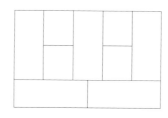
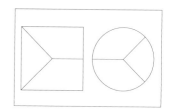
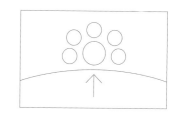

デザイナーとしてのあなたの最初の使命は、自分がいる小さな空間から出て、世界と顧客のありの
ままの姿を観察することだ。あなたの顧客が実現しようとしていることや、世界がどんな力の組み
合わせで動いているのかを先入観で捉えてはいけない。素直にものを見て、素直に人の声を聞こう。

第1のツールは、私たちがすでに持っているスキルを発展させたもの
である。つまり観察だ。あなたが目前のことから一歩離れて、先入観
なく、ただ顧客を観察し、顧客の声に耳を傾けたのは、いつが最後だ
っただろうか。それをやってみよう。きっと新しいことを学べるはずだ。

インパクトを生み出す

顧客を観察し、顧客の話に耳を傾けているあいだに、パターンを探し、
興味深く思いがけない行動や出来事を見つけ出そう。それは逸話の材
料になる。逸話を使うと、上司やチームメンバーを、あなたが提案す
る製品の背後にある人間的なストーリーに引き込める。プレゼンテー
ションで顧客に関する逸話やストーリーを使ったことがない人は、一
度使ってみるといい。その効果に目を見張るはずだ。

みんなストーリーが好きだ。データだけでプレゼンされるよりも、ず
っと興味を持ち、より多く出資してくれる。次の章で、ストーリーを
デザインするための専用ツールを紹介するつもりだ。あなたが求めて
いるインパクトを生み出すのに役立つだろう。

時代に遅れるな

顧客を観察し、顧客の話に耳を傾けることが楽しくなってきたら、新
しいツール、つまりデザインツールを使い始めよう。だが安心してほ
しい。お気に入りのツールを捨てる必要はないし、捨てるべきではない。
実際、一晩で会社を変革することが期待できないように、今使ってい
るツールは時代遅れだとみんなに納得させるのは極めて難しい。それ
に、今使っているツールは時代遅れではない。むしろ、家で DIY に取
り組むときに新しい工具を買い足すのと同じように、いくつかの新し
いデザインツールをベルトに差し込むのだ（壁の長さを測るときには
ドライバー以外のツールが必要だ）。

便利なデザインツール

まず、観察ツールを取り入れよう。これには、人々のウォンツや、ニ
ーズ、ペイン、野心などを捉えるツールが含まれる。質問のためのツ
ールや、問題を整理するツールを加えてもいい。顧客を観察するだけ
で顧客のすべてを知ろうとするのは無理だということだ。観察ツール
以外のデザインツールには、アイディエーションツール、プロトタイ
ピングツール、検証ツール、そして意思決定ツールがある。こうした

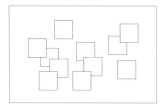

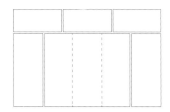

ツールは、いくらかデザインに携わった人ならよく知っているものだ。だからといってがっかりする必要はない。この本には、ビジネスデザインを次のレベルに引き上げるための、驚くほど便利な各種のツールが盛り込まれている。

少しずつ慣れる

こうしたツールのいくつかを意のままに使えるようになると、きっと、古いツールは補助または予備のものになっていくだろう。あるいは、新しい（デザイン）ツールと組み合わせて、互いを補完させることも考えられる。たとえば、現場で集めた逸話は市場データを使って強化できる。他にもいくらでも考えられる。肝心なのは急がないことだ。新しいツールやプロセスは、最初は使いにくく感じられるかもしれないが、簡単なものから始めて、ゆっくりと使いこなせるようになっていけばいいのだ。心配は要らない。デザインツールは、2、3回使えば、ずっと気軽で快適なものになる。そして、新しい「デザイン色」の眼鏡をかければ、まったく新しい光に包まれた世界が見え始めるだろう。■

ツールの文化は（まだ）存在しない

会計士や、内科医、外科医はツールを使うための訓練を受けるが、ビジネスパーソンは経営のための訓練しか受けない。ビジネスパーソンはイノベーションを起こせると思っているが、それを実現するための適切なスキルやツールを持っていない。

アップルや Amazon が常に新しいビジネスモデルを考え出し、成功させているのに対して、他の企業は何もできないでいる。伝統的な企業構造がデザインプロセスやイノベーションと衝突するのだ。デザインプロセスやイノベーションは損益計算書に書かれないので誰も気にかけないのである。確かに一般の企業も製品のイノベーションをおこなっている。だが、既存の製品のイノベーションと従来どおりの研究開発が彼らの限界だ。

近年、ビジネスモデルのイノベーションと同時に、デザイン思考とイノベーションのためのツールを教えるビジネススクールが増えている。しかし、私たちは、まだスタートラインに立ったばかりだ。

ビジネスの新たな推進力としての、デザインと、イノベーションと、戦略のためのツールを、他の人がどうやって開発し、使っているかについて学べると思うとワクワクする。

アレックス・オスターワルダー
Strategyzer 社の共同創業者で、『ビジネスモデル・ジェネレーション──ビジネスモデル設計書：ビジョナリー、イノベーターと挑戦者のためのハンドブック』（翔泳社、2012年）『バリュー・プロポジション・デザイン──顧客が欲しがる製品やサービスを創る』（翔泳社、2015年）の筆頭著者。

ファスト
パス

BM 1106 03.21 J30 18E
FLIGHT NO.
START BOARDING
GATE
SEAT NO.

すぐに答えが欲しい人
のために

あなたが未来を待つ列に並ばなくてもすむように、
この本では近道を用意している。
近道を使えば、直接、関連するツールや、
スキル、ケーススタディに進める。
他の人たちの経験から学んで、
すぐに実践に移そう。

戦略を
デザインしたい

自分のチームを望ましい未来に連れていくための
行動計画が必要だ。

ステップ:	**ページ:**

ステップ：	ページ：
≫ 現在の自分たちのビジネスモデルを把握し、観察と質問によって顧客を理解する	90
≫ 5 ボールド・ステップ・ビジョン® を作ってビジョンをストーリーに変え、それが有効かどうかを確かめることで視点を発展させる	62
≫ 新しいビジネスモデルのアイデアを出す	146
≫ 新しい価値提案のプロトタイプを作る	156

事業計画を作りたい

スプレッドシートの枠を越えて、
チームとともに事業計画に挑みたい。

ステップ：	ページ：
≫ ビジネスの現在のコンテクストをマッピングする	114
≫ 現在のビジネスモデルを理解する	118
≫ （将来の）顧客を理解する	102
≫ 自社のビジョンを再検討する	60
≫ 将来のビジネスモデルをデザインする	146
≫ プロトタイプを作るためのアイデアを提案する	156

DB BIZ8
05MAR G13 19B
FLIGHT TIME GATE SEAT

FAST BOARDING

共有できる、強力な
ビジョンが欲しい

北極星の役割を果たすものをチームと一緒に
創造し、自分たちがどこへ向かっているのか
を知りたい。

ステップ：　　　　　　　　　　　**ページ：**

≫ 自分の視点を発展させ、チームとともに
　 カバーストーリー・ビジョン® を作る　　　68
≫ 会社の内外でカバーストーリーを
　 検証する

　　　　　　　　　　　　　　　　　　　184

ビジネスの
SWOT 分析をしたい

自分のビジネスの SWOT（長所、短所、機会、脅威）
は何だろうか？

ステップ：　　　　　　　　　　　**ページ：**

≫ ビジネスのコンテクストを理解する　　　114
≫ ビジネスモデルを理解する　　　　　　　90
≫ 長所と短所を見極める　　　　　　　　120

ビジネスにイノベーション
や成長をもたらしたい

簡単な方法はないが、
あなたが未来を待つ列に並ばなくてもすむ
ように、近道を示すことはできる。

ステップ：　　　　　　　　　　　**ページ：**

≫ ダブルループを実行する　　　　　　　20

スタートアップとして
仕事をしたい

以下は、あなたが自分のアイデアを市場に出したい
と躍起になっているときの仕事の仕方である。
スタートアップから学ぼう。

ステップ：　　　　　　　　　　　**ページ：**

≫ 自分の視点を持つ　　　　　　　　　　52
≫ 理解する：観察し、質問する　　　　　　90
≫ ビジネスモデルのアイデアを出す　　　146
≫ 低忠実度と高忠実度の
　 プロトタイプのスケッチを描く　　　　176
≫ 検証する、検証する、検証する　　　　184
≫ デザインジャーニーで経験した
　 ストーリーを話す

　　　　　　　　　　　　　　　　　　　76

ファストパスを
使わない人は、
デザインジャーニーの
全行程を
歩き通す準備を
始めよう。 **≫**

27

準備する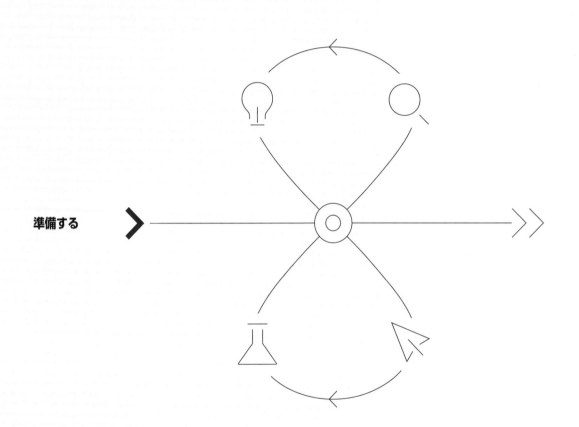

第1章 準備する

デザインジャーニー：準備する

チームを準備する

環境を準備する

仕事の仕方を準備する

イントロ	すべてのデザインジャーニーは準備から始まる	P.30
	チームの準備をする	P.34
	環境の準備をする	P.36
スキル	ファシリテーションをマスターする	P.38
スキル	エネルギーを管理する	P.40
ツール	（チームでの）仕事の仕方を準備する	P.42
ツール	シナリオ	P.44
ツール	チーム憲章	P.46

すべてのデザインジャーニーは**準備**から始まる

顧客を理解するための探求の旅に出るときも、将来へ向けて新しいビジネスモデルをデザインするときも、肝心なのは準備である。準備なしでは戦いの場に出られないのと同様に、デザイン（あるいは再デザイン）戦略を始動させる前には準備をする必要がある。

デザインには準備が必要だ

デザインプロセスを円滑に進めるには準備が必要である。顧客、ビジネス、コンテクストを観察し、理解するための準備をしなければならない。さらに、アイデアを出し、プロトタイプを作り、検証するための準備も必要だ。つまり、あなたとチームが成功するためには、今後のデザインジャーニーに向けてチームを準備し、その先の仕事の環境を準備し、みんなが最高の成果を上げられるようにツールを準備しなければならない。

成功に向けて自分たちの準備をする

デザインプロセスには、あなたが知っている他の多くのプロセスとは異なる点がある。1つは、デザインプロセスが、直線的ではなく、循環し、繰り返すプロセスであることだ。それは不確実性を受け入れるようにできている。すべてを計画し、制御できるわけではない。同時に、デザインプロセスは体をぶつけ合うチームスポーツでもある。準備に多くの時間をかけるほど良い結果が出せる。また、デザインには仕事をするための物理的な空間が必要だ。チームのメンバーは、ひたすらコンピュータと向き合っているわけではない。より良いビジネスをデザインする人々は、アイデアを出し、プロトタイプを作り、検証するための空間を必要とする。彼らは、新しいツールを取り入れ、そのツールを使って最高の結果を出すための準備をしなければならない。最後に、もう1つ重要なことがある。より良いデザインのためには、新しい仕事の仕方と新しいプロジェクトの構造に慣れる必要がある。計画を立てるためではない。良い成果を得る可能性を最大化し、実質的な変革を起こす権限を人々に与えるためだ。物事にはあなたがコントロールできることとできないことがある。自分に可能なコントロールをすることで、あなたとチームを成功に導く準備をしよう。運に任せてはいけない。

チームの準備をする

有名なアメリカの野球選手ベーブ・ルースは、かつてこう言った。「チームが全体としてどういうプレーをするかで結果が決まる。世界最高のスター選手を集めても、選手たちが一体となってプレーしなければ、そのチームには何の価値もない」。偉大なビジネスのデザインに関しても同じことが言える。最高のビジネスは偉大なチームの所産なのだ。

だが、チームなら何でもいいというわけではない。重要な発見から最も役立つアイデアを引き出し、それを基にプロトタイプを作って徹底的に検証するチームは、意外な側面を持つ多様なメンバーで構成されなければならない（『フレンズ』〔アメリカのテレビドラマ。登場人物がみんな同じ世代、同じ社会階層で均質的〕ではなく『特攻野郎Aチーム』〔アメリカのテレビドラマ。登場人物は強い個性とさまざまな特殊技能を持つ〕を思い浮かべてほしい）。彼らは、互いに、表面からはわからない類

まれな才能を見つけ出す。彼らは競い合う。彼らは、多様性のおかげで、思いがけない人や資源のネットワークをチームにもたらす。いざというとき、そのネットワークが力を発揮するのだ。

新たな視点を持つ反逆者を探す

大きくて困難な問題や構想を前にしたとき、私たちはたいがい尻込みをしてしまう。夢を実現するために、思い切って飛躍し、新しいことに挑戦できないのだ。そういうときに求められるのが反逆者である。反逆者とは、先頭を切って立ち上がり「新しいアプローチで問題を解決したり疑問に答えたりすべき時が来た」と訴える人である。反逆者は、デザインジャーニーのための時間を捻出し、資源を調達する能力を持っている。反逆者は、私たちは新しいことに挑戦できると訴え、古いやり方に戻らないように私たちを説得する。

環境やスペースの準備をする

デザインが直線的でないことは、もうわかってもらえただろう。デザインは繰り返しのプロセスであり、その時点までに開発した成果物を常に参照する必要がある。成果物を1日おきにオフィスの中で移動させ、あちこちの壁に貼り付けるのは、面倒なだけでなく、実際にデザインに使う時間を減らすことになる。全体の生産性が落ちてしまうのだ。チームのメンバーが集まることができて、作業の進捗状況がわかるような「作戦司令室」があれば、生産性と能率が驚

TIP! どんなチームでもいいわけではない。デザインチームのメンバーは、チームに加わりたいと思っている人でなければならない。そうでないと、仕事を通常通りに進めようとするからだ。

くほど向上する。

(チームでの) 仕事の仕方を準備する

この章の後半で紹介する「シナリオ」のようなツールは、ミーティング（あるいはデザインスプリント）で、チームが共有する時間を最大化するのに役立つ。カスタマージャーニーやビジネスモデルキャンバスといった視覚的成果物は、チームが、焦点を絞った戦略的な会話を続けるよりどころになる。これらのツールは、時間をかけて使い方を検討することで最大限に活用できる。面倒な作業ではないので、必ず実行すべきだ。≫

すべてのデザインジャーニーは**準備**から始まる

では、どこから始めればいいのか?

大きく考えろ、だが小さく始めることを嫌がるな! 大きなプロジェクトや新しいプロセスを始めるとき、ほとんどの人は取締役会や執行委員会の判断をあおぐ。それは悪いことではないし、うまくいくこともある。だが、デザインの目的は成果を出すことではない。デザインは、ジャーニーと、行程での発見と、そこから生まれ検証される選択肢のためにあるのだ。

**このことを頭において、
デザインジャーニーを始める
いくつかの方法を見てみよう。**

もちろん、「大きく始め」て取締役会に直接持ち込むこともできる。そのルートを選ぶ場合は、まず、戦略やイノベーションを生み出すデザイン思考をチームに習得させるための予算を要求しよう。そうすれば、会社にデザイン思考を導入する意思があってもなくても、チームのメンバーは確実にスキルを向上させられる。そして、どれほど小さく、徐々にではあっても、より良いビジネスの成果を生むデザインジャーニーができるようになっていくはずだ。

1 ひらめきを探す

変革はひらめきから始まる。ひらめきによって世界の何かが変わり、誰かがその変化に反応する。自分のためでも会社のためでも、デザインジャーニーを始めるには、まず、旅に出るきっかけを見つけなければならない。

2 アンバサダーを見つける

普通の企業では、アンバサダーが味方にいないかぎり、デザインプロセスを取り入れる余地は大きくない。アンバサダーになってくれそうな人を2、3人見つけて、自分のアイデアを組織の中に広めよう。あなたの船にアンバサダーを乗せることができれば、デザインジャーニーはずっと円滑に進むだろう。

3 最適なメンバーをチームに取り込む

デザインジャーニーは1人ではできない。デザインを成功させるためには、チームのメンバーが1つになって、集団としてプロセスをやり通さなければならない。それには、多様な視点や、スキルや、利用できるネットワークが必要になる。これを念頭においてチームを作れば間違いはない。

4 すべての船を持ち上げる

〔「上げ潮はすべての船を持ち上げる」ということわざから〕

(一般的なものではなく) 目的を絞った研修コースを作るか、思想的リーダーを招いて、ビジネスモデルのイノベーションや戦略デザインへの関心を喚起しよう。

研修コースやマスタークラス〔理論の学習とビジネスでの実践の両方をおこなうクラス〕は、新しい仕事の仕方を学びながら、新たなツール、スキル、マインドセットに慣れる優れた方法だ。後で、デザイン思考の導入に成功した組織の話を数多く紹介する。そこから得られた洞察を利用して、自分たちの組織に、いつ、どのようにデザイン思考を取り入れたらいいかを見極めよう。

5 ## デザインワークショップ

ビジネスモデルのイノベーションや戦略に焦点を絞ったワークショップを開こう。デザインプロセスにどっぷりと浸って、あなたとチームが共同で具体的な製品を作り出すうえでの目標を決めるのだ。これは、ビジョン、ビジネスモデル、新しいコンセプトの価値提案のデザインになる。

6 ## 落ちこぼれの商品を探す

現行の商品やサービスの中で、収入（または利益）を得るのに苦労しているものを1つ取り上げる。多様性のあるチームでワークショップをおこない、新しいビジネスモデルのアイデアを生み出す。

7 ## オフィスの外へ

オフィスを出て顧客と話し、何が彼らにとって重要なことかを把握しよう。顧客が言いたいことは何か？何を考えているのか？　その結果を組織の他の人々に見せるのだ。■

アンバサダーを見つける

少人数のチームの準備と、大企業の準備には
大きな違いがある。

では、大企業でイノベーションジャーニーの準備をする場合は、どうするのが最も良いのだろうか？　3M、ルフトハンザ、SAP〔ドイツに本社を置くヨーロッパ最大のソフトウェア企業〕、ING銀行〔オランダに本社を置く金融機関〕、マスターカード、ゼネラル・エレクトリック、フィリップス、トヨタといった企業に、どうやってイノベーションとデザイン思考の文化を育て、持続してきたのかを尋ねたことがある。2015年2月にニューヨークで開かれた国際会議で、これらの大企業はそれぞれが発見したことを報告し合った。

会議の最大の収穫：イノベーションとデザイン思考の準備をするために絶対に欠かせないのは、ビジネスモデルキャンバスやビジョンキャンバスといったデザインツール、あるいはその他の人間中心のツールを使いこなす優れた支持者を、企業が選ぶことである。優れた支持者やアンバサダーは、デザインと開発への「リーンな〔徹底的に無駄を省いた〕」アプローチに熟達していて、常にデザイナーのマインドセットを持っていなければならない。こうしたアンバサダーは、大きな問題にも小さな問題にも対応する。

デザイン思考を組織全体に広げようと考えているなら、複数のアンバサダーを見つけて訓練することが不可欠である。実際には、新しい仕事の仕方に対する豊富な知識と情熱を持つアンバサダーが大勢必要になるだろう。ビジネスにデザインアプローチを取り入れ、普及させるためにアンバサダーがすべきことは、人の説得だけではない。■

チームの準備をする

ストライカー11人ではサッカーの試合に勝てないし、クォーターバックばかりではアメリカンフットボールの試合に勝てない。それはビジネスにも当てはまる。スポーツで勝つためにもビジネスで勝つためにも、多様なスキル（と卓越した能力）を持ったプレーヤーを集めることが肝心だ。チームはさまざまな分野の専門家を結集する必要がある。

みんなで楽しむことを忘れないように！
おい、誰がパーティにドローンを持ってきたんだ？！

ダークホース。あなたが雇ったばかりの新卒者。やる気満々の注目の新人。若くて、面白いアイデアを持っている。あなたの見立てでは理想主義者。

セールスとマーケティングのグルたち。顧客を知り尽くしている。

分野横断的なチームを作る

理想的なチームは幅広いタスクに対応できる。提案書を書く人が必要だって？　じゃあ、それができる人をチームに入れよう。ピッチ資料をデザインする人はどうだ？　プログラマーも要るだろう……という感じだ。

視点が多ければ多いほど、チームは多くの選択肢を生み出せる。デザインやビジネスに1つの正しい答えはない。

異才の持ち主を見つける

もしチームのメンバーがまったく同じ人生経験や、スキル、知識、視点を持っていたら、導き出す選択肢の範囲は著しく狭くなるだろう。そうならないために、チームがさまざまな分野の人を含むように意図的にデザインしよう。スキルのレベル、経歴、文化、マイン

ドセットが異なる構成にするのだ。

役割：名刺に書かれていないもの

名刺を見たとき、氏名の他に目にとまるのは何だろう？　たいがい肩書が書かれているが、肩書はその人の役割を表していないことが多い。

役割とは、公式、非公式にかかわらず、チームの一員として担っている責任を表すものだ。仕事は役割を中心にしてまわる。あなたの成功に大きな影響を与えるのは肩書ではなく役割である。デザインに取り組んでいるあいだも、他のステークホルダーにアイデアを売り込むときでも、チームのメンバー一人ひとりがデザインに対するオーナーシップを持つことが大切なのだ。適切な役割をデザインすれば、メンバーは、自分がどこで何をすれば最終結果に最も貢献で

プロダクトマネージャー。頭の中に常に北極星が浮かんでいる戦略家。

押しの強いビジュアルファシリテーターたち。あらゆるエネルギーを利用してプロジェクトを前進させる。

水平思考家、異端者や反逆者、ハッカー、開発者、デザイナーたち。

後ろ盾の経営幹部。状況が厳しくなると責任を負ってくれる。

エンゲージメントを高めるアンバサダーや支援者たち。

きるのか、理解しやすくなる。人々がデザインチームで果たす役割は、アンバサダーから販売までや、ビジュアルシンカー〔思考の展開を可視化する人〕からエンジニアまで、多種多様だ。

誰をチームに入れるかを意図的にデザインするのと同じように、チームで人々が果たす役割も意図的にデザインする必要がある。チームのメンバーがそれぞれのプレーを理解しなければ、あなたはタッチダウンを決められない。

チームをいつ招集するか

デザインチームの特性を考慮すれば、適切なときに、適切な態度で、適切な人々を招集することが肝心だ。デザインチームを必要とする機会としては、デザインワークショップや、ブレインストーミング、フィールドワークが挙げられる。フィールドワークというのは、顧客が何を欲しがり、何を必要とし、何をしているかを、オフィスの外に出て理解することだ。プロトタイプをデザインし製作するときも、チームの招集が必要になるだろう。

ほとんどの企業がやっているように、1つのプロジェクトのためにチームを招集したり、ただミーティングや討論に参加させるために招集したりしてはいけない。計画の立案に参加させるために招集することも、そのチームがデザインプロセスに加わるのでなければ避けるべきだ。また、プロジェクトに関する情報交換のためにチームを招集してはいけない。それはファシリテーターの役割だ。デザインチームの使命は、実行し、製作し、学習し、結果を出すことである。■

環境の準備をする

デザインは通常の仕事とは違う。あなたのチームがデザインをするスペースは、新しい仕事の仕方に対応できなければならない。

人々のためのスペース

デザインが体をぶつけ合うスポーツだとすれば、プレーする環境はチーム内の頻繁なやり取りに対応できなければならない。デザインは、集まって着席し、話をし、席を外してメールを見に行く、といったものではない。立って意見を交わし、付箋に書き込み、オフィスの外に出かけ、共同でデータをサクサクと処理し、集合してお互いの情報を更新し、再び作業を始めるのだ。

最高のデザイン環境は、人がどんなふうにやり取りするかを考慮したものだ。それには、椅子に座った状態だけでなく、立って、壁に貼ったキャンバスを評価している状態も含まれる。共同作業をしたり、各自の考えを発表したりするためのスペースも確保しなければならない。最高のデザイン環境は特定のプロジェクトのために作られ、すべてのデザイン成果物がそのままの状態で置かれて、チームがサッと進捗を追えるようになっている。

本拠地

どのように環境を準備するにしても、目指すのは本拠地を作ることだ。チームが創造性を発揮でき、情報を吸収し、有意義な議論ができるスペースである。可能な場合には必ず作戦司令室をデザインしよう。作戦司令室とは、人々が集まって、仕事をし、作業の進捗状況を視覚的に確認できる、社内の物理的スペースのことである。

近い距離で話し合える場所
新しいアイデアについてじっくり考え、議論するために、コンパクトに集まれる場所が必要だ。

十分なスペースを確保する
その部屋には、チーム全員が楽に入れて、人々が座ったり歩き回ったりできるスペースがあるだろうか？

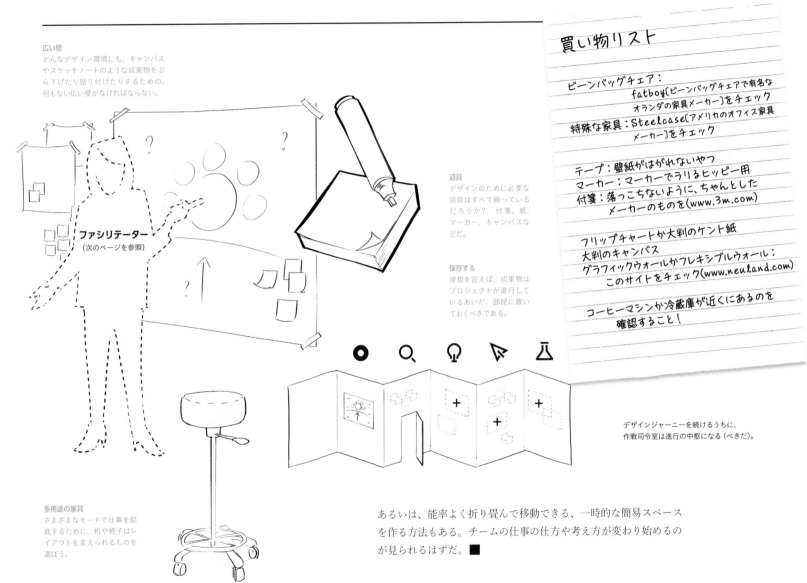

広い壁
どんなデザイン環境にも、キャンバスやスケッチノートのような成果物をぶら下げたり貼り付けたりするための、何もない広い壁がなければならない。

ファシリテーター
（次のページを参照）

道具
デザインのために必要な道具はすべて揃っているだろうか？　付箋、紙、マーカー、キャンバスなどだ。

保存する
理想を言えば、成果物はプロジェクトが進行しているあいだ、部屋に置いておくべきである。

多用途の家具
さまざまなモードで仕事を促進するために、机や椅子はレイアウトを変えられるものを選ぼう。

買い物リスト

ビーンバッグチェア：
　fatboy[ビーンバッグチェアで有名なオランダの家具メーカー]をチェック
特殊な家具：Steelcase[アメリカのオフィス家具メーカー]をチェック

テープ：壁紙がはがれないやつ
マーカー：マーカーでうりるヒッピー用
付箋：落っこちないように、ちゃんとしたメーカーのものを（www.3m.com）

フリップチャートか大判のケント紙
大判のキャンバス
グラフィックウォールかフレキシブルウォール：このサイトをチェック（www.neuland.com）

コーヒーマシンか冷蔵庫が近くにあるのを確認すること！

デザインジャーニーを続けるうちに、作戦司令室は進行の中枢になる（べきだ）。

あるいは、能率よく折り畳んで移動できる、一時的な簡易スペースを作る方法もある。チームの仕事の仕方や考え方が変わり始めるのが見られるはずだ。■

37

スキル：**ファシリテーション**をマスターする

デザインジャーニーで最も重要なのは、準備である。そして、関係するすべての人のために、準備と、そこから始まるデザインジャーニーを容易にするのがファシリテーターの仕事だ。熟練したファシリテーターは、司会進行役であると同時に指針となる存在であり、部屋のエネルギーと方向性をコントロールする。チームが、期待される成果を能率的、効果的に出せるかどうかは、ファシリテーターにかかっている。

——エマニュエル・ブッタン、BNP パリバの営業担当 CFO

司会進行役

（あなたでも他の誰かでも）ファシリテーターは、シナリオに従ってミーティングを進行する一方で、チームが議論して意見をまとめる時間を随時作る必要がある。また、常に時間（と、しばしば休憩を入れ、飲み物や食べ物を取ること）を意識していなければならない。ファシリテーターはまた、議論の途中で生まれた優れた視点や、アイデア、意思決定のポイントを記録する（あるいは書記を指名する）必要がある。

もちろん、ファシリテーションの方法はたくさんある。ホワイトボード、黒板、大きなフリップチャートなどを使えば、出された意見を短く箇条書きにして記録できる。

ファシリテーターになろう

戦略やイノベーションに関するデザインプロセスを円滑に進め、チームのメンバーとの意思疎通を図り、リーダーシップを発揮する機会を増やしたいなら、ファシリテーターのスキルが必要だ。良い学習プロセスをデザインし、実行する方法についてあなたの理解が深くなればなるほど、チームのメンバーは自分のアイデアや任務に権限が与えられたと感じるだろう。彼らはオーナーシップと責任感を持ち、より良い成果を生み出すはずだ。

1 エネルギーの管理を学ぶ

ファシリテーションの目的は、何よりもまずエネルギーを管理することである。成果を最大化するためには、チームがエネルギーを感じなければならない。この場合の「エネルギー」は、意欲と能力を持った人々が組織に貢献する力を表現したものである。「良い」エネルギーはプロセスを推進する。適切なタイミングでおこなう議論がまさにそれだ。だが、不適切なタイミングで議論をすれば、すぐに疲弊が始まる。ファシリテーターにとって最も重要なスキルは、話題が迷路に入り込むこととエネルギーの高揚とのあいだで、うまくバランスを取ることである。

2 ただのミーティングに終わらせない

ファシリテーションは、単に議論やミーティングを活性化させるためのものではない。プロセス全体を活性化させるためのものだ。あなたは作戦の黒幕になる必要がある。重要なのは、正しいかどうかではない。プロセスをデザインし管理することによって、チームを効果的に支援できるかどうかだ。ファシリテーションには、環境、情報、ネットワーク、チーム、エネルギーが関係する。これには、チームが1ステップ進むごとの情報交換や、チームで交わした約束も含まれる。

❸ 適切な場面で適切な役割を担う

場の雰囲気がすっかり楽観的になるときもあれば、批判的になるときもある。たとえばアイディエーションにおいて、アイデアの創出と拡張に時間の90％を、評価と選択に時間の10％を使うのであれば、アイデア創出の少なくとも90％の時間は、チーム全員に楽観主義者の役割を担わせることが肝心だ。

だが評価と選択の場面になれば、全員が批判者の役割を担ってかまわない。そしてどちらの場合でも、楽観主義や批判主義がデザインジャーニーの適切な場所とタイミングで使われるようにするのが、ファシリテーターの役割である。

❹ ビジュアルファシリテーション

発せられた言葉には実体がない。5分前に話されたことは記憶の中にしか存在しない。そのせいで参加者は自分の意見を何度も繰り返す。

ビジュアルファシリテーションの先駆者デビッド・シベットは、参加者全員が読める大きさのフリップチャートに発言を書き留めれば、同じ発言を繰り返す必要がなくなることを発見した。マーカーを手に取って発言内容を書き込み、議論を先へ進めよう。■

皿洗いをしているあいだに

ミーティングには2種類の人がいる。「集中した目」の人々と「うつろな目」の人々だ。つまり、ビジネスパーソンとデザイナーである。彼らがミーティングで果たす役割は異なるが、どちらもチームになくてはならない。

ビジネスパーソンは、（気質的に）物事を額面どおりに受け取るので、近視眼的で、性急な判断をすると誤解されることが多い。彼らは自由に意見を言い、何事にも即座に反応する。一方、デザイナーのどんよりとした表情は、決して無関心の現れではない。彼らは言葉にする前に、頭の中でアイデアを膨らませ、具体的な機会を視覚化しているのだ。

部外者の目から見ると、こうした人々が現実にどうやって効率よく一緒に仕事をしているのか想像するのは難しい。実際、チームには2種類の人が必要だ。すぐに行動を起こす人と、じっくり考える人だ。この2つの世界の橋渡しをするのが私の仕事である。両者の頭脳を組み合わせ、同じビジョンを共有させよう。両者がかみ合わない状況が生じたら、私は火花（や火種）を放って、彼らが適切な方向に向かうように方向転換させる。そして、一緒に奇跡を起こしている彼らを尻目に、部屋を出て皿を洗うのだ。

マルクス・アウエルバッハ
Audi Innovation Research 所長

スキル：**エネルギー**を管理する

時間管理

どんなプロセスもそうだが、デザインプロセスは時間を考慮して入念にデザインされる。あなたがある目標に向かっているとき、あなたは特定の日時を視野に入れながら仕事をしているはずだ。アイデア出しや検証を永遠に続けることはない。プロセスのタイミングを管理するのは、ファシリテーターとしてのあなたの仕事だ。

共同作業をしているときに全員の共通認識を維持するためには、フリップチャートと太い油性マーカーを使ってアジェンダを作り、壁に糊（またはテープ）で貼り付けよう。予定を守り、休憩もきちんと取る。みんながこの構造に慣れるにつれて、成果が向上していくのがわかるだろう。

詳細 vs 概観

集団の中には、物事を大局的に捉えたり戦略的に考えたりする人が必ずいるが、彼らのほとんどが、現在の経営執行メカニズムによく見られる泥沼に足を取られている。もちろん、組織内にこういう人たちがいることは大事だ。しかし、ファシリテーターが戦略的選択肢の広がる海域に向けてチームの舵を切るうえで、障害になることが多い。

この問題は、とくに大企業に当てはまる。大企業では、「すぐ行動に移そう」という積極派と「正しい考えに基づいて行動できているか確かめよう」という慎重派のあいだでシーソーゲームがおこなわれるからだ。ファシリテーターやチームのメンバーは、全体像と細

TIP! エネルギーを管理するためにプッシュとプルを使う

時間管理
時間管理の秘訣は、メンバーに時間の管理を任せることである。彼らは能率を上げることを目標にして作業にかかるはずだ。

プッシュ
押す行動：グループの中に入っていき、言うべきことを人々に教え、グループを形式的な枠や構造に従わせ、反論を許さない。

プル
引く行動：1歩下がり、答えをすぐに出さず、穏やかさを保ち、相手が自由に答えられる誠実な質問をする。

マーカーを持つ
マーカーを持つことは、議論を整理し、先へ進める権限を持っていることを意味する。議論は記録されるので、話し手は繰り返す必要がない。

部のあいだを目まぐるしく行き来することを強いられる。結果的に非常に重要になるのが、中心となるチームを守り、チーム憲章に合意し、デザインプロセス全体にわたって透明性を保つことだ。本当のファシリテーションはそこで初めて起こる。

視覚化する

私たち人類は、視覚的、空間的な生き物だ。実際に影響力を持ち、永遠に思い出せるように議論と意思決定のポイントをまとめるためには、デビッド・シベットの言うことを実行し、発言（の少なくとも一部）を視覚的に記録する必要がある。

「百聞は一見にしかず」ということわざが最もぴったりと当てはまるのは、ミーティングやデザインスプリントの重要なコンテクストを記録し、再生するときである。ペンを手にすれば、ホワイトボードやフリップチャートや壁の前で人々の注目を集められるという余得もある。

さらに言えば、ページに何も言葉が書かれていなくても、人はただ画像を見返すだけで会話のすべてを思い出せる。重要なのは、内容に関わらず、結論につながる意思決定の瞬間を保存することだ。■

 ビジュアルファシリテーションについての詳しい情報は、デビッド・シベット著『ビジュアル・ミーティング──予想外のアイデアと成果を生む「チーム会議」術』（朝日新聞出版、2013年）を参照。

ジャズのようなもの

デビッド・シベットは、ビジュアルファシリテーションはジャズのようだと言う。決まったビートと形式の中での演奏が、自発性と生命力を生み出すからだ。

ジャズの生演奏と同様、話される言葉は流れ去る。そのために、会議ではしっかり聞いてもらいたいという欲求が生じ、しばしば同じ発言が繰り返される。大きな図に発言を書き留めれば、人々がしっかり聞いてくれていると話し手が認識することをシベットは発見した。図によって繰り返しの必要性が消え、集団の記憶が作り出される。議論は新たなレベルへと解き放たれる。

シベットはビジュアルファシリテーションの先駆者の1人である。1970年代にGrove社を設立し、この分野の実践や教育に携わった。ビジュアルファシリテーションは、人々にひらめきを与え、議論に関与させ、大局的な考え方を促し、集団の記憶を生かす鍵である。

彼が生み出した、カバーストーリー・ビジョン・グラフィックガイド®やコンテクストマップ・グラフィックガイド®といったツールの一部は、本書で取り上げている。

デビッド・シベット
著作家、The Grove Consultants International 社の
創業者、会長

(チームでの) 仕事の仕方を準備する

チームを作り、仕事をする環境が確保できた。次は実際に、能率的、効果的に仕事をする番だ。共通認識を保ちながら、チームとして最高の結果を出すためには、いくつかのデザインツールが必要だ。

デザイナーの必需品

デザイナーやクリエーターが付箋と太い油性マーカーを持ち歩いているのには、もっともな理由がある。付箋は、使い捨てで、追加でき、何にでも貼れるし、紙の大きさによって文字数を制限できるという利点もある。一方、油性マーカーは消えないし、付箋に書かれた内容を読みやすくできる。これらの道具を全員にたくさん渡して、アイデアを羽ばたかせるのだ。1日の終わりには壁一面がアイデアに埋もれ、床には書きかけの付箋がうず高く積もっているようにしよう。全員に各自の視点を（視覚的に）付箋に書かせることができたら、それはあなたの能力の証だ。簡単なスケッチのヒントを知りたければ、「プロトタイプを作る」の章にあるダン・ロームのプロフィールをチェックしよう。

スケッチとビジュアル思考について深く知りたい人は176ページを参照。

キャンバスを使って議論の枠組みを作る

この本では、ほぼすべての章にキャンバスが登場する。ビジネスモデルキャンバスや、価値提案キャンバス、あるいはビジョニング、ストーリーテリング、検証に使う他のキャンバスなどのことだ。こうした視覚的成果物は、有意義な会話のきっかけになるし、フレーミングは議論を続けるのに役立つ。

これらのツールは、書き込んだら終わりというものではない。必要不可欠なデザインツールとしてここで紹介するキャンバスは、デザ

インジャーニーの証であり、生きて呼吸をしている記録である。人、付箋、マーカー、スケッチを組み合わせれば、デザインプロセスが迅速で簡単になるだけではなく、より良い結果が得られるし、新しい共通言語で話せるようになる。

シナリオを使ってミーティングを改善する

ほとんどの大きな組織で、ミーティングは（悪い）習慣になってしまった。実際、この習慣は私たちの仕事の仕方にまで影響を与えている。私たちはデスクに向かって座り、他の人々から独立して仕事をする。たくさんのメールを書き、たまに電話をかける。そして自分のデスクにいないときは、ミーティングに出ているのだ。

ミーティングは必ずしも悪いものではないが、ミーティングの多くは、ただ予定があるだけでデザインされていない。そして実際に、私たちが出席するミーティングでは何も起こらない。明確な構造がないのだ。このミーティングの目的は何だろう？　誰が出席しているのだろう？　どうすればこの場で何かを成し遂げたと思えるのだろう？　ミーティングで私たちに期待されていることを知るにはどうすればいいのだろう？　しかし、こういった質問が発せられることはほとんどなく、私たちはいつも会議室にひしめき合って、時間と、資源と、エネルギーを無駄に費やしている。

TIP! ウォーキングミーティングをしよう。歩いたり立ったりしているときは、体だけではなく、頭も動かしやすい。動きやすい状態だと議論が膠着状態に陥りにくい。

さらに、情報を共有するためにミーティングを使うことも時間の浪費だ。ミーティングは、しばしば社会的、政治的な意味を持つ。ミーティングの案内を送るときに同僚を外したら、気の毒な気持ちになるものだ。私たちは、ミーティングに呼ぶのに適切な人は誰かと考えるのではなく、除外したくないのは誰かと考えてしまう。だが、会議室に必要な人がいなかったり、人が多すぎたりすると、議論の進行が遅れ、全員の時間が浪費される。

良いミーティング、そしてより良いワークショップの鍵は、シナリオを作ることだ。アジェンダと混同してはいけない。シナリオは、誰が、いつ、何をするかを詳細に記したものである。とくに、到達したい結果に基づいてミーティングをデザインするのに役立つ。■

チャンプのように即興演奏する

ステージ上で話したり、テレビやラジオの番組に出たりしたあと、近づいてきた人によくこんなことを言われる。「すごく自然で、自由で、ジャズの即興演奏みたいでした！ どうしたらあんなふうにできるんですか？」

答えは簡単。時間をかけることだ。私はシナリオに多くの時間を費やす。なぜか？ イベントの流れをデザインする責任があるからだ。それをステップバイステップでやったら、どこでもっとエネルギーを与える必要があるか、どこでスピードを上げたり落としたりしなければならないか、どこで深く突っ込めるかがわかる。

頭の中で道筋と目標地点が明確になったら、分岐点で別の道に進むことも可能になる。つまり、基本を正しく理解すれば、即興ができる場所がわかるということだ。シナリオに取り組むと、どうすれば自分の伝えたいことをわかりやすくかみ砕けるか、どんなふうに観衆のエネルギーや反応をデザインするかを、否応なく考えることになる。

メッセージは、うまく発信すればうまく受け止めてもらえる。受け手を上手に導き、シナリオを携えて仕事をしよう！

レンス・デ・ヨング
モデレーター、ラジオ・テレビのアンカー、起業家

43

ツール：**シナリオ**

映画制作におけるシナリオと同様に、ツールとしてのシナリオは、ミーティングをデザインする能率的で効果的な手段である。シナリオがしっかりできていればいるほど、ミーティングは有意義なものになる。

フォーカスする
シナリオを定義する

±45分
ワークセッション

1-2
人

これはあなたのファシリテーションデザインツールだ

シナリオは、ミーティングやワークショップをデザインし、それを主要なステークホルダーやファシリテーターと共有するのに役立つ。よくできたシナリオがあれば、ワークショップでできることが明確になり、時間、アクティビティ、扱う話題に関して適切な判断が下せる。最も重要なのは、シナリオが、成果を出すためのデザインを助けてくれる視覚的ツールであると同時に、すべての情報を簡潔な1つの文書で管理できることである。

柔軟性のためのデザイン

シナリオに関する誤解の1つは、シナリオは固定されていて柔軟性がないというものだ。これは間違っている。シナリオは、本来、中心的なチームと共同で作られるべきで、結果を重視するミーティングやワークショップを誰もがデザインできるようにするためにある。だから、実際はシナリオがあるからこそ人は柔軟になれるのだ。

計画どおりに事が運ぶのは最高だ。

──ハンニバル、『特攻野郎Aチーム』より

さらに、シナリオは時間やアクティビティのブロック単位でデザインされるので、交通渋滞で遅れるというようなよくあるアクシデントが起きたときは次のブロックへ移ることができる。

準備は早めに
少なくともワークショップが始まる1時間前には会場に行き、すべてがうまくいくことを確認しよう。つまり、コーヒーや水が提供できることを確かめ、Wi-Fiやプロジェクターをテストしておく。

アジェンダ、役割、規則
常にアジェンダ、役割、規則、そして成果から始める。これらに関してチームで合意を形成する。

スケジュール
予定を立てるときの最小の時間は15分だが、できれば30分単位で活動する。

戦略的ビジョン
戦略的ビジョンをデザインすることもできる。詳しく知りたければ、「視点」にある「ビジョン」のセクション（62ページ）を参照。

コーヒーブレイク
コーヒーブレイクを抜いてはいけない。できれば、そう、30分は取りたい。誰もが休憩を必要としているのだ！

総括
総括では最初の目標に立ち戻り、すべてを満たしていることを確認する。

コールシート　（日...

スタッフ	役割
マーク・マクラフリン	ホスト、モデ...
マールテン・ファン・リースハウト	ビジュアライ...
エーフィア・ヨンケル	戦略デザイナ...
ウルフ氏	ファシリティ...
ジョセフィン・グリーン	ケータリング...

シナリオ　（日時）の（クライアント...

場所：　アムステルダム
時間：　09:00 – 12:30

時刻	トピック
09:00 15分	準備とイントロダクション
09:15 90分	戦略的ビジョニングのチーム演習 私たちの長期的ビジョンと野心レベルは？ それは私たちのビジネスモデルにどんな影響を与えるか？ 私たちの野心レベルがビジネスモデルに対して持つ意味は？
10:45 30分	休憩
11:15 60分	ビジョンストーリーを共有しよう！ それぞれのチームが自分たちのビジョンを他の人々にプレゼンし、フィードバックをもらう
12:15 15分	総括

（クライアント名）様向け「戦略的ビジョニング」ワークショップ

責任	連絡先
1日をとおして参加者にひらめきを与え、導く	（電話番号）（メールアドレス）
ビジュアルファシリテーション	
できるかぎりの成果を挙げる	（電話番号）（メールアドレス）
◯◯メント	（...レス）
	（...レス）
	（...ス）

向け「戦略的ビジョニング」ワークショップ

◯クティビティ	担当者
簡単な背景説明——私たちは何のためにここにいるのか？	ワークショップの
◯ジェンダ（図）	ホスト
◯割と規則	
◯ークショップの成果	
演習の説明	戦略デザイナーによっ
◯ジョンとは何か？（5分）	てスクリーンで
◯戦略的ビジョニングマップ、5 ボールド・ステップ・ビジョン®	
◯説明（10分）	ファシリテーターが
	サポート
チーム演習	
◯4〜6人のグループに分ける	
◯ジョン、ビジョンのテーマ、その現れ方に付箋を貼る（60分）	
◯5 ボールド・ステップ（5つの大胆なステップ）を決める（15分）	戦略デザイナー
記録	
◯フリップチャートを集めて写真を撮る——記録したフリップチ	
◯ャートに印を付ける。	チームがプレゼン
	をおこなう
全体でのプレゼンテーション	戦略デザイナー
チームによる全体でのプレゼンテーション（30分）	がまとめる
ルールメーカー（何もないところに一からルールを確立するエスタ	
ブリッシュメント）とルールブレーカー（既存のルールとは異なる	
発想をして新たな可能性を切り開く人）のトップ3を選ぶ（15分）	
デザイン基準を決める（15分）	戦略デザイナー
総括	
午前中に学習したことの総括。次のステップへ。	戦略デザイナー
ワークショップを終了する。	

コールシート
当日参加する重要な人たちとコールシートを作成する。また、現地の技術スタッフと親しくなれるよう十分に配慮する。いざというとき力になってもらえるだろう。

場所のチェック
ワークショップを実施する前に必ず場所のチェックをする。思ってもいないアクシデントが起きたらセッションが台無しになる。

ダウンロード
シナリオとコールシートのサンプルは次の URL からダウンロードできる。
www.designabetterbusiness.com

場所のチェック

- [ ] 何もない壁がたくさんある
- [ ] テンプレートを壁にテープで貼れる
- [ ] 歩き回るスペースがある
- [ ] 日光と新鮮な空気を取り入れられる
- [ ] 気が散るものがない
- [ ] 軽飲食ができる
- [ ] 大型会議用の一つながりのテーブルではなく、小グループ用のテーブルが多数ある
- [ ] 演習の間に音楽を流せる

チェックリスト

- [ ] 割当時間と休憩の長さを確認した。
- [ ] 時間枠ごとの行動が明確になっている。
- [ ] コールシートを作成した。

次のステップ

> 自分自身で、ワークショップや、ミーティング、オフサイトミーティングを企画運営する。

45

ツール：**チーム憲章**

これで異才の持ち主や多彩な個性が1つの部屋に集まった。では、チームの目標や、期待するもの、価値観などについて、どうやって合意形成すればいいだろうか？　そして、困難な状況にはどう対処すればいいのだろう？　そこで、チーム憲章を作ろう！

憲章に署名する

一緒に仕事をする人を、いつも自分が決められるとは限らない。たとえ決められたとしても、成功するという保証はない。利害と、価値観や目標の衝突は、しばしばチームが前に進む障害になる。

チーム憲章は、プロジェクトを推進するエンジン、つまりバランスのとれたチームの設計図を作るのに役立つ。チーム憲章は、共同で作成した文書として、チームが進む方向を明確にすると同時にチームの権限の境界を定める。

チーム憲章には2つの目的がある。第1に、憲章を内部向け文書として使うことで、メンバーはチームが作られたそもそもの理由、中心的な目標、その目標を達成するためにチームが進むべき方向を理解できる。第2に、外部向け文書として、他の管理職や組織のリーダーたちにチームの目標と針路について理解させることができる。

一緒に旅をする人たちを知っておこう!

チームの価値観

また、あなたは、共同作業の一環としてチームが持つ価値観を決める必要がある。これは成功するチームの土台を築くのに役立ち、目標の達成を容易にすると同時に、目標に関する混乱を低減する。さらに憲章は、メンバーはどんなふうに共同作業をすればいいのか、一人ひとりが何に貢献すべきかについての明確なガイドラインになる。それによって、チームは確実に前に向かって進むことができるのだ。

あなたがチーム憲章に入れようと考える項目には次のようなものがあるだろう。チームのメンバー、チームの目標、期待するもの、誕生の理由、チームにおける価値、問題や障害への対処方法、誰がチームのリーダーか、などだ。「楽しくやろう！」といったことや、「週に1回のチームディナー」などのようなモチベーションを高めるための項目も、ためらわずに追加すればいい。これらはチームの結束を強めるのに大きな効果がある。

あなたのチーム憲章がどういう形になるにしても、全員が確実に認識を共有できるようにしなければならない。あなたが最後に求めるのは、ただ仕事をするだけの集団ではなく、互いに助け合うチームになるはずだ。

チーム憲章キャンバス

期待すること

チームの
価値観

チームのメンバー

ドライバー

チームの
目標

トラブル

障害

エネルギー源

BY **DESIGNABETTERBUSINESS**.COM

トラブル
"フン" がマイクロバスに付いたらどうするか?

期待すること
成功するために、チームのメンバーはお互いに何を期待するか?

チームのメンバー
マイクロバスには誰が乗っていて、それぞれのメンバーは個人としてチームに何をもたらすのか? たとえば、役割や個人の中心的価値、スキル、個人的なスローガン、個性など。

チームの価値観
チームが依拠している価値は何か? メンバー全員がその価値を認識しているか?

ドライバー
ハンドルを握っているのは誰か? ナビゲートしているのは誰か?

障害
チームが一致協力して成果を上げ、目標を達成するのを邪魔するものは何か?

エネルギー源
グループの中でエネルギーを生み出しているのは何か? 何がメンバーを動かし、最大の成果を得ようとさせているのか?

チームの目標
チームが到達しようとしているゴールは何か? チームのすべての努力が実るのはいつか?

チェックリスト

- ☐ チームの目標を定めた。
- ☐ ドライバー、チームのメンバー、価値観を決めた。
- ☐ 障害とエネルギー源を特定した。
- ☐ 全員に署名させた。

次のステップ

≫ 次に取り組むのは「視点」だ。

ここまでに
やり終えたことは……

> **チーム**の準備　　　　　　P.34

> **環境**の準備　　　　　　　P.36

> **チーム憲章**の制定　　　　P.46

次のステップ

> **視点を開発する**　　　　　P.50
  デザインジャーニーへのアプローチ方法
  を決めるのに役立つ。

> **ビジョンをデザインする**　P.62
  チームがすぐ実行に移せる
  ビジョンを作る。

> **デザイン基準を適用する**　P.72
  実現したい変革の原則と評価基準は何か？

おさらい

ひとりで飛ばない。
孤独な天才はもういない。

準備する。
成功に向けて態勢を整える。

分野横断的なチームを作る。
重要なのは多様性。

**後ろ盾になってくれる
経営幹部を見つける。**
アンバサダーを作る。

視覚的に仕事をする。
脳が喜ぶだろう。

エネルギーを管理する。

さあ、始めよう!

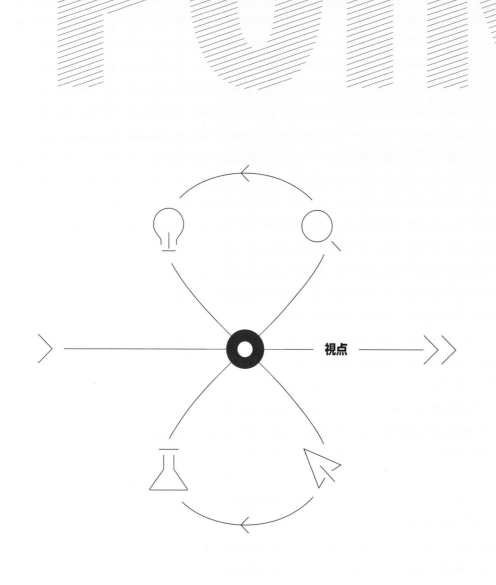

視点

デザインジャーニー：視点

反逆者であれ

ビジョンを開発する

ストーリーをデザインする

デザイン基準を作る

イントロ	あなたの視点	P.52
スキル	勇気を持って行動を起こす	P.54
ツール	未来に向けたあなたのビジョン	P.60
ツール	5 ボールド・ステップ・ビジョン® キャンバス	P.62
ツール	カバーストーリー・ビジョン® キャンバス	P.68
ツール	デザイン基準	P.72
ツール	ストーリーテリングキャンバス	P.78

あなたの**視点**

すべてのデザインジャーニーには出発点がある。そこに立っているのは、持続可能な（収益の出る）ビジネスモデルを探すスタートアップ企業かもしれない。あるいは既存の企業が、競争力を維持し、成長を図るために、新たな方向性を探ってデザインジャーニーに旅立つこともある。どんな場合でも、デザインジャーニーは1つの視点から始まる。

対象が市場であれ、顧客や、製品・サービス、あるいは競合他社であれ、私たちはみんなそれぞれの視点を持っている。視点は、デザインジャーニーの中心になる、あなたにとって最も価値のある資産だ。それは、リアルなものと、ただの幻影を見分けるリトマス試験紙の役割を果たす。デザイナーであるあなたには、これまで学んできたものに基づいて積極的に独自の視点を作る責任がある。

どんなことでも最初の1歩が一番難しい
新しいビジネスのアイデアをゼロから生み出すのは、たいへんなことに思えるかもしれない。あなたがスタートアップならば、自分の会社が次の時代の覇者になるという野望を抱いているだろう。あなたは製品の開発や販売に必死で取り組む。だが、多くの場合、懸命に働けば働くほど夢は遠のいていく。あなたの会社が歴史のある大企業ならば、長年にわたって同じ経営戦略を続けてきたはずだ。株主たちは、あなたたちの労働の成果を株価の上昇と配当という形で享受し、取締役会は過去の成長を見て未来の戦略を考えている。しかし、会社の針路を新たな海域に向けようとするときには、過去の成功が重荷になる可能性がある。

変革を起こすためには、たとえ状況が不利に思えても、自分自身の視点から出発しなければならない。「でもそれは個人的な視点にすぎないじゃないか。私なんかの考えを基に、いったいどんな変革を

起こせると言うんだ？」と思うかもしれない。そう考えるのは間違っていないし、あなたに限ったことでもない。だが、あなたの視点を、特別なツールや、スキル、適切なマインドセットと組み合わせれば、あなたは必ず、求めている変革を起こすことができる。

反逆者であれ
あなたが誰かに影響を与えたいと思っているなら、とくにその相手が、あなたの視点を成功戦略につなげるのに必要なチームのメンバーだったら、反逆者であれと言うのは矛盾していると感じるかもしれない。だが、変革への触媒の役割を果たすのは間違いなく反逆者であり、反逆者が持っている視点である。反逆者であるというのは、会社や執行幹部が支持するすべてのことに反対するという意味ではない。未来に対する確固とした視点を持って交渉の席に着くということだ。体制に逆らう必要はない。体制に疑問を投げかけ、追求する価値があると心から感じる大きなアイデアを持って交渉することが必要なのである。

ビジョンをロードマップにする
確固とした視点は変革のための触媒として働く。実現しようとしている変革へと導くロードマップの役割を果たすのは、あなたが持つ将来のビジョンである。人々はビールを飲み交わしながらそれぞれのビジョンを語る。方向性はビジョンによって決まる（おそらくそ

しっかりとした視点に基づいて、より良いビジネスをデザインする方法について詳しく知りたい人は、次の本を読もう。ピーター・ティール、ブレイク・マスターズ著『ゼロ・トゥ・ワン──君はゼロから何を生み出せるか』(NHK出版、2014年)

の目的は、将来稼ぐお金でもっと多くのビールを買うことだろう）。

私たちの「ビジョン」の定義は、他の本や記事に出てくるものとは違う。私たちの「ビジョン」は意見表明ではない。スローガンだ。私たちのビジョンの概念はすべてを包摂している。それには、ビジョンの実現を支援する要素、ビジョンを実現するためにたどるべきステップ、ビジョンを実現する過程で出会う障害やチャンスが含まれる。あなたのビジョンを具体的で有用なものにするために、この章では、あなたがチームと一緒に使える（使うべき）さまざまな共同作業ツールを紹介する。

ストーリーをデザインする

取締役会や、戦略会議、VC ピッチ〔ベンチャーキャピタルピッチ。投資家を対象にして、新しい商品やサービスの利点を簡潔にアピールするイベントのこと〕などに出る機会が得られたら、あなたは何を話すだろう？　どうやって人々の心を揺り動かし、あなたの考え方に引き寄せるだろうか？　あるいは、少なくともあなたのビジョンを知りたいと思ってもらえるだろうか？　ここで大きな違いを生むのがストーリーだ。TED の講演をするときや、会議室でプレゼンをするとき、バーで注目を集めたいときでもいい、大事な主張をするために、最高の話し手がどのように逸話やストーリーを使っているかに注目してみよう。生まれつき才能のある話し手はある程度直感的にこれができる

が、ストーリーの使い方がうまい人は誰でも、どんなストーリーを、どんなふうに、いつ、誰に対してすべきかを念入りに考えている。相手をうまく説得して同意を得るためには、自分の視点をよく確かめる必要がある。言い換えれば、自分のストーリーをデザインしなければならないのだ。

だが、そんなに心配することはない。ビジョンを作るための新しいツールとともに、ストーリーをデザインするのに役立つ優れたツールを紹介する。

デザイン基準 ^(クライテリア)

ビジョンは未来の状態を表すものだが、どんな未来でもいいわけではない。あなたが、デザインジャーニーのあいだに起こそうとする変革は、一連の基準を満たさなければならない。それは、未来の選択肢を見つけて評価するときに何をしなければならないか、何ができるか、何をしたほうがいいか、絶対にしてはいけないのは何か、についての基準だ。これがデザイン基準である。デザイン基準は、デザインジャーニーの途上で、あなたの判断の足掛かりと、明確な境界の両方を示してくれる。あなたのデザイン基準は、あなたが生み出したビジョンと、あなたの組織を取り巻くコンテクストによって決まる。同様に、あなたが探す選択肢は、それと同じデザイン基準に基づいている。■

本章で紹介するツール

5ボールド・ステップ・ビジョン®キャンバス
P.62

カバーストーリー・ビジョン®キャンバス
P.68

デザイン基準キャンバス
P.72

ストーリーテリングキャンバス
P.78

スキル：**勇気を持って**行動を起こす

誰もが自分の視点を持っている。だが、勇気を持って行動を起こす人はほとんどいない。職務記述書に書いてないので、自分にはそういう資格はないと思い込んでいるのだ。そんなことは私の職務記述書にだって書かれていない。私はCFO（最高財務責任者）だ。だが、コンフォートゾーンから出ることに決めた。状況を改善する唯一の方法だったからだ。

私たちはビジョンを渇望していた

近年、私たちの会社は、かなり厳しい状況を何度か経験した。あなたも、私たちの会社のエネルギーの衰えからそれを感じ取っただろう。金融危機は大きな損失をもたらし、2社（BNP パリバとフォルティス銀行）の合併は企業文化の断絶を生んでいた。私は、社内の議論が過去に起きたことにこだわりすぎているのを強く感じた。人々は会社のアイデンティティに疑問を抱いていた。もちろん、私も同僚たちと同じ気持ちだったが、そんな会話をするのさえ非常に難しく、口にすれば分断のきっかけになった。

大きな船が前に進んでいるとき、人は自らを省みる余裕などないと思いがちだ。しかし私は、ちょっと距離を取って自分たちの置かれた状況を見直し、問題を克服して再び動き出すべきだと感じた。問題が見えないように隠すという意味ではない。問題について話し合い、そこから学ぶことが私たちには必要だった。

TIP 1

自分の信念を貫こう。自分がそうせずに、どうして他の人にはできると言えるのか？

未来に向けて再び焦点を定める

恐れや不安や疑いを持ちながらも、私は今こそ焦点を見直して未来に向けるべきだと感じていた。CFO という立場からすると、それは必ずしも自分の役割ではなかったが、私は行動を起こし、改革を実行する決意をした。心の底では、社内のすべての人間が立ち上がり、雇用時に与えられた責任を超えた新しく広範な責任を担うべきだと思った。一方で、私は CFO として少し戸惑っていた。どうすれば未来に焦点を当てられるのか？　それも、普段なら数字が教えてくれる予測可能な未来ではない。いったい未来はどんなものになるのだろう。私たち（銀行）の世界では急速に変化が起きていたので、確信を持てることは1つしかなかった。数字は私たちが必要とするストーリーを教えてくれないし、数字では人々に未来を信じさせられない、ということだ。

私がはっきりと自覚したのは、私たちの将来は、数字ではなく、むしろストーリーにかかっているということだった。そして、ストーリーを再構築するためには、数字に支配される IQ だけではなく、感情に支配される EQ が必要だった。私は、人々から否定的な感情を取り除き、肯定的感情に基づいた未来を築かなければならなかった。再構築の基盤とすべきなのは、私たちがどこから来たのか、どう変わってきたのか、今は何者なのか、そして私たちの DNA には

私の運命を決めるのは私だ

自分がオフサイト経営会議のホストを務めるなど想像したことがなかった。だが、私はそこにいた。黒いスーツに身を包んで360度が見渡せるステージに立ち、同僚たちを紹介した。彼らは、真剣に耳を傾ける聴衆に向けて、私たちのビジョンストーリーのプレゼンをおこなった。それは、私たちがデザインし、ストーリーを構築したビジョンだった。コンサルタントがまとめた退屈な戦略プランではない。私たちがこのイベントをデザインしたのは、他の250人の同僚たちにも、会社の建て直しに貢献したいという気持ちになってもらうためだった。BNPパリバはそういうことをしたことがなかった。私たちは、未来に向けて1歩踏み出す権限をみんなに与えた。映画『インビクタス／負けざる者たち』〔南アフリカがアパルトヘイトを克服する姿をラグビーを通じて描いている〕から借りた音楽とシーンが私たちのビジョンを後押しし、集まった人々に自分たちの運命と未来を決める力を与えた。

TIP 2 ───

ありのままの自分でいる勇気を持とう。仕事でも、私生活と同じ自分をさらけ出すのだ。

何があるのか、だ。

前に進む

私は1歩前に足を踏み出した。私の役割がCFO、つまり数字を扱う人間だったことを考えると、極めて異例なことだ。実際、キャリアの中でそういう必要性を感じたのは初めてだった。確かに私は長いあいだリーダーの立場にいた。しかし、BNPパリバは私のDNAの一部になっていて、私は会社が持続する未来をデザインしたかった。 ≫

それは、ワクワクするデザインジャーニーだった。多くの人々が旅に加わって、未踏の地を探索した。容易ではなかったが、計画は良い方向に進んだ。私は自分が人々に説いたことを実践した。私の運命と未来を決めるのは私なのだ。

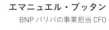

エマニュエル・ブッタン
BNPパリバの事業担当CFO

—————————————————————————— **TIP 3**

毎日、昨日の自分を乗り越えよう。
そのとき初めて真の成長ができる。

——————————————————————————————

みんなコンフォートゾーンから出て、船が舵を切るのを手伝うべきだと私は感じているが、同時に、立ち上がって舵を握れば、いくらかいい気分になるに違いないとも考えている。初めて行動に出るときに不安を感じないということではない。私も不安だった。だが、不安だからこそ新しい環境を素直に受け入れられる。人間は不安になれば外部からの刺激に敏感になる。その状態で自分のビジョンを見つけるのだ。私はそうした。

やり方に秘訣はない

実務のマインドセットが出来上がっていたので、どうすれば会社の焦点を近い未来に移せるのかわからなかった。それをわかっている者はチームの中に1人もいなかった。だが、私が最初の1歩を踏み出せば、みんなで次のステップに進む方法を考えられるだろうと思った。その時点で自分は、現実に1つの運動を起こしつつあるのだと自覚した。加わる人が増えると、先に進むために必要なエネルギーが生まれた。そのエネルギーに引きつけられて、さらに多くの人々が合流した。最初に2、3歩進んだときは、まだその先の道筋は明確ではなかったが、積極的に自分たちで道を作っていくのは痛快だった。

同時に、BNPパリバのような大企業では、私たちが始めたような運動に参加することをほとんどの人が躊躇するのもわかっていた。参加したくないということではない。多くの場合、現在の情報を使って現在の戦略を実行するほうがずっと楽だという意味である。とにかく、私たちは学校でそう学んだ。しかし、昨日の戦略を実行するのだから昨日の情報を使うというのは、先に進まないためのひどい言い訳だ。ベースが昨日の情報ならば、世界中のすべての情報を集めたって成功にはつながらないだろう。確かに、サードパーティに費用を払ってビジョンと戦略をデザインしてもらうことはできる。だが、それでは成功に責任を負わないことになる。

みんなの力を合わせる

私が先頭を切ると、他の人々も未来をデザインするのに力を貸そうと立ち上がってくれた。みんなが一緒に歩き始めると、あちこちの部門からやってきた人たちがさまざまなアイデアを共有したときに、最も興味深いアイデアが生まれることがわかった。私たちは、過去に作られたものとは違う何かを生み出したかった。結局何枚かの書類になって2、3日で忘れられてしまうようなものは要らなかった。ビジョンを実現するためには、有志が協力してビジョンを作る必要があり、執行委員会の判断は待たなくていいと私たちは確信していた。私たちは組織のあらゆるレベルから来た人々に、ストーリーを模索し、ストーリーを語ってもらいたかった。

250人で1つのビジョンを作る

会社に所属するさまざまな人々は、みんなそれぞれの日常業務を持っていたので、私たちは先に道を切り開き始めた。情報を収集し、顧客と話し、マップ上のストーリーと同期させた。私たちは強力なビジョンをスタートさせたのだと実感した。

その年の後半、私たちは2日間の「マネジメント大学」を開催した。

1つに集約されたストーリーを共有するのに適切な時期だった。決して小さなイベントではない。マネジメント大学では、組織全体、世界各地から250人を集め、BNPパリバの将来について語り合った。あれは、私と（現在）35人のコアチームが1年間取り組んできたビジョンを共有し検証するのに絶好のタイミングだったと思う。私たち全員がステップを1つ上がった。

マネジメント大学では、参加者それぞれが私たちの運動の一員として、観客席にいる他の250人にストーリーの一部を話す義務を負った。一体感を増すために、通常のステージは使わないことにした。その代わり、360度が見渡せるステージを設け、発表者が真ん中、つまり会話の中心に立つ形式を選んだ。ハードルをさらに上げるために、スライドは一切使わないことに決めた。私たちは、チームを鼓舞するためにTEDスタイルの基調講演をおこなった。

演習：BNPパリバは銀行としてどういう存在か？

私たちのビジョンストーリーは好評を博した。だが、（ビジョンの基礎を共同で作った35人だけでなく）全員を巻き込むために、当日は「BNPパリバは銀行としてどういう存在か」に焦点を当てた共同演習を真っ先におこなった。BNPパリバがもっと創造的だった時代を振り返るために、ハサミ、自動車の部品の写真、マーカー、テープを使って、かつてのBNPパリバのイメージをデザインしてもらった。この演習がどれほど奇妙に思えたか（たぶん今聞いても奇妙に思えるだろう）を考えると、人々が道具を手に取ってやすやすと車をデザインしたのは驚きだった。20分ほどしかかからなかったのだ。私たちは楽しい時を過ごし、BNPパリバのDNAについてのストーリーを共有した。誰もが1歩を踏み出したことを誇りに思った。

銀行への継続的な影響

銀行と首脳陣は確実に非常に多くのことを学んだと言える。共同で仕事をする新しい方法を銀行が取り入れるうえで、私たちは大きな1歩を踏み出したと感じた。この新しい仕事のやり方の肝心な点は、他の人々が船の舵取りを助けてくれると信じることである。コンサルタントを雇ってマップを描いてもらったのではない。自分たちでやったのだ。私たちは、周囲に決起を促す新たな仲間を組織の中に見つけた。そして、今、他の人たちとは違った考え方や仕事のやり方ができると確信している。■

BNPパリバはどういう存在か、という問いに対する自分たちの解釈を、車のメタファーを用いて切り貼りで表現するために使ったテンプレートの一例。

視点のストーリー

明確な戦略

ホーマー・シンプソン〔アメリカのテレビアニメ『ザ・シンプソンズ』の主人公で、失敗に気づいたときに「ドォ！」と言う〕の「ドォ！」体験というものがあった。私たちはしばしば次のステップをオーバースペックにし、過剰に作り込むことがあったが、それに気づいたときに「ドォ！」と言うのだ。そうした状況では、次のステップでやるべきことを事前に明確に記録しておく最も簡単で、最も説得力のある方法は「5ボールド・ステップ（5つの大胆なステップ）」だった。だから私たちは、抽象的な戦略よりも「5ボールド・ステップ」をぜひ取り入れてほしかった。

——ビッキー・シーリー、Sheppard Moscow LLC の COO

自分のビジョンに忠実でいよう。他人のアジェンダに合わせて変えてはいけない。

——スー・ブラック、ダンディー大学

シーメンスヘルスケア・トルコ

シーメンスヘルスケア・トルコの販売マーケティング委員会は、最近実施された事業再構築と再配置後におけるビジョンとビジネス戦略について検討した。私たちのビジネスモデルとコンテクストに関するすべての議論は、ビジョンと緊密に結びついていた。5ボールド・ステップ・ビジョン® キャンバスが、私たちが合意したほぼすべての活動の源泉になった。

——エニス・ソネメル、シーメンスヘルスケア・トルコの画像診断セクター、カントリーリーダー

連続するビジョン

サリーアン・ケリーは、Aberlour Childcare Trust の CEO として、組織に明確な戦略を浸透させるという、はっきりとした使命を担って参加した。彼女は、持続的な変革を起こそうと努力するうちに、組織全体を巻き込まなければならないことがわかってきた。

2014年6月：
サリーアン・ケリーはCEOに就任し、組織には明確な方向性が必要だと考える。

2014年7～8月：
サリーアンは視点を作るために組織全体を点検する。

2014年12月：
SLT（上級幹部チーム）や理事たちと、5ボールド・ステップ・ビジョン®と戦略に取り組む。

2015年1月：
「5ボールド・ステップ」を結びつけて戦略の草案を作り、理事会に示す。

2015年1月～2月：
300人（組織の43％）以上のスタッフ（社員）にアンケートをおこなってフィードバックをもらい、草案をより現実的なものにする。

2015年2月：
戦略の最終案、および3年戦略の1年目の事業計画を見直す。

Mindpearl

Mindpearl は、自社を宣伝し、自社について語る方法を見直す必要があった。私たちの自己表現は複雑で遠回しなものになっていた。私たちはどこから来たのか、何者なのか、何になりたいのかに基づいて、明確なビジョンを定めた。今、社員は自分と Mindpearl のグローバルアイデンティティを結びつけることができる。私たちは、活動とストーリーを再構築したのだ。

——カリン・デール、Mindpearl 事業本部長

たった1ページで戦略が共有できる!

——クレイグ・モハン、CME グループ・シカゴのマーケットテクノロジーおよびデータサービス業務執行取締役

防弾ビジョン

カバーストーリーの作業をしていたとき、アラミド繊維メーカーの防弾素材ユニットから来ていたチームが突拍子もないことを言った。「オバマ大統領が、夫人へのクリスマスプレゼントに、ドルチェ & ガッバーナの防弾服を買う」というアイデアを思いついたというのだ。チーム全員が笑い出した。最初、私たちはそれがどういう意味かちゃんと理解できなかった。だが、笑いが収まると、防弾能力があるおしゃれなドレスのことだと気がついた。いかつい防弾チョッキではなかったのだ。一部の国々の裕福な著名人のあいだには、こうした製品に対する需要が存在する。

部門ごとのビジョン

私たちの病院では、整形外科、皮膚科、腫瘍科、産科、小児科の各診療科が、それぞれ独自のビジョンを作ることになった。すぐに、共同のデザインプロセスを使うほうがより関心が持てるし、生産的で、優れているとわかった。ビジョンは連携していなければならない。患者の立場に立ってビジョンを作ることが非常に重要だった。これは私たちの病院にとって大きな1歩だった。それまでの姿勢は、専門的知識や優れた治療を優先するもので、患者の視点は二の次だった。新しいビジョンをデザインしたあと、私たちは、院内のコミュニケーションと同様に、院外とのコミュニケーションも大事にするようになった。私たちは、映像と動きを使って明確なストーリーを作り出した。

——フリッツ・ファン・メロード、マーストリヒト大学医療センター執行理事

職員のために戦略の小冊子を作ったらどうだろう?

2015年3月：理事会に戦略を提出する。

2015年4月〜7月：職員に戦略を理解してもらうためにワークショップを開く（職員にとって戦略はどんな意味を持つか? どういう行動を取ればいいか?）。

2015年4月：図表を多用したミニ戦略ガイドを作り、1人1部ずつ、お礼の手紙と一緒にそれぞれのレターボックスに入れる。

2015年5月〜12月：戦略の1年目を実施。ビジョンの要素を支援するために新しい取り組みを開始する。

2016年1月：戦略を評価する日。構築・計測・学習ループを導入する。

未来に向けた**あなたのビジョン**

ビジネスのコンテクストで「ビジョン」という言葉を聞いたとき、大半の人がまずあくびをする。ほとんどのビジョンが、漠然としていて、不明瞭で、はっきり言って心に訴えるものが何もないからだ。よくデザインされたビジョンは、人々に行動や発明やイノベーションを喚起するスローガンでなければならない。

コンパスとしてのビジョン

あなたが未来に目を向けて自分の視点を定めたとき、それは、あなたとチームに北極星を示すビジョンになる。明瞭なビジョンがあれば焦点が絞られ、大胆な戦略的選択をするためのアンカーポイント（判断のよりどころ）が得られる。アンカーポイントは、新しいビジネスモデルを探す原動力だ。明瞭で説得力のあるビジョンは、スローガンとして、あなたと同僚がおこなうすべてのことに方向性を与える。毎日、お互いに、こう問いかけてみよう——この行動や、活動や、実験によって、私たちはビジョンの実現に近づけるだろうか？　答えがノーなら、それに時間やエネルギーやお金をかけるのはムダだ。ビジョンはコンパスであり、あなたの部下やチームが、顧客やクライアントやその他のステークホルダーにとって重要なことに取り組んでいるかどうかを確かめられる。ビジョンは、より良い仕事ができるように、彼らにインスピレーションと集中力と行動力を与えるのだ。

ビジョンはビジョンステートメントではない

ビジョンステートメントは、あなたの未来についてのストーリーをもっと豊かにする主要な項目を並べたものだ。それは、さらに大きなストーリーを作る足場になる。ビジョンステートメントには、あなたのチーム（や組織）が中長期的に達成したいことが抱負のように書かれていることが多い。本当に役に立つ（強力な）ものにしたければ、いつ、どこに行きたいかだけではなく、そこまでどうやって行くかを明記する必要がある。

ビジョンステートメントを超えるビジョンを！

ビジョンデザインの第1歩は、ビジョンステートメントを超えることだ。確かにビジョンには、ビジョンの記述、根底にあるテーマ、現実にビジョンが現れる事例が含まれるべきである。しかし、ビジョンを未来に向けたスローガンにしようと思うなら、ビジョンは組織全体でデザインするか、少なくとも組織全体で具体化しなければならない。ビジョンをデザインするプロセスでは、現実的な中長期目標だけでなく、あなたの組織を支えている価値を考慮する必要がある。会社（やチーム）で作るビジョンには、重要な目標の概要の他に、高レベルの戦術、ビジネスの要素、そしてそれらをサポートする価値が記されなければならない。これによって、社内のさまざまなチームが、ビジョンで示された目標を達成するための戦略を開発できるようになる。統一されたビジョンがあれば、すべての従業員が共通認識を持ち、同じドラムの音に合わせていっせいに進むことができる。あなたのビジョンが、未来を指し示す北極星になるのだ。

現実的なビジョンを構成する3つのブロック

質が高く、現実的で、人にインスピレーションを与えるビジョンには、どんな組織のものでも3つの重要な特徴が必要だ。1つ目は、近い将来（2〜5年後）に会社がこうなってほしいという状態が描かれていること。2つ目は、人を鼓舞し興奮させる要素（スローガン）を一定レベル含んでいること。3つ目は、ビジョンを実現するための「大胆なステップ」の詳細が書かれていることである。

ビジョンのために **睡眠** を犠牲にするな

オランダを拠点とする、ベッドの設計・製造企業 Auping 社の CEO、アールト・ロースは、とても変わったアプローチで会社のビジョンをデザインした。彼は、顧客から切り離された役員室でビジョンを考えるのではなく、顧客に頼んで、顧客のために、顧客と共同で Auping 社のビジョンを作ったのだ。

顧客は言っている。「睡眠は、私が健康と活力を感じるために、つまり、生きていることを実感するために、最も大切なものだ」

現在、Auping 社の発信は、ベッドの製造に関連するものが減り、Auping のベッドに顧客が見いだした価値に関連するものが増えている。その価値とは、活力にあふれた1日である。Auping のスローガンは「Auping の夜で、快適な昼を」だ。

アールト・J・ロース
Auping 社 CEO

どこから出発するか?

スローガンとなるビジョンを作るために、チームを1つにまとめ、将来をデザインする権限を与えよう。これで、エネルギー、楽しさ、創造性、野心を結びつけられる。スタートするときは、夢は大きく持とう。日々の仕事は心配しなくていい。チームでブレインストーミングをおこなって、中長期的未来に自分たちがどこにいるかを視覚化してみよう。

これからの数年間でチーム(や組織)が解決したい問題は何かを自分たちに問いかけよう。あなたは何を達成したいのか? ターゲットとする顧客ベースはどんな人々か? その人たちのために何がしたいか? 将来のビジネスモデルはどんなものか?

私たちのビジョンを支援してくれるのは何か?

あなたとチームが一緒に将来のためのアイデアを練り始めると、組織のさまざまな側面や、自分たちの戦略、ビジョンを支えてくれるさらに大きなコンテクストを理解する必要が生じる。あなたのビジョンを支援してくれるものを見つける鍵は、自分(とチーム)に、「なぜ私たちなんだろう? なぜ今なんだろう?」と問いかけることだ。組織は、あなたたちのビジョンを支援することにどんな価値を見いだし、何をしてくれるだろう? 大きなコンテクストで見た組織の中で、あなたのビジョンに加勢してくれるのは、どの部分(あるいは、どんな動き)だろうか?■

ツール：**5 ボールド・ステップ・ビジョン® キャンバス**

オリジナルは The Grove Consultants International 社のデビッド・シベットが作成

あなたの組織に、前向きで未来志向の変革を起こしたければ、長ったらしい紙のビジョンを書くだけで終わってはいけない。何のために一緒に闘うのか、そして「そこ」にたどり着くためにどういう段階を経るのかについて、合意を共有しなければならない。5 ボールド・ステップ・ビジョン® キャンバスは、組織の中でチームを協力させる最高のツールだ。

パーソナル
自分のビジョンを作る

±90分
圧力鍋

3〜5
人／1グループあたり

たどるべき段階

ビジョンキャンバスは、そのビジョンを実現するための5つの大胆なステップ（5ボールド・ステップ）とともに、共同でビジョンをデザインするのに役立つ。さらに、このツールを使えば、あなたたちがビジョンの実現に取り組む中で、何がビジョンを支えてくれるか、何が障害になるか、どんなチャンスが生まれるかがはっきりする。そして何よりも、ビジョンキャンバスはあなたのビジネスモデルや戦略のデザイン基準を導き出すのに役立つ。

集団のビジョンステートメント

ビジョンステートメントは、時に企業の未来像と呼ばれる。だが、それをはるかに超えるものだ。ビジョンステートメントは人々にインスピレーションを与えるものであり、すべての戦略的プランニングの枠組みである。あなたが初めてビジョンステートメントを作るとき、あなたがすることの本質は、自分のビジネス上の夢を明瞭に表現することである。ビジョンステートメントを見れば、自分たちが一緒に何を成し遂げようとしていたのかをいつでも思い出せる。

同じことは会社全体にも一部門にも当てはまる。組織全体のものでも一部門のものでも、ビジョンステートメントは「私たちはどこへ行きたいのか？」という問いへの答えである。

具体化ガイドライン

ビジョンキャンバスの最も優れた特徴は、行動、支援、機会、障害を含むビジョン全体が、1冊の本ではなく、1枚の紙！に書かれるところである。そのため簡単に共有できるし、意思決定者（や実行者）が任務を果たすのに必要な、具体化ガイドラインに容易に書き換えられる。さらに良いことに、このキャンバスに基づいてビジョンを視覚化すれば、内容の周知に役立つ。

位置について、よーい……ドン!

ビジョンを作るのにどのアプローチを選ぶにしても、あなたは適切な人材を取り込む必要がある。人材には、他の人々とともに、当然意思決定者が含まれる。メッセージを前進させるアクションやアンバサダーが含まれないビジョンは、どれだけ良くできていても、それを印刷した紙の価値しかない。■

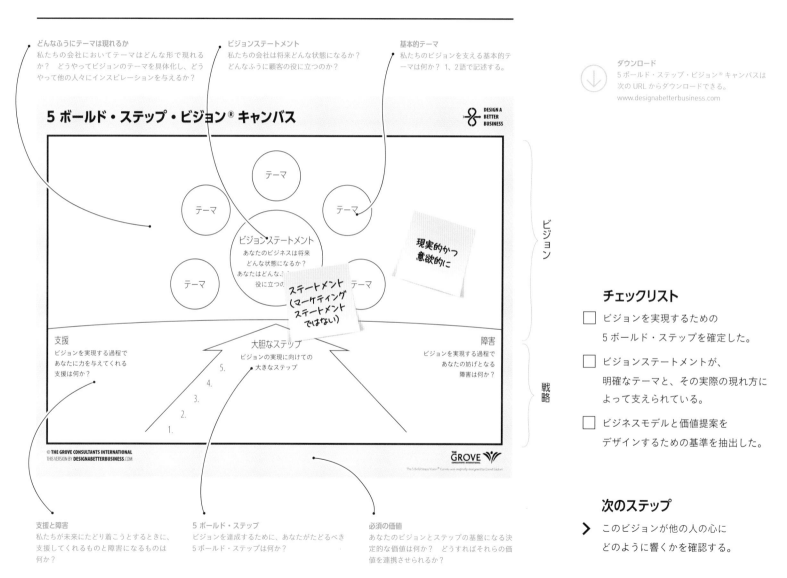

どんなふうにテーマは現れるか
私たちの会社においてテーマはどんな形で現れる
か？ どうやってビジョンのテーマを具体化し、どう
やって他の人々にインスピレーションを与えるか？

ビジョンステートメント
私たちの会社は将来どんな状態になるか？
どんなふうに顧客の役に立つのか？

基本的テーマ
私たちのビジョンを支える基本的テー
マは何か？ 1、2語で記述する。

ダウンロード
5 ボールド・ステップ・ビジョン ® キャンバスは
次の URL からダウンロードできる。
www.designabetterbusiness.com

5 ボールド・ステップ・ビジョン ® キャンバス

DESIGN A
BETTER
BUSINESS

テーマ

テーマ

テーマ

ビジョンステートメント
あなたのビジネスは将来
どんな状態になるか？
あなたはどんな
役に立つの

テーマ

テーマ

現実的かつ
意欲的に

ステートメント
（マーケティング
ステートメント
ではない）

ビジョン

支援
ビジョンを実現する過程で
あなたに力を与えてくれる
支援は何か？

大胆なステップ
ビジョンの実現に向けての
大きなステップ

5.
4.
3.
2.
1.

障害
ビジョンを実現する過程で
あなたの妨げとなる
障害は何か？

戦略

© THE GROVE CONSULTANTS INTERNATIONAL
THIS VERSION BY DESIGNABETTERBUSINESS.COM

GROVE
CONSULTANTS INTERNATIONAL

The 5 Bold Steps Vision® Canvas was originally designed by David Sibbet

支援と障害
私たちが未来にたどり着こうとするときに、
支援してくれるものと障害になるものは
何か？

5 ボールド・ステップ
ビジョンを達成するために、あなたがたどるべき
5 ボールド・ステップは何か？

必須の価値
あなたのビジョンとステップの基盤になる決
定的な価値は何か？ どうすればそれらの価
値を連携させられるか？

チェックリスト

☐ ビジョンを実現するための
5 ボールド・ステップを確定した。

☐ ビジョンステートメントが、
明確なテーマと、その実際の現れ方に
よって支えられている。

☐ ビジネスモデルと価値提案を
デザインするための基準を抽出した。

次のステップ

≫ このビジョンが他の人の心に
どのように響くかを確認する。

事例：5 ボールド・ステップ・ビジョン® ING 銀行

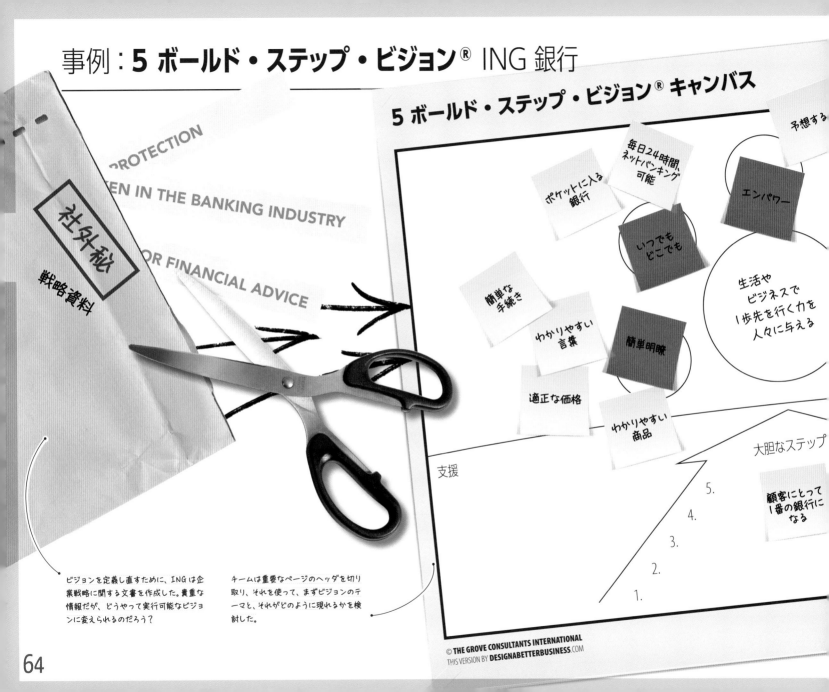

社外秘
戦略資料

PROTECTION

...EN IN THE BANKING INDUSTRY

...OR FINANCIAL ADVICE

5 ボールド・ステップ・ビジョン® キャンバス

予想する

毎日24時間
ネットバンキング
可能

ポケットに入る
銀行

エンパワー

いつでも
どこでも

簡単な
手続き

わかりやすい
言葉

簡単明瞭

生活や
ビジネスで
1歩先を行く力を
人々に与える

適正な価格

わかりやすい
商品

支援

大胆なステップ

5.

顧客にとって
1番の銀行に
なる

4.

3.

2.

1.

ビジョンを定義し直すために、INGは企業戦略に関する文書を作成した。貴重な情報だが、どうやって実行可能なビジョンに変えられるのだろう？

チームは重要なページのヘッダを切り取り、それを使って、まずビジョンのテーマと、それがどのように現れるかを検討した。

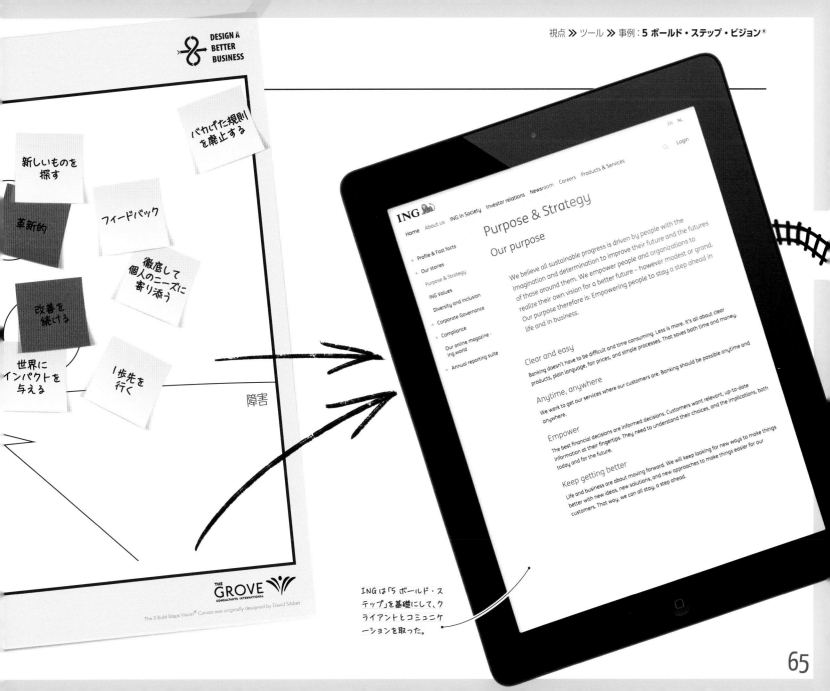

ING は「5 ボールド・ステップ」を基礎にして、クライアントとコミュニケーションを取った。

視覚化した**ビジョン**の例

ビジョンの最初の草案が作られたとき、ミーティングでは視覚的
メモが取られた。今それらのメモは、みんなの発想のきっかけに
なるようにオフィスの目立つ場所に掲示されている。

1ページに書かれたビジョン

新しい CEO、ラルフ・ハマースが着任したとき、私たちの会社は新しい大胆な戦略を受け入れる準備ができていた。金融危機を何とか切り抜けた ING 銀行は、新たに登場したフィンテックの競争相手に直面していた。同時に、Amazon や Spotify といった企業のシームレスなデジタル体験が、銀行に対する顧客の期待水準も上げていた。

徹底的に戦略を見直したあと、私たちは250ページにおよぶ計画書を作成した。だが、問題は、それをどんなふうに圧縮して、全行員の心を動かすものにできるか、ということだった。はたして、みんなが戦略について同じ方向性で話し合ってくれるだろうか？

私たちは、戦略、社内・社外向け広報、投資家向け広報、人事の各部門からメンバーを集めてチームを作った。チームは5 ボールド・ステップ・ビジョン® を使って「1ページの戦略」を作り、目的やビジョンとリンクさせて、戦略的優先順位をはっきりさせた。それによって方向性が明確になり、行員すべてが戦略を同じように理解し、説明することが可能になった。1ページに書かれた戦略は、今も私たちの指針になっている。

ドロシー・ヒル
ING 銀行の戦略担当 VP

ツール：**カバーストーリー・ビジョン®キャンバス**

オリジナルは The Grove Consultants International 社のデビッド・シベットが作成

あなたが思い描く、会社（あるいはあなた）の最も輝かしい未来はどんなものだろうか？　一番大胆なビジョンを持っているのはいったい誰だろう？　自分が雑誌の表紙を飾るところを想像してみよう。どんな街の声が聞こえてくるだろうか？　カバーストーリーを作れば、自分の心を未来の状態にしやすくなる。

パーソナル

自分のビジョンを探る

±45分

圧力鍋

3〜5

人／1グループあたり

あなたはどんなふうに記事にされるか

カバー・ストーリー・ビジョン®キャンバスでは、あなたとチームが未来に自分たちを投影するよう求められる。未来であなたが成し遂げたことに、世界はどんな反応をしているだろうか？　ただしこのツールは、完成したビジョンを与えてくれるわけでは（たぶん）ない。あなたがよく知っている安全な領域を超えて考えるようにあなたに迫るのだ。挑戦の1つもしないで、どうしてあなたの会社の話が世界で最も売れている雑誌の1つに載るだろうか？　このキャンバスでは、あなたが実際のビジョンを組み立てるときに使える多くの素材が得られる。そのうえ、ビジョンキャンバスは触ることも見ることもできるので、大量のフィードバックを引き出せる。

雑誌（または電子雑誌）

始めるときには、チーム（複数のチームならなおいい）で集まって、あなたがビジョンを実現したあかつきにはどの雑誌に取り上げてもらいたいかについてじっくりと話し合おう。この話し合いは非常に重要だ。個々の雑誌の特色、傾向、読者層によって、大きな違いが出るからである。何が決まるにせよ、この会話はきっと面白く、刺激的なものになるはずだ。

見出し

掲載される雑誌が決まったら、次は見出しだ。あなたに考えられる、最も重大で、最も影響力の大きな見出しは何だろう？　あなたは、自分のアイデアで世界を（少なくとも自分の組織を）どう変えるつもりだろうか？　この記事はあなたの最大の功績を取り上げるものだが、あなたがどこからスタートしたかや、どうやって「アハ体験」にたどり着いたのかも書かれる。見出しの根拠となる成果や、それを示すデータは何だろう？　こうしたことも把握しておかなければいけない。

雑誌の記事と同じように、インタビューのような要素も含まれる。どんな質問がされるだろう？　それにあなたはどう答えるのか？　あなたの中の懐疑主義者はどんなふうに頭を出すだろう？　SNSでは何と書かれるだろうか？

さて、ここからは楽しい部分だ！　自分のストーリーを描こう。雑誌はすごくビジュアルなものだから、あなたの雑誌のカバーストーリーもビジュアルにしよう。表紙には誰を、あるいは何を載せようか？　それは読者（つまりあなたのチーム）の心をつかむだろうか？■

カバーストーリーについて詳しい情報を得たい人は次の本を読もう。デビッド・シベット著『ビジュアル・ミーティング——予想外のアイデアと成果を生む「チーム会議」術』（朝日新聞出版、2013年）

カバー
カバーはパッと目に飛び込んでくるものにしよう。付箋だけに頼ってはいけない。自分で描いたり本物の雑誌から切り貼りしたりしよう。

見出し
目が飛び出るような見出しをつけよう。どんな見出しだったら人が足を止めて記事を読んでくれるだろうか？

結論
記事の趣旨は要するにどういうことなのか？記事によれば、あなたは何を達成したことになるのだろうか？

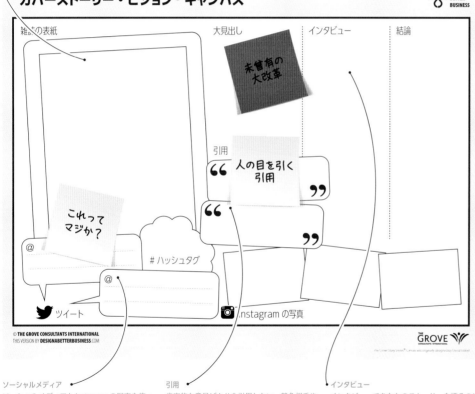

チェックリスト

☐ カバーストーリーを同僚と共有した。

☐ 人を引きつけ、視覚に訴えるカバーで、ビジョンを具体化した。

☐ 自分（または会社）のコンフォートゾーンから出た。

☐ ビジョンは5年以内に実現できる。

次のステップ

≫ 5 ボールド・ステップ・ビジョン® キャンバスを使って、あなたのカバーストーリーを具体化しよう。

≫ このビジョンが他の人の心にどのように響くかを確認する。

ソーシャルメディア
ソーシャルメディアと Instagram の写真を使って、あなたのストーリーに特色を出そう。何がリツイートされるだろうか？

引用
肯定的な意見ばかりを引用しない。競争相手や批判的な人々がどういう反応をするか、想像してみよう。

インタビュー
インタビューであなたのストーリーを語るのは誰だろう？ 仕事仲間だろうか？ それとも顧客？ インタビューのテーマは何だろう？

ハック：**ビジョン**

顧客に聞く

あなたのビジョンを、思いがけないひらめきが得られる新たな視点から見てみよう。方法の1つは、何人かの顧客に頼んで5ボールド・ステップ・ビジョン®キャンバスの作成を手伝ってもらうことである。顧客はあなたに何をしてほしいと思っているのか？　顧客にとって重要なことは何なのか？　会社の未来について考えてほしいと言われて招かれた顧客は、驚くほど誇らしい気持ちになるものだ。

ビジョンムードボード

雑誌をたくさん集め、ハサミと糊をチームの全員に配ろう。それを使って、あなたのビジョンについてのムードボード〔アイデアやコンセプトを紙に貼り付けてコラージュにしたもの〕を作ったら何が起きるだろう？　5ボールド・ステップ・ビジョン®キャンバスの構造（真ん中にビジョンステートメントがあり、それをテーマが取り巻き、下に5つのステップと価値がある）が使える。これは、会話のベースとして優れたものだし、未来のビジョンへ向かう第1歩となる美しい「絵」になる。

ビジョンマガジン（カバーストーリー）

あなたのチームにビジョンマガジンを作らせよう。人々が考えていることを集めよう。彼らのビジョンはどんなものだろう？　どんなテーマが浮かび上がるだろうか？

あなたの未来、つまり、あなたが世界に与える大きな影響を反映するカバーをデザインしよう。その雑誌を作って会社中に配るのだ。最強の発火装置になる（68ページのカバーストーリー・ビジョン®も参考にしよう）。

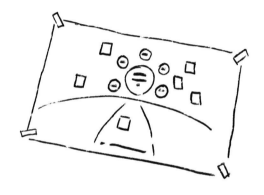  

ステートメントとテーマから始める

5 ボールド・ステップ・ビジョン® キャンバスを活用するもう1つの方法は、ビジョンのテーマを含めて記入済みのビジョンステートメントから始めることだ。こうするとチームの焦点を、テーマの徹底した探求に移すことができる。それぞれのチームには、自分たち自身の「5 ボールド・ステップ」を定義する必要が生じる。このアプローチをおこなった体験の詳細が知りたいなら、64ページのING 銀行の事例を見るといい。

ゼロから始める

ビジョンに取り組む1つの方法は、真っ白なキャンバスをチームに与え、メンバーが何を考えつくか見ることである。チームが集まって、キャンバスについて議論し、キャンバスを同期させるのだ。これは、新たな着想を得てより良いビジョンをデザインする優れた方法である。

ビジョンを（視覚的に）共有する

5 ボールド・ステップ・ビジョン® キャンバスは、講演やビジュアルプレゼンテーション（64ページのING 銀行の事例を参照）で使う簡潔なストーリーの青写真になる。

ストーリーを構築する最良の方法はこうだ。まず、ビジョンステートメントから始める。それがどのようにビジョンのテーマによって根拠づけられているかを示す（位置づけする）。それぞれのテーマがどんなふうに現れるかを提示する。最後に、ビジョンにたどり着くためにはどんなステップを経る必要があるかを説明する。

71

ツール：**デザイン基準**

あなたがデザインするものが、新しい価値提案でも、ビジネスモデルや将来のための全体戦略であっても、デザイン基準はあなたが起こそうとする変革の原則や指標〔ベンチマーク〕になる。デザイン基準は何もないところから突然生まれたりはしない。あなたのビジネス、ビジョン、カスタマーリサーチ、文化的経済的なコンテクスト、それまでの過程で形成されたマインドセットなどの情報を統合したものである。

フォーカスする
デザイン基準を定義する

±45分
セッション

3〜5
人／1グループあたり

デザイン基準とは何か？

デザイン基準を、単なるあなたのアイデアの特徴だと捉えてはいけない。それ以上のものになる可能性を持っているし、それ以上のものであるべきだ。たとえば、あなたのビジョンから生まれたデザイン基準が、ビジネスは地球環境の改善に貢献しなければいけない、というものだったとしよう。あるいは、顧客に喜んでもらいたい（これもまた1つのデザイン基準だ）でもいい。あなたの新しいビジネスのアイデアは、3年以内に一定の収益を生み出す必要があるだろうか？　あるとすれば、それもまたデザイン基準と見なされる。要するに、デザイン基準は、あなたが正しい方向に進んでいるかどうかを判断するためのものなのだ。

デザイン基準を作る

あなたが取り入れるデザイン基準は、まず、チームと一緒に作り上げたビジョンから生まれるだろう。ビジョンには、議論の余地がないほど重要な要素があるのはすぐにわかるだろう。逆に言えば、中にはもう少し柔軟な（だが完全に自在ではない）要素もある。ビジョンの中で最も重要な要素を探すには、「MoSCoW」メソッドを使うといい。つまり、すべての要素を、「Must（必須）」、「Should（推奨）」「Could（可能）」、「Won't（先送り）」のカテゴリーに分類するのである。これは優先順位付けに役立つ。

そこからは簡単だ（簡単でない場合もあるが、実行はできる）。議論の余地がないすべての要素を、デザイン基準の「Must」の区分に入れ、残りの要素は、（重要であれば）「Should」の区分、または（あればいいがなくても支障がないなら）「Could」の区分に入れる。

デザイン基準を定義するときには、ビジョンはストーリーのほんの一部にすぎなくなっている。他の要素には、会社の収益、市場での地位、影響力、社会での認知のされ方などがある。要素のリストができたら、それらを、優先順位に従って「Must」「Should」「Could」のいずれかの区分に追加する。

作業を始めたあとで、ビジョンをちょっと修正する必要があると気づくことがある。そういうときは、方向を変えたくなるかもしれない。そうなったら、新しい方向に合うようにデザイン基準を調整しよう。視点を進化させ続けているうちに、デザイン基準を追加したり更新したりする必要が生じてもかまわない。■

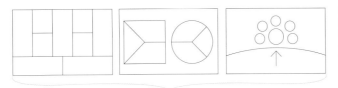

ビジネスモデルキャンバス、VP（価値提案）キャンバス、ビジョンキャンバスから得た洞察を、デザイン基準へのインプットとして使おう。

デザイン基準キャンバス

DESIGN A BETTER BUSINESS

MUST
必須

SHOULD
推奨

COULD
可能

WON'T
先送り

必須
議論の余地がない要素で、
除外できないもの

推奨
必須ではないが、
入れておきたいもの

可能
ビジョンの実現に
直接結びつかないもの

先送り
議論の余地がない要素で、
実行しないもの

チェックリスト

☐ 重要でない基準を削除して
デザイン基準を整理した。
たとえば投票などによって。

☐ 時間をかけて、チームと一緒に
基準を明確にし、数量化した。

☐ デザイン基準をビジョンと結びつけた。

次のステップ

➤ デザイン基準を数量化する。
S.M.A.R.T. 化（specific：具体的、
measurable：測定可能、achievable：
達成可能、relevant：関連性がある、
time-bound：期限がある）する。

➤ デザイン基準を再検討する。
それは今でも有効だろうか？

事例：**デザイン基準** ING 銀行

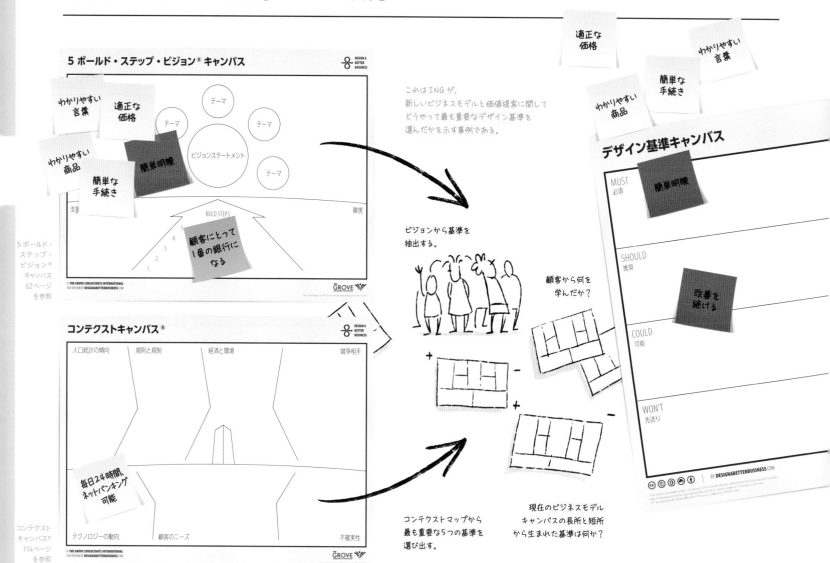

5 ボールド・ステップ・ビジョン® キャンバス

わかりやすい言葉

適正な価格

わかりやすい商品

簡単明瞭

簡単な手続き

テーマ
テーマ
テーマ
テーマ

ビジョンステートメント

支援　　　BOLD STEPS　　　障害

5
4
3
2
1

顧客にとって1番の銀行になる

5 ボールド・ステップ・ビジョン® キャンバス 62 ページを参照

これは ING が、新しいビジネスモデルと価値提案に関してどうやって最も重要なデザイン基準を選んだかを示す事例である。

ビジョンから基準を抽出する。

顧客から何を学んだか？

コンテクストマップから最も重要な5つの基準を選び出す。

現在のビジネスモデルキャンバスの長所と短所から生まれた基準は何か？

コンテクストキャンバス®

人口統計の傾向　　規則と規制　　経済と環境　　競争相手

毎日24時間、ネットバンキング可能

テクノロジーの動向　　顧客のニーズ　　不確実性

コンテクストキャンバス® 114 ページを参照

デザイン基準キャンバス

適正な価格

わかりやすい言葉

簡単な手続き

わかりやすい商品

MUST
必須

簡単明瞭

SHOULD
推奨

改善を続ける

COULD
可能

WON'T
先送り

デザイン基準はどこに現れるのだろう？
ビジネスモデルだろうか？
価値提案だろうか？

これをどのように
変換するか？

デザイン基準は、
ブレインストーミングセッションを
構成するのに役立ち、
あなたが日常業務で知識に基づいた
判断を下すのを助ける。

はい　いいえ

ビジネスモデルキャンバス

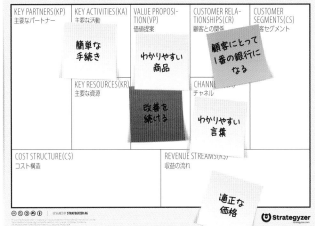

ビジネス
モデル
キャンバス
120ページ
を参照

価値提案キャンバス

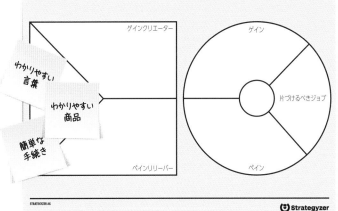

価値提案
キャンバス
110ページ
を参照

ストーリーテリング

人は毎日ストーリーを話している。ストーリーを使って説明し、探求し、人の注意を引き、人を説得する。デザインジャーニーの途上では、しばしば効果的なストーリーを語る必要が生じる。そして、戦略に欠かせない他の要素と同じように、優れたストーリーはデザインできる。

それは人間の特性だ

ヒトはみなストーリーテラーとして生まれる。中にはストーリーテリングで生計を立てる人もいるし、仕事や学校のためにその能力を埋もれさせる人もいる。メディア自体はストーリーを作らないし、スライドやメール、スプレッドシートなども代わりを果たせない。ただし、こうしたツールは優れたストーリーを生むキャンバスとして使える。そのためにはまず、語りたいストーリーをデザインする必要がある。

ストーリー

みんながストーリーテラーとして生まれるとはいえ、誰もがヘミングウェイを目指せるわけではない。だが、優れたストーリーを作るには秘訣がある。ストーリーはデザインできるのだ。ここでは、1対1のおしゃべりから、TEDスタイルのクールな講演、セールスピッチ、取締役用会議室でのプレゼンに至るまで、広い意味でのストーリーテリングを取り上げる。これらはすべてストーリーだ。

共有された知識

ヒトが人間性を獲得して以来、私たちはストーリーによって知識や情報を共有してきた。私たちの脳はストーリーテリングによって形作られる。現代でも、ストーリーは思考や信条を伝える最も強力な手段だ。私たちはストーリーの中に生き、ストーリーを空気のように体に取り入れている。日常生活では意識しないかもしれないが、知識の伝達は必須のスキルとして私たちのサバイバルキットの中に入っている。

人を引き込む

神経学の研究で、話し手の脳で活性化するのと同じ部位が、聞き手の脳でも活性化することがわかっている。ストーリーは、感情やその他の感覚を巻き込むので、聞き手はその瞬間を「追体験」し、真の学習をする。それは紙に印刷された数字には決してできないことだ。ベストセラーになった『アイデアのちから』（日経BP、2008年）の中で著者のチップ・ハースとダン・ハースは、よく知られた都市伝説（すなわちストーリー）を取り上げ、この事実をダイレクトに指摘している。ある「男」が氷で満たされたバスタブの中で目を覚ますと、片方の腎臓が取り去られていたという話だ。この話に私たちが引き込まれるのは、ハース兄弟が指摘しているように、それが単純で、意外性があり、具体的で、説得力があり、感情に訴えるからである。

PowerPointに殺される

では、私たちが生まれながらのストーリーテラーだとしたら、なぜPowerPointでお互いを死ぬほど退屈させるのだろうか？　それは、ほとんどの人が、ストーリーをデザインする方法をちゃんと学んでいないからである。学校で教わるのは、ほとんどが学問的なレポートの書き方とか発表の仕方である。それらは、感情に訴えず、客観的に情報を共有する能率的な手段であり、人を引き込むことを目的としていない。

ストーリーテリングキャンバス

私たちがストーリーテリングキャンバスを作ったのは、人々が聞きたいと思うストーリーを容易に組み立てられるようにするためである。あなたがやっている PowerPoint のプレゼンにはおそらく、あなたが期待する感情の深みに達するインパクトが欠けている。ところが、私たちがデザインするストーリーは PowerPoint を媒体に使っても伝えられるのだ！

ストーリーテリングキャンバスを使えば、この本で紹介する他のツールと同様に、人の心に響くストーリーを集団でデザインできる。肝心なのは、視覚的で、人を引き込み、洞察にあふれ、制御でき、インスピレーションを与える要素を活用することである。■

ビジュアルストーリーの
プレゼンテーションについて
情報を得たい人は、
次の本を読もう。
ナンシー・デュアルテ著
『ザ・プレゼンテーション
──人を動かすストーリ
ーテリングの技法』（ダ
イヤモンド社、2012年）

大文字 **S** のストーリー

ストーリーはあらゆる文化で重要な役割を果たしてきたが、ビジネス文化への取り込みは遅々として進んでいない。なぜなら、ストーリーを組み入れて入念に構成されたプレゼンテーションよりも、型にはまった報告のほうが簡単だからである。

ビジネスの世界で「ストーリー」という言葉を使うのが流行しているのは知っているが、それは小文字の「s」で始まるストーリーだ。私が言っているのは大文字の「S」で始まるストーリーである。つまり、説得力のある物語構造を使って、自分の考えを伝える技術のことだ。大文字のストーリーは、始まりと真ん中と終わりを持ち、緊張と対比の演劇原理を使って、聴衆の思考、感情、行動を、それまでとは異なる状態に引き込む。

ナンシー・デュアルテ
著作家、Duarte 社代表

77

ツール：**ストーリーテリングキャンバス**

作成：Thirty-X

ストーリーをデザインするときには目的が必要だ。あなたは、聴衆に何を知り、何を感じ、何をしてほしいのか？
目的は慎重に選ばなければならない。ストーリーで伝えられることは、ほんのわずかしかない！

作る
ストーリーを組み立てる

±45分
圧力鍋

3〜5
人／1グループあたり

聞き手は誰か

ストーリーによって何を達成したいかを確認すると同時に、あなたの話を聞くのは誰かも理解しておく必要がある。聴衆の関心はどこにあるのか？　なぜあなたの話に耳を傾けるべきなのか？　聴衆が違えばストーリーも変わる。誰にでも対応できるストーリーは存在しない。価値提案キャンバスの右半分やペルソナキャンバスを使って聴衆をマッピングしてもいいだろう。自分の想定が合っているかどうかを確かめよう。ストーリーをデザインするときや語っているときに自分のペルソナを再検討し、学習したことを元にペルソナを更新するのだ。

ビフォー&アフター

あなたのストーリーが意義を持つためには、聴衆を何らかのかたちで変える必要がある。話が終わるときには、聴衆の考えや、感情や、知識が変化していなければならない。

話を聞く前、あなたの目的について聴衆はどう感じていただろう？話のあと、聴衆はその目的に関心を持っただろうか？　聞き終わったあとに聴衆に考えてほしいことは何か？　それを聞き手の立場に立って考えることが肝心だ。

聴衆の考えを変える可能性があるテーマを見つけ、自分が、理性的、感情的、倫理的な論点のリストを持っていることを確認しよう。何を「証拠」にすべきだろう？　実例を知っているか？　逸話はあるか？　聴衆の心に響くものを見つけよう。

感情のジェットコースター

優れたストーリーは平坦ではなく、アップダウンがある。そこで、感情のジェットコースターをどんなふうにデザインするかを考えよう。クライマックスをどこに置くか？　その瞬間を使って、一番重要な主張をするのだ。

3つのパート

良くできたストーリーのほとんどがそうであるように、ストーリーテリングキャンバスは3つのパートに分かれている。始め、真ん中、そして終わりだ。始めは場面設定をする場所だ。真ん中には要点を持ってくる。そして終わりは、聴衆を新たな心境にするところである。テーマ、実例、逸話を各パートに振り分けよう。それに加えて、3つのパートに少しずつユーモアを入れておくといい。さあ、ここで感情のジェットコースターをもう一度眺めてみよう。自分の考えがうまくたどれるだろうか？　それとも、直したい部分があるだろうか？

ストーリーを組み立てるときに考えておくべきもう1つのことは、さまざまな聞き方をする聴衆に対応することだ。真っ先に考えなければならないのは、理性的でまじめな聞き手である。彼らはあなたが話そうとすることをきちんと把握し、そもそも耳を傾けるべき話かどうかを判断しようとするからだ。だが、他の聴衆も忘れてはいけない。感情的な聞き手はもっと忍耐強いが、心が動かされなければ退屈してしまう。さて、これですべての空欄が埋まったので、ストーリーの青写真の出来上がりだ。■

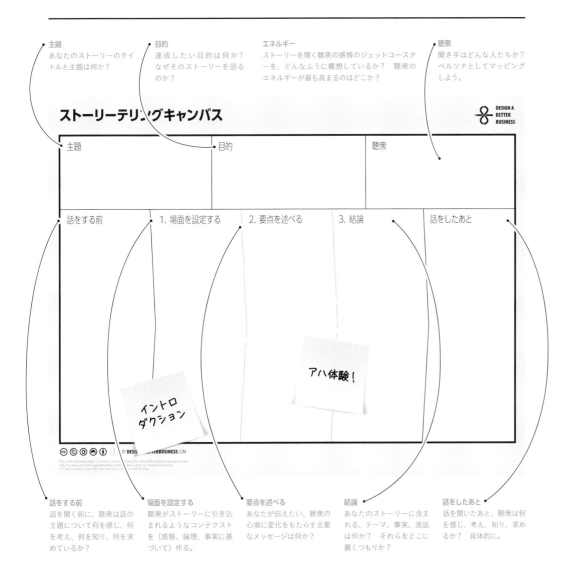

主題
あなたのストーリーのタイトルと主題は何か？

目的
達成したい目的は何か？なぜそのストーリーを語るのか？

エネルギー
ストーリーを聞く聴衆の感情のジェットコースターを、どんなふうに構想しているか？ 聴衆のエネルギーが最も高まるのはどこか？

聴衆
聞き手はどんな人たちか？ペルソナとしてマッピングしよう。

話をする前
話を聞く前に、聴衆は話の主題について何を感じ、何を考え、何を知り、何を求めているか？

場面を設定する
聴衆がストーリーに引き込まれるようなコンテクストを（感情、倫理、事実に基づいて）作る。

要点を述べる
あなたが伝えたい、聴衆の心境に変化をもたらす主要なメッセージは何か？

結論
あなたのストーリーに含まれる、テーマ、事実、逸話は何か？ それらをどこに置くつもりか？

話をしたあと
話を聞いたあと、聴衆は何を感じ、考え、知り、求めるか？ 具体的に。

チェックリスト

☐ 聴衆が何を考えたり感じたりするかを、はっきりと認識している。

☐ 要点が伝わる明快なテーマが準備できている。

☐ ストーリーを締めくくる強力な結論がある。

☐ 話をしているあいだのエネルギーをコントロールする方法を知っている。

☐ 踏んでしまう可能性がある地雷を把握し、プランB（第2案）を用意している。

次のステップ

❯ ストーリーを検証する。

❯ 視覚的資料を作る。

❯ 話のペースとエネルギー配分をいろいろ試してみる。

事例：アウディの**ビジュアルストーリー**

アウディのチームは、将来に向けた1つのアイデアを推進するために社内の合意を作る必要があった。自動車の世界は急速に変わっているので、すぐに会社を説得しなければならない。それはどうしても伝えるべき重要なストーリーだった。彼らが取ったのは、こんなアプローチである。

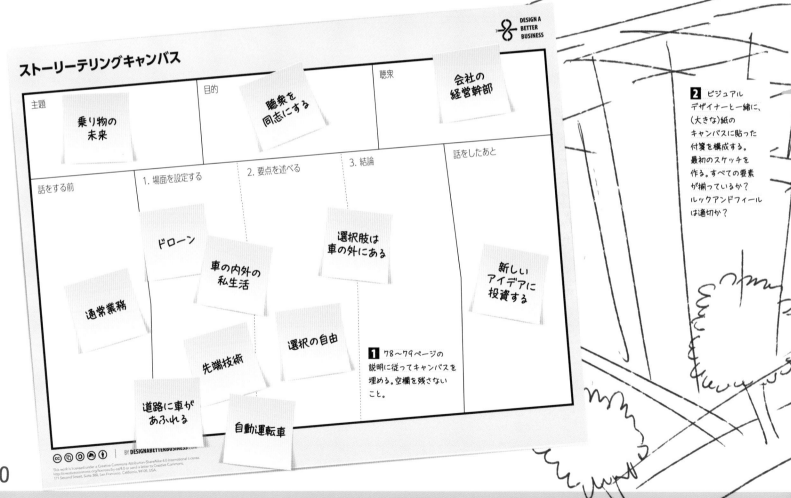

strong brand note: 強い ブランド

ストーリーテリングキャンバス

DESIGN A BETTER BUSINESS

主題	目的		聴衆
乗り物の未来	聴衆を同志にする		会社の経営幹部

話をする前 / 1. 場面を設定する / 2. 要点を述べる / 3. 結論 / 話をしたあと

- ドローン
- 車の内外の私生活
- 選択肢は車の外にある
- 通常業務
- 新しいアイデアに投資する
- 選択の自由
- 先端技術
- 道路に車があふれる
- 自動運転車

1 78〜79ページの説明に従ってキャンバスを埋める。空欄を残さないこと。

2 ビジュアルデザイナーと一緒に、（大きな）紙のキャンバスに貼った付箋を構成する。最初のスケッチを作る。すべての要素が揃っているか？ルックアンドフィールは適切か？

3 スケッチを完成させる。それは、あなたの
ストーリーを具体化し反映する、効果的な群像画に
なっているはずだ。
アウディが選んだのは1枚の大きな絵だったが、
キャンバスを使って、一連の画像や、アニメーション、
スライドデッキを作成することもできる。

81

ハック：**ストーリーテリング**

アハ体験

聴衆のアハ体験は、聴衆自身が作り出さなければならない。脳内の発火現象だからだ。たとえばジョークを考えてみよう。あなたがジョークを言ったとしても、説明しすぎたら誰も笑ってくれないだろう。一番伝えたいことはアハ体験であるべきだ。説明しすぎないようにしよう。

注意! 投資家にセールスピッチをするとき、ストーリーの聞き手が必ずしも商品の顧客とは限らない。投資家は、顧客とはまったく違うニーズを持っている。

スピーカーノートを使う

多くの人の前でストーリーを語るときは、スピーカーノート〔発表者が参照する要点や補足を書いたメモ〕を使おう。そうすれば、スライドの表示に沿って正確にストーリーを語る必要がなくなる。それにもっと自然に見えるだろう。

トライアウト

スタンダップコメディアンは、本番を成功させるために何度もトライアウト〔試験的に実演して、観客の反応を見ながら手直しするプロセス〕をおこなう。トライアウトは、鏡の前でやるリハーサルとは別物だ。リハーサルは最初の1歩にすぎない。

実際にあなたのストーリーを聞いてくれる人を見つけよう。そして、どんなときに話に引き込まれ、どんなときに混乱しているかをチェックしよう。あなたの聞き手が興味を失うのはどこだろうか？

小道具を使う

さまざまな話の聞き方に対応する必要があるのと同じように、人によって情報の吸収の仕方に違いがあることも考慮しなければならない。中には、他の人々よりも視覚指向の強い人もいる。小道具は、あなたが伝えたい要点を理解させるのに役立つと同時に、物とのつながりで記憶に残りやすくする。

ストーリーが終わればすべてが終わる

ストーリーが終わるときは、きっぱりと終わらなければならない。ステージに残って関係のない話を続けるのは、聴衆を混乱させるだけだ。次のことを肝に銘じておこう。聴衆はあなたが最後に言ったことを覚えている。さあ、最後の言葉を何にしようか？

ストーリーを構成する
個人的な逸話を加える

ストーリーを構成する
順序を変える

聴衆に質問をする

ストーリーを語る
テンポに変化をつける

予備のジョークを用意しておく

プランB（第2案）を用意しておく

ストーリーはいつも計画どおりに進むとは限らず、不測の事態への恐れがついて回る。事前に「第2案」を2、3考えておいて、要点が理解されなかったらそれを使おう。「レスキュー」カードを使って事前に計画を立てておくのだ。

気分はスター？

あなたがストーリーを語っているとき、それはあなたのためにしているのではない。聴衆のために語っているのだ。聴衆がストーリーの主役だということを忘れないように。

文化に関わること

自分とは異質の聴衆に話しかけるとき、とくに文化が違う聴衆に自分のストーリーを語るとき、あなたはショックを受けるだろう。それまで非常に効果的だった事例やジョークがまったく受けないかもしれない。ヨーロッパではアメリカンフットボールのたとえは通じない。英連邦の外でクリケットを話題にしたらどうなるか……。ストーリーを語る前にテストしてみよう。

ヒーローのジャーニーキャンバス

どんな映画でもヒーローは決まった運命をたどる。最初はすべてがうまくいっているが、やがてヒーローは大きな挫折に見舞われる。たいがい映画の半分くらいのところだ。この伝統的な（英雄）物語の手法は完璧なモデルになる。ヒーローのジャーニーキャンバスを使って、ストーリーの構成要素を組み立ててみよう。■

ヒーローのジャーニーキャンバス

DESIGN A BETTER BUSINESS

12. 霊薬を携えた帰還
ヒーローは、誰もが使える新たな知恵を持ち帰る

1. 日常世界
場面を設定する

2. 冒険の要請
ヒーローは変革の必要に気づく

3. 要請の拒否
ヒーローは要請を拒否する。その理由は……

4. メンターとの出会い
誰か、あるいは何かによって、ヒーローは変革が可能だと確信する

11. 復活
ヒーローは、自分が生き延びて新たな知恵を得たことを自覚する

日常世界
ありのままの世界

上昇　　　下降

特別な世界
あるかもしれない世界

5. 越境する
ヒーローは行動を起こし、当初は成功を収める

10. 帰途
ヒーローは試練の結果に対処する

6. 試練、同盟、敵
前進が困難になるが、思いがけないところから助けが現れる

9. 報酬
ヒーローはもっと容易に成功を繰り返す手段を受け取る

8. 苦難と死と再生
ヒーローは最も困難な試練をかろうじて乗り越え、変化する

7. 接近
ヒーローは前進を始め、知恵が隠された危険な場所のすぐそばまでやって来る

The Hero's Journey was developed by Joseph Campbell

ダウンロード
ヒーローのジャーニーキャンバスは次のURLからダウンロードできる。
www.designabetterbusiness.com

詳しい背景が知りたい人は次の本を読もう。
ジョーゼフ・キャンベル著『千の顔をもつ英雄（上・下）』（早川書房、2015年）

ここまでに
やり終えたことは……

> **スローガンとしての**
> ビジョンの草案を作った　　　P.62

> 最初の**デザイン基準**を作った　　P.72

> **インパクトを与える**ストーリーを
> デザインした　　　　　　　P.78

次のステップ

> **観察と質問**　　　　　　　P.92
> （潜在）顧客と会う。

> **オフィスの外へ出る**　　　P.106
> そして、ビジョンに関する自分の想定を
> 検証する。

> **自分の価値を理解する**　　P.110
> 現在、顧客にどんな付加価値を
> 与えているか？

> **自分のコンテクストを理解する**　P.114
> 現在、どんなコンテクストで
> 仕事をしているか（したいか）？

おさらい

反逆者であれ。

ビジョンはあなたとチームに
とっての**スローガン**だ。

ビジョンはビジョンステートメント
ではない。

デザイン基準は**変革の指標(ベンチマーク)だ。**

ストーリーテリングを使って
**インスピレーションを与え、
拡張しよう。**

うん、でもね、
それは君の意見に
すぎないよ。

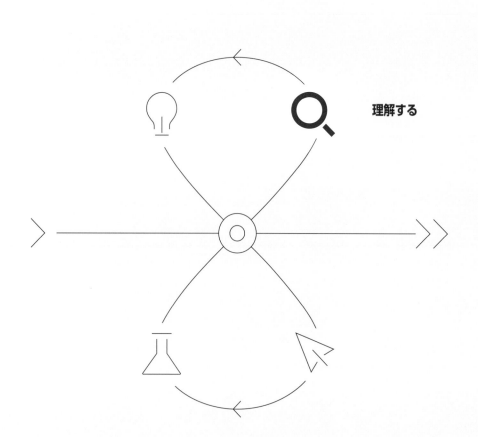

理解する

第3章　理解する

デザインジャーニー：**理解する**

顧客を理解する

コンテクストを理解する

ビジネスを理解する

イントロ	**理解しようと努める**	P.88
スキル	**観察をマスターする**	P.90
スキル	**質問をマスターする**	P.92
ケース	**Wavin は配管工を大切にする**	P.96
ツール	**カスタマージャーニーキャンバス**	P.104
ツール	**価値提案キャンバス**	P.110
ツール	**コンテクストキャンバス®**	P.114
ツール	**ビジネスモデルキャンバス**	P.120

理解しようと努める

あなたがデザインしているのが、自分の会社の改革であっても、誰かが使う新製品であっても、そのデザインは社内や社外にいる人々のためである。そうした人々の先には、あなたのビジネスモデルだけではなく、もっと大きなコンテクストが存在する。デザインを成功させるためには、それを理解しなければならない。

あなたは今どこにいるのか?

デザイナーとして、あなたは自分がビジネスをしている世界を完璧に理解していなければならない。これは、あなたの組織が、スタートアップでも、大企業でも、非営利団体でも同じだ。顧客や、その世界を取り巻く経済的コンテクスト（業界の動向、規制、競争など）や、あなたのビジネスの内部力学を理解する必要がある。こうしたものすべてがあなたの会社の DNA を構成しているのだ。

なぜ理解が重要なのか? 最も大きく最も効果的なビジネスの方針転換や、戦略や、イノベーションは、ノイズに隠れた答えを見つけることから生まれるからだ。答えはあなたのコンフォートゾーンの外にあるかもしれない。自分の知らない世界だからというのが理由になる場合もある。だが、あまり人が通らない道に踏み入って、自分自身の目で確かめずに、どうしてそこに何があるかがわかるだろうか?

多くの人はわかっていないが、優れたデザインは深く理解しようとする努力から生まれる。デザイナーならば、コンフォートゾーンから積極的に飛び出し、他の人が「効果がない」とか「役に立たない」と判断するようなものを詳しく調べ、いろいろな実験をしてみよう。コンフォートゾーンの外で時間を費やしたとき、デザイナーは、もっと広々とした、多様性のあるコンフォートゾーンを作り出せるの

だ。デザイナーは、世界観が豊かになればなるほど、新鮮で、心躍る風景を見つけられるようになり、独自の視点を獲得できるのである。

しかし、探求は、人が驚くような斬新なイノベーションを生み出すためだけにあるのではない。自分が置かれているコンテクストや、自分のビジネスモデルを詳しく調べれば、ビジネスの根底にある強みや弱みに光を当てることができる。たとえば、あなたの顧客が競合他社からも商品を購入している理由がわかれば、ビジネスについてのあなたの理解は深まるだろう。実際、あなたの顧客のニーズは、あなたが考えているものと、ほぼ確実に違っている! 新鮮な洞察は、顧客や、コンテクスト、ビジネスを深く探求することで得られるのだ。さらに、その洞察によって、どうすれば未来を味方につけられるかという感覚が研ぎ澄まされるのである。

あなたの言い訳は何だ?

外に出て探索するのは難しいかもしれない。居心地のいいオフィスから出ることには不安が伴うものだ。オフィスでは誰もが賛成してくれるし、誰もが「正しい」。とにかく、内部の報告書には良いことしか書かれない。この傾向はとくに大企業で顕著だ。仕事を完璧にこなさなければならないという無言の圧力のために、現在の視点だけが異様に肥大している。仕事を簡単にこなそうとすれば、物事

を「適切な」ものとそうでないものに、「正しい」ことと「間違った」ことに、安直に分けてしまうことになる。危険なことに、こうした姿勢はすぐ評判に結びつく。いつも正しい人は尊敬され、あえて間違ったことをする人は排除される。だが、考えてみよう。正しくあることと、成功すること、あなたが望むのはどっちだろう？　探索にかかる実際のコストは極めて小さい。結局、時間の問題なのだ。それ以上でもそれ以下でもない。考えに賛成してくれる人ばかりで、みな同じ意見を持っている状況は、デザイナーにとっての重大な危険信号である。通常業務と、ビジネス以外の世界を探索することのあいだで、バランスが取られていなければならない。

心配しないで!

新たな探索的アプローチに移行するときに不安や緊張を感じるのは自然なことだ。矛盾を含んだ定性的データを集めるためには、新しい考え方が必要になる。一番重要なのは、無心な観察の時間を終えるまで分析や判断をしないことである。きっと、新しい情報をすぐに既存のものの見方に当てはめたいという誘惑に駆られるはずだ。

時がたつにつれて、あなたは新しい洞察や情報の扱い方を学習するだろう。そして、コンフォートゾーンの外で、快と不快のバランスを取る能力を身につける。あなたのまわりを常に流れている情報から、世界があなたのビジネスにどういう影響を与えているか、顧客がどういう行動をとっているか、顧客が苦労していることは何か、顧客の好きなものと嫌いなものは何か、などがわかる。あなたが、顧客や、自分のコンテクストやビジネスを、詳しく（かつ多く）観察すればするほど、自分自身の視点に多くの情報が注ぎ込まれ、デザインジャーニーは収穫の多いものになる。とてもシンプルだ。■

顧客を理解する

突き詰めれば、理解すべき最も重要なものは顧客である。顧客にとって何が価値があるかを知らなければ、あなたは顧客にとって有意義な存在ではいられない。顧客をわかっていると思い込むのは非常に危険だ。オフィスから出て、彼らのニーズがどこにあるか見つけよう。後悔はしないはずだ。

自分の置かれたコンテクストを理解する

あなたが仕事をしている業界を理解することも必要である。あなたのビジネスに最も大きな影響を与えているものは何だろうか？　今の業界の動向は？　現在の政治・経済情勢で、どんな変化が予測される？　まだ知られていない大きな問題は何だろう？　どんな企業が同じ分野でビジネスをおこなっている？　ライバルはどこか？　新規参入者はいるか？　世界は常に変化している。デザイナーとして、あなたは世界とともに変わっていかなければならない。

ビジネスを理解する

あなたが期待する変革を実現するためには、ビジネスがどのように成り立っているのかを深く理解しなければならない。どうやって価値を生み出しているのか？　顧客は誰か？　そんなことは考えるまでもないと思うかもしれないが、ビジネスの原動力が実際にどんなふうに価値を生み出し、価値を届け、価値を獲得するかを、必ずしも正確にわかっているわけではないはずだ。自分のビジネスがどのように動いているかを理解し、明確にできれば、ライバルのものなど、他のビジネスモデルの仕組みも解明できる。これは、やみくもにライバルの後追いをするためではない。ライバルがどういう方法で問題を解決しているのか、あるいは解決しているかどうかを理解するためである。

スキル：**観察**をマスターする

観察は、顧客に対するあなたの考え方に影響を与え、より深い顧客の理解に役立つ。観察によって自分の視点がわかり、自分の想定が正しいか間違っているかを確認する手がかりが得られる。しかし、何でもそうだが、自分のまわりの世界を観察するときも、適切な方法と、あまり適切でない方法がある。

ちょっと想像してみよう。あなたはコーヒーか紅茶が置かれたテーブルに着く。さて、どんなふうに砂糖の袋を開けるだろうか？　まあいい、気にしないで読み進めてほしい。すぐに砂糖の話に戻る。

観察は、顧客に対するあなたの考え方に影響を与え、より深い顧客の理解に役立つ。観察はあなたのイノベーションのやり方を変える。しかし、何でもそうだが、自分のまわりの世界を観察するときも、適切な方法と、あまり適切でない方法がある。

観察の対象（あなたの潜在顧客）を見るとき、その目的は、対象の潜在的ニーズや、欲求や、野心を見つけることである。つまり、顧客自身に、必要だとか欲しいという自覚がないものだ。こうしたものについて、人はそれが欲しいとあなたに言うことができない。街を走るランナーは、ただ健康のために走っているのだろうか？　週末にピザを食べることに罪悪感を覚えないために走っているのかもしれない。その人をいろいろな場面でしばらく観察し続ければ理由がわかるだろう。

ハエのようにこっそり観察する

観察の秘訣は、壁にとまっているハエのように行動することだ。普段暮らしている環境で対象を観察し、生活の中の貴重な一瞬を待つのである。顧客が日常的に下す判断は重要だ。結局、人の判断によって、その日の行動が決まるだけでなく、翌日何をするかにも影響があるからだ。また、研究者が被験者にプラシーボをただのプラシーボだと教えないように、あなたも、何を知ろうとしているのかを観察対象に言ってはいけない。ただ、しばらく見守るのだ。人が、あなたがそこにいないときと同じように、自然で無意識に振る舞うようにする必要がある。

手ぶらで出かけてはいけない

意を決して顧客の観察に出かける前に、ちょっと計画を立てておく必要がある。まず、出発する前に観察する対象を明確にしておこう。どんな人の、どんな行動や振る舞いを観察しようと思っているのか？　観察したい環境や場所を前もって選んでおこう。

壁にとまったハエになろう

顧客は1日のさまざまな時間帯にどこにいるのか？　人は時間帯によって違うことをしているのだから、当然これは重要だ。もしあなたが運動をしている人々を観察したいなら、朝とか夕方に、公園や、ジム、陸上競技場などに行く計画を立てよう。メモ帳、カメラ、スケッチブック、ビデオカメラなど、気づいたことを記録する物を持っていくのを忘れないように。貴重な瞬間を記録し損ねたら残念だし、それをチームと共有できないのは、もっと悔しい。

最後に、探索や観察を始めるときには、自分の視点や憶測は置いていこう。判断してはいけない。環境に浸るのだ。そして、砂糖の袋の話だが、答えは、袋をちぎる前に振る、だ。■

デザイナーのように考える

考え方や仕事の仕方はデザイナーから学ぶといい。デザイナーの仕事は、さまざまな視点を切り替えてソリューションを見つけ出すことだからだ。デザイナーにとって最も重要な視点は、自分自身の視点、自分のビジネスの視点、顧客あるいは社会の視点の3つである。私のチームがデザインの仕事に取り組むときは、顧客の視点を知っておく必要がある。私は、チームが確実に共通の認識を持てるようにしたいと思っている。その視点には、顧客は収入を得るために時間やお金や労力を使っているという理解が含まれる。チームがこの視点を共有しなければ、メンバーがデザインジャーニーに加わる意味はほとんどない。

デザイン思考は現在、これまでにない大きな意味を持っている。デザインすることと、俊敏（アジャイル）で、柔軟（フレキシブル）で、順応性が高い（アダプタブル）ことは、ますます重要性を増している。世界の変化は加速度的だ。その変化の一部は、人々が以前よりも頻繁に情報にアクセスし、多くの情報を共有していることである。知識は、かつてビジネスで最も重要な特質だった。だが現在は、知識に代わって、不確実性の中を探索してチャンスを発見する能力が、最も重要な特質になっている。

アド・ファン・ベルロ
VanBerlo グループ会長

手ぶらで出かけてはいけない
気づいたことを録音したり、
書き留めたり、ビデオに撮ったり、
スケッチしたりするための
機材を持っていこう。
そうすれば、どんな小さなことでも
簡単に思い出せるし、
チームとも容易に共有できる。

静かに！撮影中

91

スキル：**質問**をマスターする

観察と並んで、質問は、顧客が関心を持っていることとその理由を理解するために最も重要なものだ。質問をすることで顧客の生活のリアルな姿が把握でき、あなたの視点に情報が加わる。そして、観察と同じように、あなたが求める洞察を得るためには、従うべきルールがいくつかある。

見えているものを疑う

通常の生活圏にいる顧客を観察すれば、顧客が何をするか、何を気にかけているか、どんな判断をするかについて、多くのことがわかる。だが、顧客を観察することでは、必ずしも顧客の判断の理由はわからない。実際、質問をせずに観察だけしていると、結局、推測の固まりになってしまう。

前に挙げた、ピザを夢見て走るランナーの場合であれば、彼が毎日走る理由の核心に迫るには、何日にもわたって長時間観察する必要があるだろう。彼が走るさまざまなルートを根拠に、新たな推測が生まれる可能性さえある。しかし、あなたが彼を呼び止めるか、別の機会にライフスタイルについて質問したとすれば、走ること（とピザ）が彼にとってどういう意味があるのかを導き出せる可能性が高い。走るのを見ていたときに集めたデータに、質問への答えを加えれば、もっと生き生きと人物像を描き出せるし、そもそもなぜ彼が走るのかについてもっと深く理解できるはずだ。

適切な質問をする

大切なのは、得られる答えではなく、適切な質問をすることだ。適切な質問は、必ず、興味深く示唆に富んだ会話につながる。では、どうすれば「適切な」質問ができるのか？　現在の状況を把握したいなら「はい」か「いいえ」で答える質問（選択回答式質問）は避けるべきだし、もちろん、製品に言及してもいけない。有意義な会話があってこそ、最終的に、本当に重要なことの核心にたどり着けるのである。

観察や質問の対象は、可能な限り同じ顧客にしよう。意見を聞くのではなく、まず観察し、行動から学ぶのである。質問をするのはそれからだ。顧客がした選択とその理由について、また、今の行動を、いったいなぜ、わざわざしているのかについて聞いてみよう。それからまた観察するのだ。

前のランナーの例で言うと、ペパローニとハワイアンスタイルピザとどちらが好きかを聞くこともできる。しかし、ランナーが何を注文するかを黙って見ていてもいい（でも、どちらかをより好む理由が知りたければ話しかけなければならない）。

経験から学んだこと

- 人は、相手が特定の答えを聞きたがっていると思えば、それに合わせて嘘を言う。
- 意見には価値がない。意見はコンテクストによって変わるし、何が真実かについての証拠を伴わない。
- 人は、自分たちの問題が何かはわかっているが、どうやって解決するかは知らない。
- 実際にはどうでもいい問題もある。金づちにはすべてが釘に見えるが、すべての問題が解決策を必要としているわけではない。
- 人が何かの作業をするのを見ていると、どこに問題や非能率性があるのかがわかるが、本人が何を問題だと捉えているかはわからない。■

みんな**嘘**をつく

悪い質問の例
（実際の生活について聞くことで修正可能）

✖ これはいいアイデアだと
思いますか？

> アイデアが良いかどうかを判断できるのは市場だけだ。その他は意見にすぎない。

✖ ～ができる商品があったら
買いますか？

> こうした質問への答えは十中八九「はい」である。

✖ ～にいくら払いますか？

> 1つ前と同様にダメな質問で、だまされる恐れがある。数字は厳密で本当らしく聞こえるからだ。

良い質問の例

✔ 何に悩んでいるのですか？

> 相手が認識している問題から真の問題に踏み込もうとしているところが良い。

✔ それはどういう意味ですか？

> 真の問題とやっかいに感じていることの判別に役立つ。

✔ 最近それが起きたときのことを
すっかり話してくれませんか？

> 高校の国語の先生から、優れたストーリーは「事実を伝えるのではなく、情景を描く (Show, Not tell.)」ようにできていると教えられたはずだ。

📖 詳しい背景が知りたい人は、次の本を読もう。
ロブ・フィッツパトリック著『The Mom Test: How to talk to customers and learn if your business is a good idea when *everyone is lying to you*（ママのテスト──誰もがあなたに嘘をついているとき、顧客と話をして、自分のビジネスのアイデアが良いかどうかを知る方法）』

ビジネスのアイデアが良いかどうかをママに聞くな、とよく言われる。母親は（純粋な愛情から）あなたに嘘をつくからだ。だが、事実は違う。母親に限らずあなたが質問した人はみんな（多かれ少なかれ）嘘をつく。要するに、相手が誰であろうと、そういう質問をしてはいけない。意味がないからである。本当のことを言う責任は相手にはない。あなたのほうに、本当のことを見つける責任があるのだ。

ロブ・フィッツパトリックは、自分の（失敗）体験に基づいて『The Mom Test』を書いた。「私たちがソーシャルメディア広告の技術開発に着手して3年たったとき、投資家の資金が底を突いた。それまでの何カ月間、朝から晩まで顧客と話していたことは実を結ばなかった。そして、自分のやり方がまったく間違っていたことがわかった」

『The Mom Test』の中には、適切な質問をするとき指針にすべき、3つの簡潔なルールが書かれている。

1 あなたの考えではなく、
顧客の生活を話題にする

2 一般論や未来の展望ではなく、
過去の**具体的事実**について聞く

3 話す時間を少なくして、
聞く時間を多くする

ロブ・フィッツパトリック
Founder Centric 創業者
『The Mom Test』の著者

クリアブルーの瞬間

〔妊娠検査薬の商品名〕

子ども向けの商品を製造しているある大手企業のチームが、自分たちのカスタマージャーニーを再検討していた。彼らにアハ体験が訪れたのは、カスタマージャーニーが、従来考えていたよりもずっと早くから始まっていることに気づいたときだった。親が子ども用品の購入を計画し始めるのは、赤ちゃんが生まれた瞬間ではなく、妊娠がわかったときや、さらにその前だったのだ！これを紙にマッピングすることで、チームはこの問題に対応することができた。

第一印象

オランダの大きな病院のチームが「デザイン思考」を導入したとき、人々が病院への訪問をどのように体験するかを（自分たちの目で）調べた。彼らはカメラを持って、患者が歩くとおりに歩いた。自走式の立体駐車場は非常に暗く、進路がわかりにくかった。そして気づいたのは、患者が駐車するときに最初に目にするのが、ファーストフードレストランの大きな広告だということだった。意外な結果だった。

カルテぐらい読んでよ！

医師たちは、患者が感じている最大の苦痛は、待合室で長時間待たされることだと思っていた。ある医師が診察のときにその苦痛について患者に尋ねると、患者は答えた。「それはたいしたことじゃないんです。ただ、次に予約で来たときは、前もって私のカルテを読んでおいてください。私の名前はスーザンじゃありません！」

都会で生き抜く知恵を身につけよう

ある保険会社は、市場に大きな空白があると想定し、その場所を占めるための立派な計画を策定した。だが、まず前提を確かめたいと考えた。後ろのシートにカメラマンを乗せた1台のスクーターが街に送り出された。彼らは、路上の人々の反応を1時間で集められるだけ集めた。その結果が映し出されたとき、潜在顧客の粗野な「ファーストリアクション」を見た保険会社は、計画の前提を見直さざるを得なくなった。

買い物の矛盾

あるスタートアップ企業が、母親たちが食料品を買うときに、もっと簡単で快適な経験ができるようなアプリを開発しようと考えた。どんなアプリを作るかを創業者たちが正確に理解するためには、さらに多くの洞察が必要だった。

彼らはまず、食料品の買い物習慣について潜在顧客の話を聞いた。そして、そこでの会話を、彼女たちが実際に食料品を買う様子を観察したときに見た光景と比較した。

母親たちは、毎日の買い物の仕方についてしっかりした方針を持っていたが、実際は違うことがわかった。質問をしたときは、母親全員が、健康的で用途が豊富な食品を買うと言っていた。だが、店に入ると、彼女たちのほとんどが買い物リストを捨てて、値段の安さを優先したのだ。

これはささやかな、罪のない嘘だろうか？そうだろう。あなたが根拠のある洞察を求めるなら、観察は（適切な）質問と同じくらい重要だ。顧客が言うことをすべて鵜呑みにしてはいけない！

おばあちゃんの家を掃除する？

ある在宅高齢者ケア会社にとって、ハウスクリーニングの1時間あたりの料金を下げることが戦略の鍵だった。しかし、おばあちゃんたちの家を何軒か訪問してわかったのは、彼女たちにとって価値があるのは、どれだけ人から関心を持たれているかであって、家のきれいさではないという事実だった。

結局、会社は掃除料金を下げるのをやめて、おばあちゃんたちに無料でiPadを配布した。おかげで、彼女たちは孫と連絡を取り合えるようになり、会社はアプリを通じてサービスを提供できるようになった。

見ようとする意志を持てば、真実はあなたの目の前にある。

顧客を理解するうえで、デザイン思考はどんなふうに役立つか ≫

CONNECT TO BETTER

Wavinは配管工を大切にする

工場を増やして業績が向上するとは思わなかった。
たとえ波風を立てることになっても、
私はもっと多くの選択肢を探ってみたかった。

Wavin 社は、おもに排水や給水に使われるプラスチックパイプの大手メーカー（B2B）である。トルコ市場では長年強固な地位を築いてきた。だが 2013 年、Wavin の市場シェアは急落し、トップ 3 から陥落した。Wavin のプラスチックパイプは普及品と見なされ、競争のベースは価格だけになった。CEO は問いかけた。どうすれば Wavin は名前の通ったリーディングカンパニーとしての地位を取り戻せるだろうか？

リシャルト・ファン・デルデン
サプライチェーンおよび事業担当執行役員

2013 年 8 月：Wavin はトルコ市場で首位に立つことを望んでいた。現地の経営チームに事業計画の策定が任された。

2013 年 9 月：Wavin はイスタンブールの近くに工場を建設しようと考えた。アダナにある工場は、トルコ最大の都市イスタンブールから遠く離れていた。イスタンブールに新工場ができれば Wavin の業績は回復すると考えた。

工場を造ろう!

CEO の問題提起を受けて、セールスチームはサクッと数字を処理し、彼らが実現可能だと考えるソリューションを提案した。新工場建設である。セールスチームの視点から見ると、新しいパイプの製造工場を、成長市場のイスタンブール近郊に建設すれば、価格競争が可能になるというのだ。その案への支持を得るために、セールスチームは CFO とリシャルトにも事業計画を提出した。計画を実現するためのレースが始まった。

本当に生産能力を上げるべきなのか?

リシャルト・ファン・デルデンは話す。6000 万ユーロをかける工場の事業計画を最初に見たとき、私はショックを受けた。手渡された計画の詳細には、イスタンブールに建設する工場がどのようにパイプを生産し、低価格で販売するかについて書かれていた。近くに十分な生産設備があるのに、もう 1 つ工場を建設することが、本当に市場シェアの回復につながるのだろうか？　この選択肢はどのく

97

Wavin は新たな未来を**探求する**

2013年10月：顧客に注目し始めた CEO から社内メモが出される。

路上で配管工に話しかけたリシャルトは、Wavin ブランドをよく知る配管工がいないことに気づいた。

2013年10月：サニティーチェック！ Wavin が顧客と彼らの「片づけるべきジョブ」を理解すれば、その情報を使って、市場シェアを増やすための方法を考え出せないだろうか？

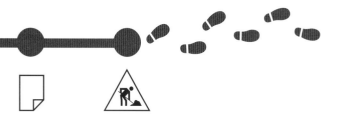

らい利益に影響を与えるだろう？ だが、セールスチームは、主要市場の近くで生産し、在庫を持つことが必要だと確信していた。「顧客が求めているのは、製品をできるだけ安く、すぐに手に入れることです！」と彼らは言う。私は他の選択肢を探りたかった。何よりも、顧客が求めているものと、その理由を知りたかった。

私たちは顧客を知らない

リシャルトは続ける。ある日、私はアムステルダムで駐車場を探していて、工事現場に出くわした。そこには Wavin の製品があった。私は、とっさに、配管工事業者の作業員に声をかけた。彼は言った。「クライアントは一番品質の良いものを欲しがっているのに、Wavin を知らないんだ」。私の頭の中でパッとひらめくものがあった。「私たちは顧客を知らない！」

サニティーチェック
〔プログラムのソースコードにおかしな部分がないか点検すること〕
リシャルトと CFO のアンドレス・キャプデボンは、次に何をする

か決める前に、まず、顧客が本当に求め、必要としているものをつかむ、という大胆な決断をした。

サファリ

リシャルトとアンドレスは、顧客から学ぶために、Wavin トルコの従業員チームと一緒に工事現場を訪れた。そこに行けば、顧客の普段の（仕事をしている）姿を観察できるからだ。1週間の視察のあいだに、チームは意義深い多くの洞察を得た。さらに、現場の配管工が機材や資材の使い方を間違うために、品質に大きなバラつきが出ている事実を知った。また、販売代理店がインストアブランディング〔自社の取扱商品の中でブランドの特徴を明確化すること〕に熱心に取り組んでいるのもわかった。同じくらい重要なのは、販売代理店の仕事がパイプの販売と配送にとどまらなかったことである。配管工を結びつけるうえで重要な社会的役割を果たしていたのだ。チームが、配管工や、配管工事業者、販売代理店にさらに多くの質問をすると、彼らは隠れた知識を教えてくれ、そこからさらに多くの質問が生まれた。

アハ体験：
私たちの本当の
クライアントは配管工だ

オフィスから出る。Wavin の特命チームは探索に出発し、工事現場を訪れた。観察の結果、配管工や配管工事業者が何をしているのかを理解する。

2014 年 1 月：Wavin は、自分たちの顧客は設備工事業者ではないことに気づいた。Wavin は設備工事業者に価値提案ができなかった。一方、そのことは配管工にとって世界をがらりと変える可能性を持っていた。

ついに、工場の建設を完全に取りやめるという難しい判断が下された。Wavin が目的を達成するのに役に立たないからだった。工場の建設計画に熱心に取り組んできたチームのメンバーたちは、これを聞いて大きく失望した。

2014 年 6 月：Wavin は（最初の）アカデミーをトルコに開設した。今度は概念実証（新しいアイデアが実現可能かどうかを、試行する前に実証すること）をしたので、Wavin は、誰が本当の顧客で、どうすれば（顧客と一緒に）価値を生み出せるかがわかっていた。Wavin はアカデミーを他の地域にも展開する準備をしている。

アハ体験！（意外な顧客の実像）

現場訪問が終わったあと、プロジェクトチームは何人かの顧客をイスタンブールのホテルに招き、チームが考えたさまざまなアイデアについてのフィードバックを提供してもらった。配管工たちは、自分たちがより良い仕事をし、高品質な結果を生むために、Wavin ができるあらゆることに強い興味を持っていた。チームにとって最も重要な発見は、配管工たちが、専門的なトレーニングビデオや、製品マニュアル、そして Wavin の専門家との直接のやり取りを、製品の値下げよりもずっと強く望んでいることだった。こうしたサービスを提供すれば、Wavin の競争力は高まり、顧客にもっと高品質な結果を届けられる。Wavin のチームにとって、それはまさにアハ体験だった。彼らは、こうした洞察を元に、新たな地域先導型のアプローチをデザインした。顧客同士が、互いに知識（とお茶）を共にすることで、配管工としての技量を高められるように Wavin が支援するというものだ。このアプローチが、（無料の）Wavin Academy へとつながったのである。

知識を共有する

Wavin Academy の最初のプロトタイプは成功した。そこで、プロジェクトチームは、トルコのアダナにある生産拠点に Wavin Academy を設立することを決めた。アカデミーは数カ月後の 2014 年 6 月にオープンした。「現時点で 7000 人以上の人がアカデミーを訪れている（Facebook のページを参照）」と、Wavin トルコの社長、オルンは言った。「トルコのチームに加わったとき、これは顧客と関わる良い方法だと思った。私たちは彼らに教えると同時に、彼らから学んだ。そして、工場では実現できないような形の、良い関係を築いた。要するに、私たちはお互いにとって重要な存在になったのだ。こんな形で実現するとは思っていなかった」

≫

観察やインタビューのあいだに書かれたスケッチノートの例

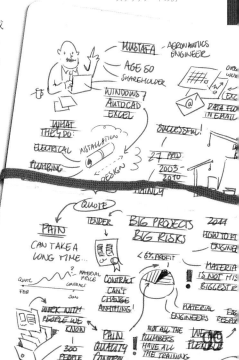

Wavin は新たな未来を**探求する**

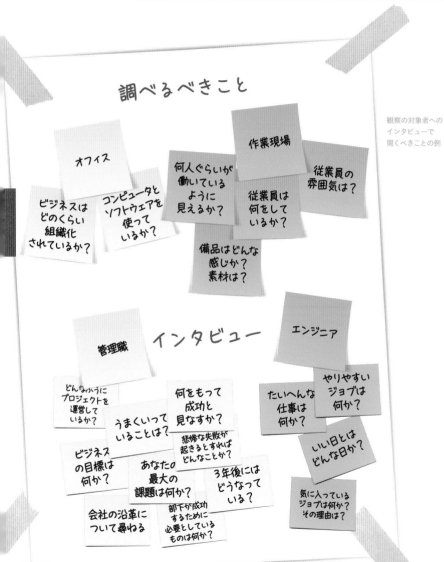

調べるべきこと

観察の対象者への
インタビューで
聞くべきことの例

オフィス

作業現場

何人ぐらいが
働いている
ように
見えるか？

従業員の
雰囲気は？

ビジネスは
どのくらい
組織化
されているか？

コンピュータと
ソフトウエアを
使って
いるか？

従業員は
何をして
いるか？

備品はどんな
感じか？
素材は？

インタビュー

管理職

エンジニア

どんなふうに
プロジェクトを
運営して
いるか？

何をもって
成功と
見なすか？

やりやすい
ジョブは
何か？

たいへんな
仕事は
何か？

うまくいって
いることは？

悲惨な失敗が
起きるとすれば
どんなことか？

ビジネス
の目標は
何か？

あなたの
最大の
課題は何か？

3年後には
どうなって
いる？

いい日とは
どんな日か？

会社の沿革に
ついて尋ねる

部下が成功
するために
必要としている
ものは何か？

気に入っている
ジョブは何か？
その理由は？

このストーリーから得られる教訓は……

リシャルトは言う。工場建設は、確かにトルコ市場でのシェアを増やすための良い選択肢だったかもしれない。だが、私たちは、工場の建設計画の土台になっているのが、市場、顧客の仕事、ニーズ、欲求に関する仮定にすぎないことに気づいた。同じくらい探求する価値のある選択肢が、他にもあることもわかった。そこで、選択肢についてテーブルで議論するのに時間を費やすのではなく、まず、仮定が正しいのかどうかを確かめ、直接顧客から学ぶことにした。私たちはオフィスの外に踏み出した。

自分たち自身で探索することを通じて、私たちは安直に市場調査会社に外注した場合よりも多くを学んだ。現地で顧客と話し合う中で、隠れていたコンテクストや意味が明らかになり、学んだことは新たな疑問へとつながった。そうした問いの答えから、顧客とトルコの業務用配管市場についての深い洞察が得られたのは言うまでもない。同時に、私たちと、Wavin の製品を敷設し、使用する人々とのあいだに、永続的な関係が築かれた。

その日の夕方、私たちは工場に数千万ドルをつぎ込む代わりに、最初の Wavin Academy に数十万ドル投資することに決めた。現在、私たちは顧客に近いイスタンブールに流通センターを持っている。Wavin Academy は顧客と交流できるリアルの空間になり、最終的に、顧客の心に Wavin のブランドを深く刻みつけるのに役立っている。今、デザイン思考は私たちのビジネスの中心にある。■

配管工たちは、
もっと良い仕事ができるように
支援してくれる Wavin に
ほれ込んだ。

真新しいトルコの
Wavin Academy。
ここが大きな成功を
収めたので、今後、
世界中に設置される
Wavin Academy の
モデルになる。

顧客を理解する

むかしむかし、1つの会社があった。会社は顧客をよく理解していた。そのため、製品やサービスは人気になり、会社は成長し始めた。経営者が外部からやって来て、プロセスが整備され、システムが導入された。そして好奇心はゆっくりと能率に道を譲った。

しばらくのあいだ、ビジネスは好調だった。顧客は製品を買い続けてくれたし、価値提案は適切だった。ところが、ある年、販売が急に落ち始めた。経営陣の誰にも理由がわからなかった。合理的な説明がつかないのだ。スプレッドシートはそんなことを予告していなかった。経営陣が把握している事実からすると、顧客は製品を買い続けてくれるはずだった。だが、現実は違った。会社が慢心しているうちに、顧客のことが絶望的にわからなくなっていたのだ。

誰もがこんなストーリーを聞いたことがある

こんな経営をしちゃダメだと後知恵で言うのは簡単だ。だが、こうしたことは毎日起きている。ビジネス書や雑誌は、変われなかったために破綻したかつての有名企業の話であふれている。卸売業者、レコード会社、電話会社、出版社など、挙げればきりがない。では、どうして企業は、時代遅れのシステムや手法の犠牲になるのだろうか？

未来は企業と反りが合わない。
——グラント・マクラッケン
文化人類学者

顧客について知っていることをコード化するのは自然な傾向だ。知識を拡張できるし、意思決定が容易になる。そういうシステムを導入するのは悪いことではない。ただし、常に、現在の状態に合うように調整する必要がある。そして、調整をするのはシステムではなく、人間でなければならない。

勇気を出して質問する

私たちは専門知識を持つ管理職を信頼するが、自分が無知だと思われるのを恐れて質問することに尻込みしてしまう。しかし、「なぜ？」とか「～したらどうなるか？」といった、デザインマインドを持った質問をする勇気と粘り強さが、発見やイノベーションの基礎になることをこれまでの事例は示している。

専門家に過剰に遠慮するのに加え、私たちは、顧客から専門家として見られたいと意識しすぎている。顧客に質問するのを恥ずかしく感じ、臆病になっている。すでに顧客の信頼をなくしてたらどうしよう？　もう、何でも知っていると思われてないのではないか？　今後もうちの製品を買い続けてくれるだろうか？

非常に興味深いことに、ほとんどすべてのケースで、正しいのは逆の解釈だ。顧客は、誠実な質問をされると、自分が高く評価されていると感じる。誠実な質問とは、売り込みが狙いだったり、知識をひけらかしたりするのではなく、顧客がどういう人で、何を必要としているのかをもっとよく知りたいという、純粋な動機から生まれた質問である。

誰もが（意図せずに）嘘をつく

実際に観察することが極めて重要だ。ボディーランゲージや、顔の表情、行動を読み解く技術を身につければ、もっとくっきりした実像が描ける。それは、デザイナーであるあなた自身がその技術を習得しなければならない理由でもある。インタビューに参加し、自分自身で相手の振る舞いを観察しよう。あなたの脳が回路を作って、直接、パターンがわかるようにするのだ。フィッツパトリックに従えば、「人が作業をしているところを見れば、問題があり非能率的だと本人が思っている点ではなく、どこに本当の問題や非能率性があるのかがわかる」

ロブ・フィッツパトリックについてもっと知りたければ、92ページの「質問をマスターする」を参照。

習慣を作る

デザイナーにとって観察と質問は、日々実践しなければならない習慣である。自分を取り巻く世界について多くのことに気づき始めると、細部の違いやかすかな信号に注意を払うようになる。会話を、自分が言いたいことではなく、質問から始めると、実際に相手への好奇心が増してくる。あなたの脳はその新しい好奇心に合わせて、観察と、質問と、分析のあいだに興味深いつながりを作り始めるのだ。

あなたには、他の人が見落としてしまうパターンが見え始める。あなたの直感は発達し、顧客が必要とするものを本人よりも早く見つけられるようになるだろう。■

とにかく**電話を手に取る!**

私たちは、ある在宅ケア組織と仕事をしていた。CEO は新しい顧客セグメント、つまり病院を取り込むというアイデアを持っていた。彼女は机上調査を2カ月やりたいと言った。私たちは彼女に、時間をかけずに今すぐ新しい顧客セグメントへの理解を深めた方がいいとアドバイスした。机上調査に頼るのではなく、生の会話をすべきだと言ったのだ。

私は彼女の横に立って、すでに彼女のネットワークに入っているある病院の CEO に電話をするように言った。彼女はちょっと緊張していたようだったが、電話を取って即座に CEO にかけた。はたして、CEO は彼女からの電話をたいへん喜び、彼女をランチに誘った。

ランチの会話は弾み、彼女はそこで得たカスタマーインサイト（顧客自身も気づいてない欲求を探り出す洞察）によって、自分が顧客の本当のニーズに焦点を当てていなかったと理解した。彼女は、何カ月かの能率の悪い机上調査と、何時間かかったかわからない分析を、たった1回のランチで省略できた。そのうえ、もっと適切なビジネスチャンスについて新たな洞察を得ただけではなく、顧客との貴重な関係を深めることもできた。

マイケ・ドイヤー
戦略デザイナー

ツール：**カスタマージャーニーキャンバス**

カスタマージャーニーは、あなたがインサイト情報を得て、それを追跡するのに役立ち、さらに解決すべき問題を顧客がどのように体験するのかを議論するときに役立つツールである。こうした問題や機会は、顧客の生活の中にどんなふうに現れるのだろうか？　顧客はそれをどんなふうに体験するのだろう？　また、顧客はあなたとどんなやり取りをするのだろうか？

パーソナル
カスタマーインサイトを
マッピングする

±45分
セッション

3〜5
人／1グループあたり

カスタマーエクスペリエンスをマッピングする

カスタマーエクスペリエンスをマッピングすれば、顧客がどのように製品やサービスを体験するかを理解する手がかりが得られる。また、どんなふうに製品やサービスを提供すれば、顧客が満足したり喜んだりするかについて洞察を与えてくれる。これが顕著に現れるのは、顧客と共同でカスタマージャーニーを作成するときや、あなたの想定を顧客と一緒に検証するときである。それはどんな状況なのか、顧客はどんな気分か、カスタマーエクスペリエンスが最も良くなるのはどういう瞬間か、などと話し合っているときだ。

まっすぐではない

カスタマージャーニーは直線ではない。顧客は、さまざまな要因によって、あるフェーズから別のフェーズへジャンプする可能性がある。顧客はいくつかのタッチポイント〔企業やブランドと顧客との接点〕でやり取りをするが、見逃すタッチポイントもある。顧客が関わりを持とうとする瞬間をつかみ、将来顧客にとってより良い体験をデザインできるようにするのがデザイナーとしてのあなたの仕事だ。このツールは、顧客の目を通して製品やサービスを見るのに役立つ。

もちろん、完璧なカスタマージャーニーなどあり得ないし、想定を含まずに作られているものもない。カスタマージャーニーのマッピングは、あなたのチームの知識と洞察に基づいている。このツールは、顧客の視点で理解したり探索したりするのに役立つ。

現実に戻る

カスタマージャーニーキャンバスは、物事をリアルに感じさせてくれる。マッピングをすることで、顧客がどこで行き詰まるか、どこで素晴らしい体験をするかがわかり、その理由を特定できる。チームがこのツールを使うと、成果の1つとして、いわゆる「低い枝の実」ができる。すぐに達成できる目標という意味だ。分担してカスタマージャーニーマップを作り、ひとたび集めて構成すると、あとは、カスタマーサファリ〔顧客に代わって自分が商品やサービスを体験してみる手法〕、インタビュー、フィードバックで集めた実際の顧客データを加えるだけだ。これによって、十分な情報に基づいた現実的な判断ができるようになる。

カスタマージャーニーは誰にでも利用できる。顧客がどんな体験をし、それがどんな感じで、何に苦労し、体験を改善するために何ができるかを、チームや会社の誰もが理解していなければならない。共通の目標は、顧客の問題を解決し、顧客をハッピーにすることだ。■

ペルソナ
始めに、カスタマージャーニーの主人公となる顧客のペルソナを定義する。できるだけ具体的に（名前、年齢、職業、配偶者の有無など）しよう。

タッチポイント
顧客とやり取りする場面にはどんなものがあるか（たとえば、実店舗、ネット、ウェビナー、電話、郵便、契約など）？

ダウンロード

カスタマージャーニーキャンバスは次の URL からダウンロードできる。
www.designabetterbusiness.com

ペルソナキャンバスは次の URL からダウンロードできる。
www.designabetterbusiness.com

カスタマージャーニーキャンバス

DESIGN A BETTER BUSINESS

顧客のニーズ

キーモーメント

顧客満足度

BY DESIGNABETTERBUSINESS.COM

気分
その瞬間の顧客の気分はどんなものか？　顧客は、幸せか、不満を感じているか、怒っているか？　その瞬間の何がそうさせるのか？

タイムラインとステージ
カスタマージャーニーの中で少なくとも5つの瞬間を定義する。時間の長さはどれくらいか？ステージごとに顧客はどんな体験をするか？カスタマージャーニーの中でどのくらい時間が経過しているか？　複雑になりすぎないようにしよう。顧客にテストをして（90ページ参照）、何が該当するかを判断する。

顧客のニーズ
顧客が各ステージで実行を期待することは何か？　たとえば、一緒に仕事をする企業を顧客が探している場合は、さまざまなタッチポイントを理解する必要がある。それぞれのポイントで顧客が持つ疑問はどんなものだろうか？

チェックリスト

- [ ] ペルソナは十分に具体的か？
- [ ] カスタマージャーニーは完成しているか？見落としている瞬間はないか？
- [ ] カスタマージャーニーが実際にどこで始まり、どこで終わるのかを確認した。
- [ ] 記入し忘れたカテゴリーはない。

次のステップ

≫ カスタマーサファリ（106ページ参照）で自分の想定を検証する。

事例：**カスタマーサファリ**

カスタマーサファリは、自然な環境にいる顧客に出会う最善の方法である。だが、慌てないように。すぐに話しかけてはいけない。最も多くのことを学べるのは、日常生活の中で顧客を観察しているときである。インタビューや質問は後回しだ。そして、顧客は嘘をつくかもしれないから注意しよう。

1 適切なマインドセットを持つ

サファリで最も大切な原則は、準備を整えておくことである。その1つがカスタマージャーニーキャンバス（104ページ）への書き込みだ。テストしたい想定は何か？　答えが知りたい質問は何か？適切なチームがいること、全員が好奇心あふれるマインドセットを持っていることを確認しよう。既存のメンタルモデルが認知をゆがめていないか注意する。あらかじめこれをやっておけば、あとで脇道にそれても問題ない。

2 わかっていることから始める

問題なくスタートできただろうか？　では、インタビューするのはどんな顧客がいいだろう？　場所はどこがいいだろう？　わかっていることから始めよう。すなわち、既存の顧客にインタビューするのだ。既存の顧客がいない場合は、競合する製品やサービスの顧客にインタビューしよう。重要なのは、観察したりインタビューしたりするのに「完璧」な顧客はいないということだ。最初はすべてが新しいのだから。

3 自分でやってみる

顧客を観察する場所を見つけるだけでは不十分な場合もある。見たり体験したりするとどんな気分になるのかを知るためには、旅に出ることが重要だ。ノートと、カメラかスマホを手にして、顧客が通る道をたどろう。何が見えるだろう？　そこには何か面白いものがあるだろうか？　ちょっとスパイスを効かせたければ、顧客に道を歩いて体験を記録してもらったり、あなたと一緒に旅をしてもらったりできないかと頼んでみよう。

掘り下げよう！
「5回のなぜ」を繰り返し、
その行動の理由を見つけ出すのだ

レコーダー

リッチピクチャーがあれば、
直感と分析スキルを同時に
使える。

インタビューする

収集する

決定する

4 何を探すか

インタビューや観察をするときは、自分の予測と正反対の発言がないか注意しよう。もし見つけたら、その発言の理由を探るのだ。顧客が考えたり感じたりしていることがわかれば、これまでになかった考え方や知識への入口になるかもしれない。「普通のこと」と、「異常なこと」や「例外」の両方を見つけるようにしよう。今日の1％は明日の100％になる可能性がある。

5 情報を収集する

その場のすべてを収集すべし。可能ならば写真を撮り、声を録音しよう。今は聞くだけで、分析はあとだ。収集するときは1つのリッチピクチャー（あるテーマに関する情報と相互の関係を、イラスト、文字、記号などで描いた大きな絵）に仕上げよう。不適切だと思うものを編集したり除外したりしてはいけない。分析はあとだ。まず情報をかたまりにしよう。定性的情報と定量的情報を一緒にすると、あなたの脳はそれをもっと大きなリッチピクチャーにし、ひらめきが生まれる。

6 意思決定する

収集した情報をチームで再検討しよう。ドット投票（小さな円形のシールを各自が支持する項目に貼り付ける）で、何が共感を得たかを明らかにする。そして、もっと深く掘り下げるためのイテレーションをおこなうべきかどうかを決める。イテレーション間で大きな違いがなくなったら、そこが意思決定のタイミングだ。リッチピクチャーと、カスタマージャーニーの途中で考えたことを比較しよう。どんな違いがあるだろう？　自分たちの視点を見直す必要があるだろうか？

107

価値提案

優れたビジネスモデルや戦略は、優れた価値提案（バリュープロポジション）に基づいている。優れた価値提案は顧客の「片づけるべきジョブ（jobs-to-be-done：JTBD）」に焦点を合わせている。クレイトン・クリステンセンは、ビジネスシーンで顧客のモチベーションを測る有効な方法としてこのフレームワーク（JTBD）を開発した。

伝統的なマーケティング技術では、顧客を属性によって、つまり、年齢や、人種、配偶者の有無、その他の特質によって分類するように教わる。だが、これでは結局、すべてのカテゴリーで、顧客が実際に必要としているものではなく、企業が売りたいものに製品が集中してしまう。

顧客の生活で起きるさまざまな状況を評価することは必ずしも容易ではない。顧客が、自分の属するカテゴリーの「平均的な」顧客が買いそうなものを規準にして、購入を決めることはめったにない。購買のきっかけで多いのは、身の回りの解決したい問題に気づくことである。このとき、価値提案と並んで最も役に立つのが、クレイトン・クリステンセンの「片づけるべきジョブ」フレームワークである。

顧客が製品やサービスを「雇う」原因となる「ジョブ」を理解することで、企業は、顧客がすでに試みていることに合った製品を正確に開発できるし、正確なマーケティングができるのだ。

あなたの視点の情報量を増やし、「片づけるべきジョブ」について学ぶ方法の1つは、実生活における顧客を観察することである。顧客の行動を観察すれば、解決が必要な真の問題から学べるはずだ。だが、観察を始める前に、まず自問してみよう。あなたにとっての「片づけ

アレックス・オスターワルダー、イヴ・ピニュール、グレッグ・バーナーダ、アラン・スミスは、『バリュー・プロポジション・デザイン──顧客が欲しがる製品やサービスを創る』（翔泳社、2015年）で、顧客が求める製品やサービスを生み出す方法について述べている。

> **価値提案キャンバスは顧客の「ジョブ」をデザインし、検証するのに役立つ。**

るべきジョブ」は何だろうか？　あなたは既存のセグメントをターゲットにしたいのか、それとも新しいターゲットを見つけたいのか？　答えによって、価値提案キャンバス（110ページを参照）に取り組むときの焦点が決まる。顧客のプロフィールを理解し、バリューマップを理解したうえで、プロブレムソリューションフィット〔顧客の問題を解決するのに最適なソリューションを提供している状態。PSF〕や、プロダクトマーケットフィット〔顧客にとって最適な製品を最適な市場に提供している状態。PMF〕を調べるのである。

製品 vs ニーズ

あなたに必要なのはドリル？　それとも壁の穴？
あなたに必要なのは産業用ロボット？　それとも生産のスピードアップ？

あなたに必要なのはお葬式？　それともかけがえのない別れの機会？

ほとんどの企業は製品に焦点を当てている。しかし、本当に焦点を当てるべきなのは製品ではない。製品は顧客が問題を解決するのを手助けするためにあるのだ。顧客の抱える問題を理解すれば、もっと画期的なイノベーションが起こせる。

たとえば、Spotify が発見したのは、大部分の人は音楽を「所有する」ことに関心がないという現実だった。大事なのはレコードや CD の「所有」ではないのだ。彼らは音楽を自分のハードディスクに保存したいとも思っていない。手間がかかるからだ。結局、人々はただ音楽を聴きたいのである。そのため、楽曲をダウンロードして聴くこととストリーミングで聴くことの違いは曖昧になってきている。曖昧でないのは、人々が音楽へのアクセスを求めているという事実だ。「ジャスティン・ビーバーのあの曲をいつでもどこでも聴けるんだったら、何だって同じさ」■

人間的**コンテクスト**

インテルは、真の意味で統合されたイノベーションを目指している。各自が最高のアイデアと手法を持ち寄り、それらを統合して、最高のアプローチを導き出すのだ。そうしないと、比類のないハイテク企業として直面する課題を解決できないからである。私たちは、多様なコンテクストで、隠れたコンピュータの利用を進めているが、そのコンテクストは猛烈なスピードで拡大している。

扱う範囲が非常に広いので、私たちは、社会科学からインタビューまで使って、生活の人間的コンテクストを理解しようとしている。同時に、テクノロジーがどんなふうに社会文化的ダイナミクスに情報を与え、社会文化的ダイナミクスから情報を得るかの両面を研究している。また、コンピュータを使って複雑系を理解し、エコロジーなどの知識を借りて、独立したアクター（動作主体）のネットワークがどのように影響し合うのかを追求している。

アイデアを拡張して持続可能なビジネスにする必要があるなら、私たちは『リーン・スタートアップ』から『ビジネスモデル・ジェネレーション』に至る、イノベーションのためのツールやプロセスを利用するだろう。それによって、探求や、発見、新しい価値やビジネスモデルのテスト方法を改善し、洗練させる。結局、大切なのは人間のニーズを理解することであり、意味のある問題を解決することなのだ。

ムキ・ハンステーン＝イソラ
インテルラボ、上級ストラテジスト

109

ツール：**価値提案キャンバス**

フォーカスする
あなたの価値提案を
理解する

±45分
圧力鍋

3〜5
人／1グループあたり

顧客を本当に理解しようと思えば、「片づけるべきジョブ」、ペイン、ゲイン、そしてあなたからのオファーを含む「価値提案キャンバス」が、利用できる最高のツールになる。価値提案キャンバスは、Strategyzer 社のアレックス・オスターワルダーによって開発された。
<small>バリュープロポジション</small>

常に顧客からスタートする

価値提案キャンバスに取りかかるときは、必ず顧客からスタートしよう。もちろん、取り引きのある（あるいは取り引きしたい）顧客セグメントが多数ある場合もある。だから、チームとしてあなたが最初にやるべきことは、実際の顧客はどういった人々なのかを、高い視点から議論することである。そうすれば、誰のためにデザインするのかがはっきりする。場合によっては、1人の顧客についていくつかのキャンバスに記入する必要があるかもしれない。

納得できるまで「なぜ」を繰り返そう

顧客を特定したら、付箋と油性マーカーを使って、チームで顧客の「片づけるべきジョブ」の詳細を見ていこう。顧客は毎日どんな社会的、感情的、機能的ジョブをおこなっているのだろうか？　顧客の機能的ジョブについては、あなたもたぶん知っているだろう。だが、そのジョブをどのようにおこなっているか、顧客がどう感じているか、どんな社会的特質が関係しているかを明らかにする必要がある。たとえば、子どもを学校まで車で送るというジョブを持っている親は、遅刻しないように送り届け、子どもが1日を通して食事を摂れるように配慮し、浮浪者に見えないような服を着せ（これは社会的地位に左右されるかもしれない）、愛され、認められているという感情を抱かせるようにする、といった機能的ジョブを持っている。その情報は、「なぜ」という問いかけを十分にすれば得られるものだ。ペインはたいてい簡単に理解できる。その人のジョブの邪魔をするものを考えればいいのだ。価値提案キャンバスを初めて使う人のほとんどが理解できないのがゲイ

ンである。ゲインは、ペインの単純な反対概念ではない。ゲインは、人々が持っている隠された野心であり、ペインリリーバーよりもずっと高次元にある。これらを解明するにはデザイナーの知性が必要だ。適切な質問が非常に重要になるのはこの場面である。顧客が、今は無理だが、心の底で実現したいと思っていることは何だろうか？　話を、子どもを学校に送る親に戻せば、彼らにとってのゲインは、おそらく、子どもや他の親からヒーローのように見られること、あるいは子どもたちが人生で成功するのを見ることである。もしゲインがいくらか人間の本質に関わるように感じられるなら、それは往々にして大きなゲインがそういう性質を持つからである。

あなたのジョブ

何とかキャンバスの右側が完成したら、左側に移ろう。まず、頭に浮かんだ解決策の選択肢をいくつか挙げる。すでにいくつか思いついているかもしれないし、そうでなければアイディエーションのセッション（次の章で詳細を述べる）で考え出せばいい。選択肢を貼り付けたあとは、それらをどう組み合わせれば、顧客のジョブや、ペイン、ゲインに、顧客が共鳴する形で対応できるかを判断する必要がある。

価値提案キャンバスを2、3回使えば、顧客について違った見方ができるようになるし、顧客に何を提供できるかについての考え方も変わってくる。さらに、うまく行けば、顧客のほうも、そもそもなぜあなたにニーズを満たしてくれるよう依頼したのかについて、それまでとはまったく違う考え方をするようになるだろう。■

ゲインクリエーター
顧客がゲインをかなえるために、あなたは何を提案できるか？（量的にも質的にも）具体的に書く。

ゲイン
何をすれば顧客がハッピーになれるか？ 彼あるいは彼女が期待する成果は何か、そして彼らの期待を超えるものは何か？ 社会的便益や、機能的、財務的ゲインについて考えよう。

ペルソナ
彼／彼女はどういう人か（職業、年齢など）？ このペルソナは、購入者か、ユーザーか、意思決定者か？

価値提案キャンバス

ゲインクリエーター

フレキシブルリース契約

フリーSIMの提供

製品とサービス

問題解決ダッシュボード

プロセスに同僚を巻き込む

ペインリリーバー

ゲイン

新車

大規模なモバイルの予算

片づけるべきジョブ

1日で問題を解決する

うちの部署の対応が遅い

ペイン

フレックスタイム

© STRATEGYZER AG

🦋 Strategyzer
strategyzer.com

製品とサービス
顧客がジョブを片づけるために、あなたが提供できる製品やサービスは何か？ それはどうして決定的な解決策にならないのか？

ペインリリーバー
顧客がペインを取り除くのに、どんな手助けができるか？ 方法を明確に示す。

ペイン
顧客を悩ませたり困らせたりしているものは何か？ 彼または彼女がジョブを片づけるのを妨げているものは何か？ 何が顧客の行動を邪魔しているのか？

片づけるべきジョブ
顧客が、仕事や生活で片づけようとしているジョブは何か？ それは機能的ジョブであると同時に社会的ジョブである可能性がある。顧客が持っている（感情的あるいは個人的な）基本的欲求は何か？

チェックリスト

☐ 1つのキャンバスに1人の顧客のペルソナをマッピングした。

☐ 5つ以上の、機能的、社会的、感情的な「片づけるべきジョブ」を特定し、優先順位をつけた。

☐ 5つ以上のペインを特定し、優先順位をつけた。

☐ 5つ以上のゲインを特定し、優先順位をつけた。

☐ ゲインクリエーターとペインリリーバーが、直接、ゲインとペインに対応している。

次のステップ

❯ あなたの仮定をプロトタイプ化し、検証する。

❯ 顧客にあなたの仮定をチェックしてもらう。それは本当に「片づけるべきジョブ」か？

111

ビジネスのコンテクストを理解する

あなたのビジネスは、競争相手がどの企業であるとか、今のトレンドは何かとかいった、包括的なコンテクストの中で動いている。そのコンテクストを理解すれば、あなたのビジネスが、将来どう変わらなければいけないかについての洞察が得られる。しかし、この点に関しては、ほとんどの企業が実効を上げていない。

未来からの信号はいたるところにある

トレンドや競争相手は、全体像の一部でしかない場合が多い。そのため、競争相手がしていることの後だけを追っていると、本当に重要なことを見逃す危険性がある。必要なのは、市場勢力図を超えたコンテクストの枠組みである。

自分たちが置かれたコンテクストを理解すれば、現在のトレンドの明確な実像とともに、未来を形作る微弱な信号も得られる。こうしたコンテクストの評価には（最低でも）市場の動向、テクノロジーの動向、規則や規制、経済情勢、顧客のニーズ、競争相手、ひいては不確実性の理解が含まれる。大事なのは、こうした信号や、トレンド、事実、競争相手を、あなたの今のビジネスとの結びつきだけで考えないことである。将来あなたに必要な全体像を描くためには、ビジネスの枠の外にも目を向けなければならない。誰が、未来の競争相手、つまり、新しすぎて（まだ）競争相手とはいえない有望株だろうか？　あなたの未来のコンテクストに影響を与える可能性があるのは何だろうか？　選挙の結果か？　ガソリン価格か？

> # 未来はすでにここにある。ただ均等に行き渡っていないだけだ。
>
> ──ウィリアム・ギブスン
> 作家、エッセイスト

もっと大きなコンテクスト

Spotify が市場に現れたとき、ほとんどの人が、当時の音楽産業の最大の競争相手、アップルへの真正面からの挑戦だと考えた。確かにそういう要素もある。多くのデジタル音楽企業に道を開いたのはアップルだった。だが、アップルの先を見ると、そこに立つ Spotify の創業者たちも、音楽産業の大きなコンテクストを理解することで、市場をリードするストリーミング音楽サービスを作り上げたのだ。そのコンテクストには、クラウド技術の発展、音楽を聴きたいだけで必ずしも所有することを求めない顧客、変化する規制環境（アップルの貢献が大きい）、レコード会社が新たな収入源を求めて奔走する経済環境が含まれる。

詳しく観察し続ける

コンテクストは固定していない。日々変化する。産業によっては時々刻々変わっている。理解を持続するためには、継続して精査し続ける必要がある。今日のコンテクストがはっきりと見えてきたら、明日のコンテクストを描こう。それは 5 年後のコンテクストや、おそらくもっと先へと進んでいく。未来のコンテクストにはどんな違いがあるのだろうか？　時間がたつにつれて何が変わるのだろう？　どの推測が実現し、どの推測が外れるかを教えてくれるのは時間だけなので、コンテクストの理解を常に更新しておこう。

好奇心が強いのは生まれつき

私は、好奇心が人並みはずれて強い人間だ。だから、今の仕事が気に入っている。私はプロのトレンドウォッチャーである。企業が周囲の世界を理解するのを手助けする仕事だ。私の仕事の肝心な部分は、絶えず情報を観察し、構成することである。だから、Twitter は私にとって一番重要なツールだ。ツイートすると、頭の中の情報が自動的に構成される。でも、ツイートするだけでは十分ではない。トレンドを解明するために、私は、コンテクストに基づいていくつかのツイートを結びつける「スルーライン」〔共通するテーマ〕を探す。トレンドだと確信できるものを見つけたら、自分自身のネットワークにアクセスして検証するのだ。

この作業を自分でやろうと思ったら、1つの視点から始めるといい。なぜその情報が必要か、という視点だ。そして、新しい情報を集めて構成する。ネットワークにつながっている人はみんな情報を持っているが、たいてい組織化されていない。だから、理解するためのフレームワークを使ってスルーラインを探すのだ。業界の外に目を向けよう。ぜんぜん知らなかったことを見つけよう。最後に、情報を組み立てる。あなたが組み立てた枠組みは、パターンや、変化ないし動向（たとえば、階層構造からハブ構造へ、情報の発信から共有へ、など）を明らかにする。これが新しいアイデアの出発点になる。

ファリッド・タバーキ
Studio Zeitgeist のトレンドウォッチャー

未来を訪問する

未来を訪問するのは、たぶんあなたが考えているほど難しくはない。実際、前に書いたように、未来からの信号はいたるところにあるのだ。奇妙に思うかもしれないが、未来からの信号を探すときに訪れるべき場所には、現代美術館、ハッカソン、バーニングマンまで含まれる。バーニングマンというのは、毎年ネバダ州の砂漠で開かれるカウンターカルチャーの集会である。だがイベントを待つ必要はない。あなたのモバイルデバイスにも未来からの信号が山ほど届いている。SNS や Twitter でさえ、あなたのコンテクストに関連するかもしれない信号であふれている。

注意すべきなのは、あなたの現在（そして未来）のコンテクストは、1つのレポートでは捉えきれないことだ。あなたの戦略に沿った（あるいは反した）どんなレポートも、視点の1つにすぎないからである。そして、その情報が『ハーバード・ビジネス・レビュー』誌で取り上げられるころには、コンテクストはすでに確立している可能性が高い。あなたのコンテクストをマッピングするためには1チーム分の人間が必要だ。現在、あなたのビジネスに影響を与えている要素、そして将来影響を与えるかもしれない要素の中で、最も重要なものを把握し、評価するために必要なのは、多様性である。■

TIP! コンテクストの理解と市場調査を混同してはいけない。市場調査は、カスタマージャーニーの後半でトレンドを確認したり否定したりするのに欠かせないものだ。一方、現在のコンテクストの理解は、おもに可能性を探求したり重み付けしたりするために使われる。

ツール：**コンテクストキャンバス**®

オリジナルは The Grove Consultants International 社のデビッド・シベットが作成

コンテクストキャンバス® は、コンテクストを理解するのに役立つフレームワークである。このテンプレートを使ってチームと一緒にトレンドをマッピングすれば、さまざまな視点を共有できる。それは、コンテクストを動かす社外の動力源を探すのに役立ち、現在と未来においてあなたのビジネスを形作る（可能性のある）力について議論する手がかりになる。

フォーカスする

あなたのコンテクストを
理解する

±30分

圧力鍋

3〜5

人／1グループあたり

Context Map は、もともとデビッド・シベット（The Grove 社）が開発したものである。もっと深く掘り下げたい人は、彼の著書『ビジュアル・ミーティング──予想外のアイデアと成果を生む「チーム会議」術』（朝日新聞出版、2013年）を見てほしい。

会社の枠を超えて考える

自社の製品や組織のコンテクストを解明しようとするとき、ほとんどのチームは「いま、ここ」に根ざした近視眼的な視点を取る。コンテクストキャンバス® は、あなたやチームが、思考の幅を、自社の製品や組織の境界を越えて拡大するためのものだ。そうすれば、世界で何が起きているかや、将来あなたのビジネスに影響を与えるどんな変化が起こっているかについて、議論を深められる。

サブチームで作業をする

コンテクストキャンバス® の一番いい使い方は、チームを小さなサブチームに分割し、それぞれにキャンバスの2〜3のセクションを割り当てることだ。人口統計の傾向を担当するチームに、テクノロジーの動向を把握するという2つ目の役割を与えてもかまわない。

それぞれのサブチームに数分から30分までの時間を与え、各セクションに関して世界で起きていることについて、深く、意味のある議論をしてもらい、付箋に書いてもらおう。それぞれのセクションの原動力となるもの1つについて、少なくとも1枚の付箋がなければならない。過去の原動力であったものにとらわれず、あなたの会社や製品を超えるスケールでものを見なければならないということを、口が酸っぱくなるほど言っておく必要がある。このキャンバスで捉えるのは、あな

たが活動する業界全体のコンテクストであり、あなたのデザイン基準と未来の選択肢を動かしている世界全体だからである。

中心的な原動力を把握する

すべてのチームが議論を終え、担当するセクションの中心的な原動力を把握したら、各チームから代表を選ぶ。代表は、（壁に貼るか、直接描いた）大きな共通のキャンバスに付箋を貼り、それぞれの原動力について説明する。これによって、どの原動力が重要かや、他のどの原動力が関係しているかについて、他のチームの議論に火がつくだろう。

集合的視点

キャンバスのすべてのセクションが完全に埋まったら、あなたの組織の将来か、少なくとも特定のデザインジャーニーに影響を与える最も重要な原動力を、全体の（大きな）チームで選ぶ。キャンバスから距離をとったときに見えるのは、1人の専門家の意見ではない。全体のチームの集合的視点から見た未来像である。∎

人口統計の傾向
人口統計のデータ、教育水準、雇用状況を調べる。この分野での大きな変化は何か？ 政策、規則、規制はどうか？

経済情勢
具体的に記述し、含みのある語や抽象的な表現は避ける。たとえば「経済情勢に関してあなたにとって重要なものは何か？」といった質問は適切ではない。

競争相手
予期しない競争相手を探し出す。新規参入者はいるか？ 思いがけない所から近づいている競争相手はいないか？

ダウンロード
Context Canvas® は次の URL からダウンロードできる。
www.designabetterbusiness.com

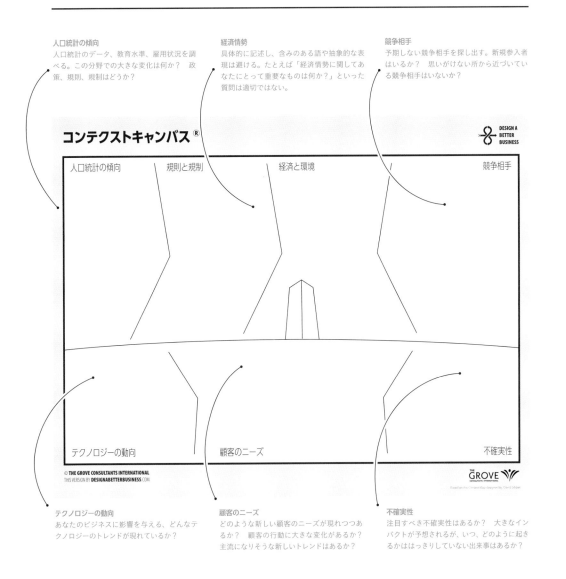

コンテクストキャンバス ®

DESIGN A BETTER BUSINESS

人口統計の傾向　　規則と規制　　　　経済と環境　　　　　競争相手

テクノロジーの動向　　顧客のニーズ　　　　不確実性

© THE GROVE CONSULTANTS INTERNATIONAL
THIS VERSION BY DESIGNABETTERBUSINESS.COM

THE GROVE CONSULTANTS INTERNATIONAL

Based on the Context Map designed by David Sibbet

テクノロジーの動向
あなたのビジネスに影響を与える、どんなテクノロジーのトレンドが現れているか？

顧客のニーズ
どのような新しい顧客のニーズが現れつつあるか？ 顧客の行動に大きな変化があるか？ 主流になりそうな新しいトレンドはあるか？

不確実性
注目すべき不確実性はあるか？ 大きなインパクトが予想されるが、いつ、どのように起きるかははっきりしていない出来事はあるか？

チェックリスト

☐ キャンバスのすべての領域を完全に埋めた。

☐ 付箋に書いたことを裏づける証拠を持っている。

☐ 脅威とチャンスのトップ 3 に印をつけた。

次のステップ

❯ 自分の推測に対する証拠を見つける。

❯ 自分の発見を他の人の考えと比較して確認する。

❯ 3 カ月以内にコンテクストキャンバス®を見直して、更新し、検証する。

❯ あなたの「視点」を見直す。

❯ あなたの「デザイン基準」を見直す。

コンテクストキャンバス®

医療費の増大

ニューエコノミー、BRICS

3の法則による銀行業務の終わり

ナスは？

人口統計の傾向

高齢化

規則と規制

規制強化

経済と環境

低成長

低金利

インセンティブの喪失

資本需要

コンプライアンス

顧客がより多くのサービスを要求

圧迫される利益

だらだらした業務の遂行

人材不足：銀行はつまらない

競争相手

参入規制の緩和

フィンテック

シャドーバンキング

Apple Pay

データ：後対応から前対応に

バイルイント

ブロックチェーンとビットコイン

金調達ート

ビッグデータ

クラウド

ハイパーコネクテッドな顧客

パーソナライズ

シームレスな体験

透明性

マズローの自己実現

不動産バブル

グローバル経済

規制強化

テクノロジーの動向

顧客のニーズ

CLOUD

シャドーバンキング

顧客のニーズは何か？

競争相手はどこか？

CONSULTANTS INTERNATIONAL
IGNABETTERBUSINESS.COM

THE GROVE CONSULTANTS INTERNATIONAL
Based on the Context Map designed by Dav

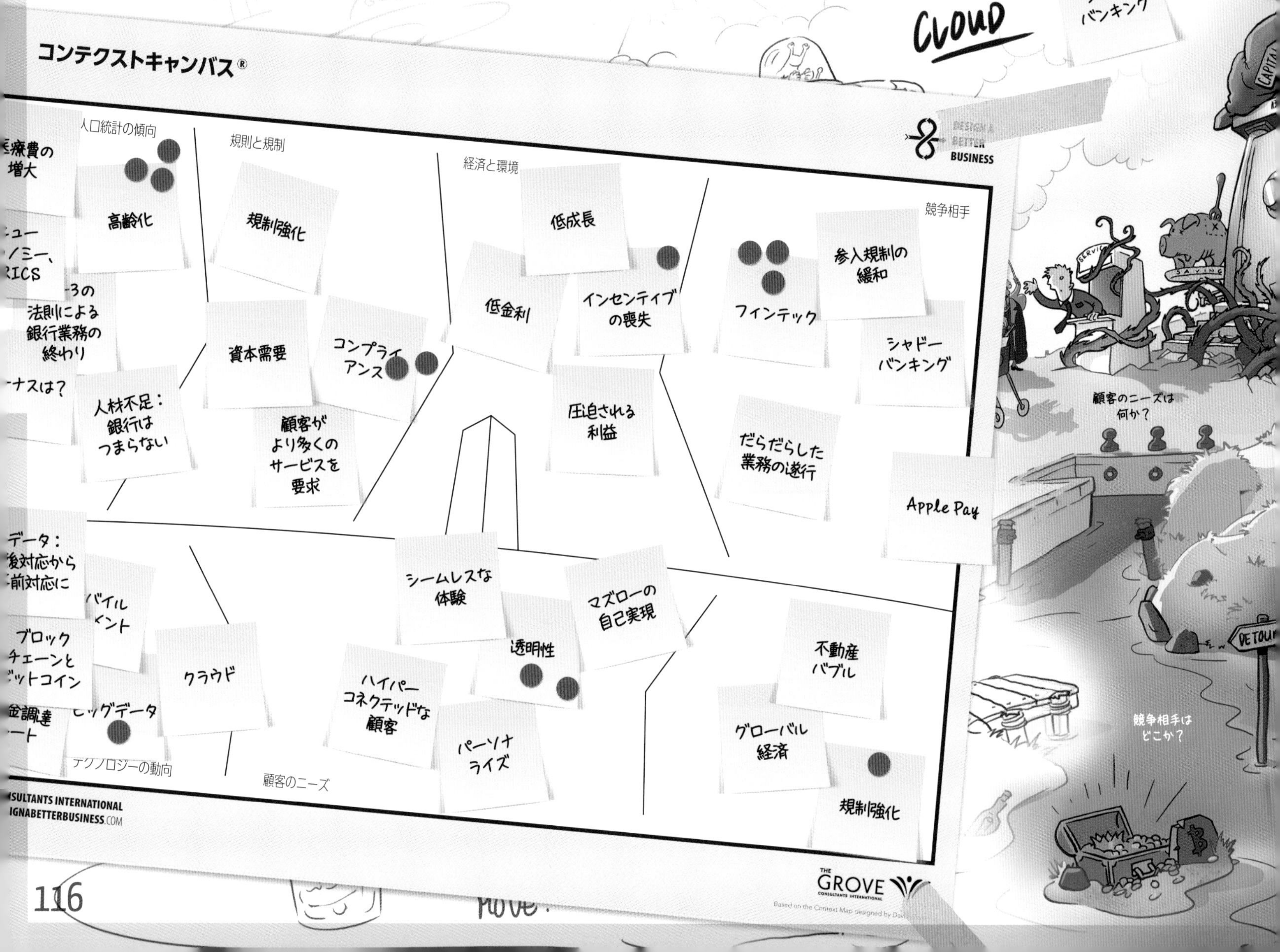

緊急性を共有する

私の仕事は、経営上の問題を誰もが理解できる数字、図表、ストーリーに翻訳することだ。この作業を容易にするために私がよく使うのはメタファーである。2014年、かつて私たちが知っていた銀行はもはや存在しないのに、みんなまだ古い前提を信じていることに私は気づいた。

極端な話をすると、昔の銀行家はわずか3つの数字を知っていればよかった。3-6-3である。3パーセントの利息で預金を集め、6パーセントの金利で貸し出し、午後3時になったらゴルフに行くというものだ。

今日の世界で成功するためには、行員みんながコンテクストに注意を払わなければならない。それを促すために私はストーリーを語る必要があった。頭に残り、数字やグラフよりわかりやすく、聞く人を引き込んで、銀行を変えようという気持ちを起こさせるようなストーリーだ。私たちは2000人の同僚とともに「銀行の世界」というストーリーを作り、出来上がったものをデザイナーと一緒にビジュアル化した。こうして、ストーリーは魅力的で一目瞭然なものになり、容易にすべての同僚たちと共有することができたのである。

ピーター・デ・ケイザー
BNP パリバ・フォルティス、チーフエコノミスト

117

ビジネスモデル

ビジネスの未来を考えるときは、包括的な戦略であっても、新しい製品やサービスであっても、少し時間をかけて自分のビジネスの内側と外側をきちんと理解する必要がある。ビジネスモデルキャンバスを使えば、あなたのビジネス(や他のビジネス)が、どうやって価値を生み出し、価値を届け、価値を獲得しているのかを、簡単にマッピングできる。

あなたのビジネスモデルを理解する

顧客の生活にどうやって価値を付加しているかを理解することは極めて重要だ。これは、あなたのビジネスを議論する際の土台になる。

あなたの顧客はどんな人々で、あなたは、その人たちのどんな問題を解決しているのだろうか？　その価値をどうやって顧客に届けているのか？

この情報を構造化する最も良い手段の1つが、ビジネスモデルキャンバスである。『ビジネスモデル・ジェネレーション』の出版以来、ビジネスモデルキャンバスは、共通の理解と共通の言語に基づいて、より有意義で、より戦略的な議論をするための完璧なプラットフォームだと考えられている。

詳しい背景が知りたい人は、次の本を読もう。アレックス・オスターワルダー、イヴ・ピニュール著『ビジネスモデル・ジェネレーション——ビジネスモデル設計書：ビジョナリー、イノベーターと挑戦者のためのハンドブック』(翔泳社、2012年)

あなたのチームが あなたの会社のビジネスモデルを 理解していると思い込んではいけない。

あなたの、複数のビジネスモデルを理解する

職場が大きな組織ならば、さまざまな価値提案とビジネスモデルがあることがわかるだろう。病院を例に取ってみよう。大学病院は3つの最高レベルの独立したビジネスモデルから成り立っている。1) 患者の治療、2) 教育、3) 研究である。これらのビジネスモデルの顧客や、価値提案や、収入源は大きく異なる。

競争相手のビジネスモデルを理解する

競争相手からは多くのことが学べる。いくつかの競争相手を選んで、そのビジネスモデルをマッピングしてみよう。この情報を武器にすれば、顧客が何を望んでいるか、何に対してお金を払うのかについて、深い洞察が得られる。それも、あなたの会社だけではなく、業界全体で、どんなふうに顧客のニーズを満たしているのかを、明確につかめるはずだ。さらに、他の企業、とくに非常に成功した企業が、どうやって市場に地歩を築いてきたのかについて貴重な情報が得られるだろう。

1つの産業のさまざまなビジネスモデルを理解する

新しいアイデアを携えて、あるいはスタートアップとして、ある業界に参入するときは、潜在顧客との価値交換に使われている最も一般的なビジネスモデルをあらかじめ理解しておくことが大切である。たとえば環境分野、とくにソーラーエネルギー業界に参入するつもりなら、サンエジソンのようなトップ企業がどんなふうに事業をおこなっ

て（価値を付加して）いるのか知りたいと思うだろう。ジガー・シャー〔サンエジソン社の共同創業者〕は、ソーラーエネルギー業界を研究することで、顧客はソーラーパネルが欲しくてお金を払っているのではなく、電気料金を下げる手段を求めているのだとわかった。彼は、ソーラーパネルの代わりに、エネルギー契約を売り始めた。彼がデザインしたのは「電力購入契約（PPA）」と名付けたビジネスモデルである。このビジネスモデルは業界の景色を一変させた。企業は、価格の予測が立つ長期契約のもとでソーラーエネルギーを購入できるようになり、同時に、ソーラーパネルを所有し、運用するための大きな資本コストを回避できた。サンエジソンのビジネスモデルは、世界中で太陽光を数十億ドルのビジネスに変えた触媒の1つだと見なされている。

あなたのビジネスモデルを評価する

どんな企業も、ターゲットとする（あるいはターゲットにしたい）顧客セグメントの理解を、絶えず深めようと努めている。このあとの121ページでは、オスターワルダーがビジネスモデルを評価するために編集した、評判のいい（かつ有用な）質問の中から7つを紹介する。■

ほとんどの企業は
自分たちの顧客を知らない。
知っているのは取り引きだけだ。

ビジネスモデルが多すぎる

2010年、私たちは、もっと患者に焦点を当てた新しい戦略をデザインしようと考えた。でも、どこから手を着けたらいいのか？　私たちは、1つの病院の中で、性質の異なる多くの部門がさまざまなやり方で運営されていることに気づいた。

各部門は、異なる顧客、異なるパートナー、そして異なる価値提案を持っていた。ビジネスモデルが数多くあることを知った私たちは、ボトムアップで作業を始めることにした。それぞれのビジネスモデルがどんなもので、病院全体のビジネスモデルの中でどういう位置を占めるのかを理解するために、私たちはあらゆる部門のことを学ばなければならなかった。

各部門は、病院全体のビジネスモデルを理解することで、自分たちのビジネスについて、より適切な洞察を得るとともに、他部門のビジネスについても理解を深めた。

（マーストリヒト大学医療センターが、どうやってビジネスモデルのポートフォリオを作ったかは121ページを参照）

フリッツ・ファン・メロード
マーストリヒト大学医療センター執行理事

119

ツール：**ビジネスモデルキャンバス**

アレックス・オスターワルダー作成

ビジネスモデルキャンバスは、ビジネスモデルを構造化して直感的に理解するための優れたツールだ。このキャンバスを使えば、あなたが満足させたい顧客や、どういうチャネルを使えばどんな価値提案ができるか、あなたの会社はどうやって収益を上げているか、などについての洞察が得られる。ビジネスモデルキャンバスを利用して、自分自身のビジネスモデルや競争相手のビジネスモデルを理解しよう。

フォーカスする
あなたのビジネスを
理解する

45〜60分
セッション

3〜5
人／1グループあたり

ビジネスモデルキャンバスは、アレックス・オスターワルダーとイヴ・ピニュールによって作成された。さらに詳しい情報が欲しい人は、彼らの著書『ビジネスモデル・ジェネレーション——ビジネスモデル設計書：ビジョナリー、イノベーターと挑戦者のためのハンドブック』（翔泳社、2012年）を読もう。

価値提案
あなたの商品やサービスは何か？　顧客のためにどんなジョブを果たしているか？

主要なパートナー
その人がいないとビジネスが成り立たないパートナーを挙げよう（納入業者等ではない）。

主なアクティビティ
ビジネスモデルを動かすために毎日していることは何か？

主な資源
ビジネスを運営するには、どんな人材、知識、手段、経費が必要か？

コスト構造
アクティビティと資源を見て、最上位に来るコストを挙げよう。

ビジネスモデルキャンバス

KEY PARTNERS(KP) 主要なパートナー	KEY ACTIVITIES(KA) 主なアクティビティ	VALUE PROPOSITION(VP) 価値提案	CUSTOMER RELA- TIONSHIPS(CR) 顧客との関係	CUSTOMER SEGMENTS(CS) 顧客セグメント
	KEY RESOURCES(KR) 主な資源		CHANNELS(CH) チャネル	
COST STRUCTURE(C$) コスト構造			REVENUE STREAMS(R$) 収入源	

Strategyzer
strategyzer.com

顧客セグメント
上位3つのセグメントを挙げる。最も多くの収益を生んでいるセグメントを探す。

顧客との関係
顧客との関係はどのような形で現れ、どのように維持されるか？

チャネル
顧客とはどうやってコミュニケーションを取るか？　価値提案をどうやって届けるか？

収入源
上位3つの収入源を挙げる。無料でしていることがあれば、それもここに加える。

1 最初に、重要性の高いビジネスをマッピングする。ビジネスモデルの、最も重要で不可欠な要素だけを挙げる。

2 構成要素を結びつける。すべての価値提案には顧客セグメントと収入源が必要！

3 将来の状態のアイデアと、目下進んでいることを混同してはいけないし、異なる部門をごっちゃにしてはいけない。

ビジネスモデルのポートフォリオ
マーストリヒト大学医療センターで、私たちは
まず、さまざまな部門を、類似性と違いに注意
しながらマッピングした。

ビジネスモデルキャンバス：皮膚科

KEY PARTNERS(KP) 主要なパートナー		VALUE PROPOSITION(VP) 価値提案	CUSTOMER RELATION -SHIPS(CR) 客との関係	CUSTOMER SEGMENT/ 顧客セグ
	治療 / 教育	診断		患者
なし	研究	治療	CHANNELS(CH) チャネル	病院

ビジネスモデルキャンバス：整形外科

KEY PARTNERS(KP) 主要なパートナー	TIVITIES(KA) ティビティ	VALUE PROPOSITION(VP) 価値提案	CU 顧客
	治療 / 教育	緊急治療室	
内部に 多くの パートナー がいる	研究 OURCES(KR) 主な貨	治療	CHA チャ
COST STRUCTURE(C S) コスト構造		UE STREAMS(RS) 収入源 病院	

ビジネスモデルキャンバス：産科・小児科

KEY PARTNERS(KP) 主要なパートナー	CTIVITIES(KA) クティビティ	VALUE PROPOSITION(VP) 価値提案	CUSTOMER RELATION- SHIPS(CR) 顧客との関係	CUSTOMER SEGMENT(CS) 顧客セグ
	治療 / 教育			母親
	研究 RESOURCES(KR) 主な資源		CHANNELS(CH) チャネル	子ども
	治療		かかりつけ医	
COST STRUCTURE(C S) コスト構造		REVENUE STREAMS(RS) 収入源 診療報酬	

ビジネスモデルキャンバス

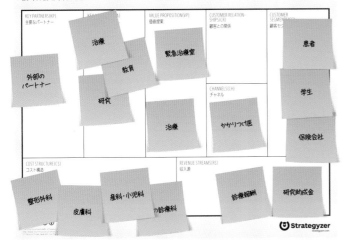

KEY PARTNERS(KP) 主要なパートナー	KA 	VALUE PROPOSITION(VP) 価値提案	CUSTOMER RELATION- SHIPS(CR) 顧客との関係	CUSTOMER SEGMEN
	治療 / 教育	緊急治療室		患者
外部の パートナー	研究	治療	CHANNELS(CH) チャネル かかりつけ医	学生 保険会社
COST STRUCTURE(C S) コスト構造 整形外科 皮膚科 産科・小児科 の診療科		REVENUE STREAMS(RS) 収入源 診療報酬 研究助成金		

ここで初めて、私たちは医療センター全体の
高レベルなビジネスモデルに取り組んだ。す
べての部門をゴチャゴチャにしたまま作業をし
ていたら、ビジネスモデルは複雑になりすぎ
て、役に立たなかっただろう。

ⓒ Strategyzer

チェックリスト

それぞれの問いに対して、
あなたのビジネスモデルの到達度
（0＝悪い←→10＝優秀）を評価しよう。

☐ スイッチングコストは、顧客が他社に
移るのをどれくらい防いでいるか？

☐ あなたのビジネスモデルは、
どのくらい拡張性があるか？

☐ あなたのビジネスモデルは、
どのくらいの経常利益を生んでいるか？

☐ 収支ズレは起きていないか？

☐ 仕事のうちどれくらいを外注できるか？

☐ あなたのビジネスモデルには
競争を防ぐ仕組みがあるか？

☐ あなたのビジネスモデルは
画期的なコスト構造に基づいているか？

次のステップ

≫ デザイン基準を抽出して、
あなたの想定をテストしてみる。

121

事例：**ビジネスモデルキャンバス**（ビジュアル版）

ビジネスモデルキャンバスをスケッチにすると、全体像が把握しやすくなり、話をする相手をもっと引きつけるのに役立つ。

細かい説明は、ビジネスモデルキャンバスの主要なメリットである明快さ、簡潔性、相互関係の把握のしやすさを損ねることが多い。「枝葉末節」にこだわると（不必要な）論議を呼び、創造的プロセスや、物事をありのままに見る能力が阻害される。解決策は、まず行動し、そのあとで議論することだ。より大きな全体像を描くことに力を注ごう。これはとても大事なことである。

あなたのビジネスモデルや、競争相手のビジネスモデルを作るとき、あるいは、異なったビジネスモデルを比較したいときは、シンプルであることが何よりの利点になる。優れたビジネスモデルは明快でシンプルだ。ビジネスモデルにあまりに多くの詳細を加えると、あなたの視点はぼんやりとしたものになってしまう。

あなたの視点や、人に話すつもりのストーリーを簡潔で明快なものにするためには、言葉の代わりにスケッチや画像を使おう。さらに良いのは、テンプレートから切り取った手書きのアイコンを使って、あなたのビジネスモデルを組み立てることだ。視覚的なストーリーテリングについてもっと知りたい人は76ページを参照。

ダウンロード
あなたが使えるアイコンのセットが次の
URL からダウンロードできる。
www.designabetterbusiness.com

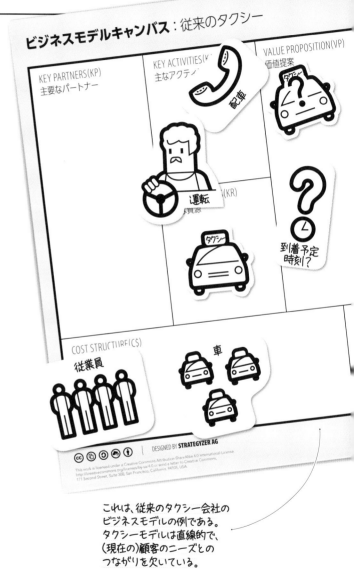

これは、従来のタクシー会社のビジネスモデルの例である。タクシーモデルは直線的で、（現在の）顧客のニーズとのつながりを欠いている。

例として、2つのビジネスモデルを作った。
1つは従来のタクシー会社のもので、もう1つはUberのものである。
キャンバスがあると、2つのモデルを簡単に比較できるし、
それぞれの長所と短所が浮かび上がる。

ビジネスモデルキャンバス：Uber

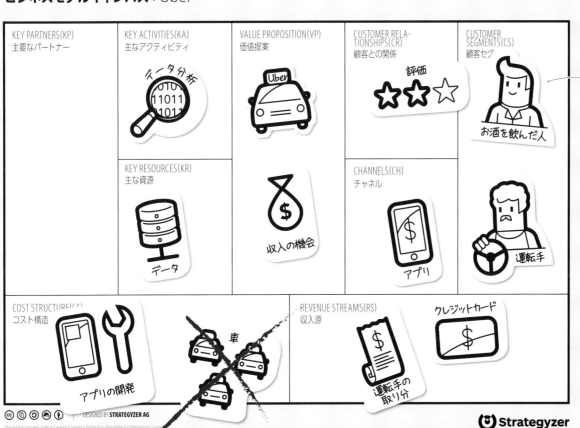

KEY PARTNERS(KP) 主要なパートナー	KEY ACTIVITIES(KA) 主なアクティビティ データ分析 11011 01011	VALUE PROPOSITION(VP) 価値提案 Uber	CUSTOMER RELA- TIONSHIPS(CR) 顧客との関係 評価 ★★☆	CUSTOMER SEGMENTS(CS) 顧客セグ お酒を飲んだ人
	KEY RESOURCES(KR) 主な資源 データ	収入の機会	CHANNELS(CH) チャネル アプリ	運転手

COST STRUCTURE(CS) コスト構造 アプリの開発　　車	REVENUE STREAMS(RS) 収入源 運転手の取り分　　クレジットカード

Uberのビジネスモデルは
マルチサイドプラットフォーム
〔相互依存関係にある2つのグループを
結びつけるプラットフォーム〕で、
2つの異なる顧客セグメントを
マッチングすることによって
価値を生み出している。
顧客は、Uberに登録している
ドライバーと、A地点からB地点に
移動する必要がある人々だ。
Uberの長所は、プラットフォーム
が生み出すデータと、
配車依頼の透明性である。

DESIGNED BY **STRATEGYZER AG**

Strategyzer
strategyzer.com

ハック：**理解する**

オンラインサファリ

インターネットの時代にオンラインサファリに行かないのは馬鹿げている。人々がオンラインで実際に何をしているかがすぐにわかる方法はいくつかある。あなたの会社のユーザーフォーラムや競合他社のユーザーフォーラムをのぞいてみるといい。人々が不満をもらしている対象は何だろうか？　彼らはどんな会話をしているのだろう？　類似製品について書いている人たちに Twitter で連絡を取ってみよう。彼らは SNS にどんな写真を投稿しているのだろう？　似たような話題を扱っている Vlog（ブイログ）や YouTube チャンネルはないだろうか？　それらはどれくらい人気があるのだろう？　何かトレンドを見つけられるだろうか？　いくつかのオンラインリード〔潜在顧客につながる糸口となるネット上の人や場所〕をフォローし始めたら、ほんのわずかな時間でたくさんの情報が得られる。

カスタマーサファリについて詳しく知りたければ 106 ページを参照。

自分でやろう

しばらく顧客の立場になってみると得るものが多い。本当に顧客と顧客の好みを理解したければ、彼らの立場に立って、彼らと同じことをし、彼らが買う店で自分も買ってみよう。このやり方は食品小売業のマーケティングの達人から聞いた。何が顧客を引きつけるのかを知りたければ、顧客が買い物をする店に行き、客たちを観察し、自分が興味を引かれた商品を棚から取ってみるのだ。自分が買ったものと、他の客のショッピングカートに入っている商品を比べてみよう。やがて、売り場に集団ができているのに気づき、購入する商品に同じような品質を求める顧客セグメントが見つかるだろう。何よりもいいのは、顧客がライバル会社の製品に引かれる理由がすぐにわかることである。

バリスタになれ！

本気で顧客を驚かせ、まったく違った心理状態にさせたいなら、もう一歩踏み込むことを考えよう。感じのいいコーヒーカートを見つけて（あるいは作って）、人々が話をするのに必要なものをすべて載せる。それを押して、顧客が集まる場所をひとまわりすれば、彼らの顔に微笑みが浮かぶのは間違いない。あなたは人々がバリスタに話す内容に驚くはずだ。私たちは実際にこう指示している。最高のホスト（またはホステス）になって、人々の会話を盛り上げなさい、と。

コーヒー チャレンジ をやろう

チームのメンバーが、初めてオフィスの外に出るときに感じる不安を克服するために、コーヒーチャレンジをするのはどうだろう。

私たちは、Impact Hub が開いたあるプログラムでこれを考え出した。2～3週間のあいだに顧客と25杯のコーヒーを飲むというチャレンジである。

顧客と対話をするたびに、リストに描かれたコーヒーカップをチェックで消していくのだ。一番早くリストをクリアした人が優勝である。そして、チームのメンバーが、顧客との対話の中で新たな発見や重要なひらめきを得て帰ってきたら、そのチーム全体の勝ちになる。

必ず内輪だけのチャレンジにするように！コーヒーショップについてたくさんのことを学ぶだろうが、それよりもっと多くの洞察を得られるだろう！

125

ここまでに
やり終えたことは……

> **観察と質問**のやり方を
> 理解した。　　　　　　　　P.90-92

> **顧客のニーズ**を理解した。　　P.110

> **自分のビジネスの**
> **コンテクスト**を理解した。　　P.114

> **自分のビジネスモデル**を
> 理解した。　　　　　　　　P.120

次のステップ

> **アイデアを生み出す**　　　P.144
> あなたとチームに役立つ実用的な
> アイデアを使って、創造の天才になる。

> **イノベーションの**
> **テクニックを応用する**　　P.150
> イノベーションマトリクスは
> あなたが最高のアイデアを出すのを
> 助けてくれる。

おさらい

何杯のコーヒーを**顧客と一緒に**
飲みたいか?

当たり前を超えていく。

チームのメンバーがあなたの
ビジネスモデルを理解していると
思い込んではいけない。

重要なのは答えではない。
適切な質問をすることだ。

自分がどこにいるのかわからな
ければ、**どこへ向かっているか**
がわかるはずがない。

だけど、
あなたはもう
わかっている。

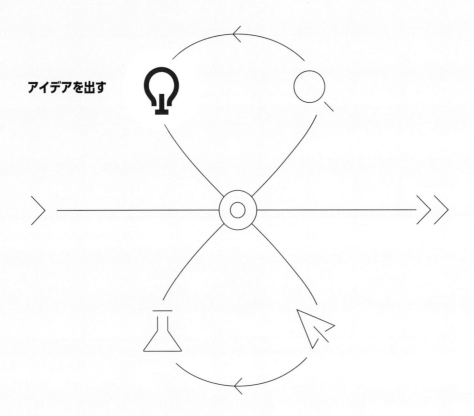

アイデアを出す

デザインジャーニー：**アイデアを出す**

イントロ	**創造の天才になる**	P.130
スキル	**アイディエーションをマスターする**	P.132
ケース	**トヨタファイナンシャルサービスとビッグアイデア**	P.136
ツール	**クリエイティブマトリクス**	P.144
ツール	**ビジネスモデルキャンバス・アイディエーション**	P.146
ツール	**ウォール・オブ・アイデア**	P.148
ツール	**イノベーションマトリクス**	P.150

アイデアの出し方を学ぶ

アイデアを**広げる**

プロトタイプを作るアイデアを**選ぶ**

創造の天才になる

私たちは誰でもアイデアを思いつく。時には、パッとひらめいたアイデアのせいで夜も眠れないことがある。最後まで追求しなければいけないような気持ちになるのだ。実現させなくちゃ。これは間違いなく今までで最高のアイデアだ！　だが、実際は違う。あなたのアイデアがどれほど優れたものでも、ただの思いつきにすぎない。アイデアがインパクトを持つのは、それが何かに付け加わったり、何かを拡張したりしたときなのだ。増えるものが多ければ多いほどアイデアは発展する。

アイディエーション

知ってのとおり、私たちはシャワーを浴びているときによくアイデアを思いつく。きっと素晴らしいアイデアだ。でもそれは、問題を解決したりニーズに応えたりするための、多くの潜在的な良いアイデアの1つにすぎない。言い換えれば、どんな問題やニーズにも唯一の正解（やアイデア）はないのである。

アイディエーションは短時間で多くのアイデアを生み出すためにある。生まれるのは、スケールの大きなアイデア、大胆なアイデア、実現可能なアイデア、不可能なアイデアなどさまざまで、愚にもつかないものもある。そのために必要なのは、創造的で楽観的なマインドセットと、シャワー中に思いついた自分の（あるいは他の人の）アイデアを、評価や判断抜きで、右脳を使って発展させる能力である。

アイディエーション・セッションの終わりには、1つの壁が、独創的で興味深いアイデアが書かれた500枚以上の付箋で埋めつくされていることも珍しくない。これは、あとで選択肢を考え出すときの材料になる。

アイデアはどこから来るのか？

アイデアは、魔法のパラレルワールド（またはシャワー）から飛び込んでくるように、不意に私たちの頭に浮かぶ。しかし、中には、他の人々よりも頻繁に「素晴らしい」アイデアを思いつく人がいる。こうした人たちは創造の天才なのだろうか？　それとも、最高のアイデアを見つける精神的なアンテナのようなものを持っているのだろうか？

ひとことで言えば、答えはノーである。ありふれた説明に聞こえるかもしれないが、私たちはみんな好奇心と創造力を持って生まれてくるのに、たぶん使い方を忘れてしまっているのだ。ところが「創造の天才」と呼ばれる人々は、持って生まれた好奇心をアイデアに集中させる方法を心得ていて、すべてのアイデアを、検証する価値がある潜在的選択肢だと思うことができるのである。この説明の最も良いところは、学習すれば誰でも同じことができるという点だ。少し訓練すれば、あなたも「創造の天才」と同じくらい多くのアイデアを生み出せるだろう。油断するな、天才たち！

> **アイデアは、魔法のパラレルワールドから来るのか？**

TIP! アイディエーションには楽しいことを盛り込むようにしよう。楽しみやユーモアは創造性の最も重要な触媒である。

アイデアはただのアイデアだ

良いアイデアと偉大なアイデアを分けるのは、コンテクストでも内容でもない。そのアイデアが本当に実現可能かどうか、そして既存のものと差別化ができるかどうかを検証するあなたの能力。端的に言うと、アイデアは推測に基づいた考えにすぎない。アイデア自体には、ほとんど価値はない。

そこで重要になるのが、アイディエーションと検証を分けて考えることである。アイディエーションであなたに求められるのは、できるだけ広い網を打って、短時間で多くのアイデアをつかまえることだ。うまくいけば、それらのアイデアを組み合わせる無数の可能性が生まれる。そこから、評価や、プロトタイプの製作や、検証が可能な新たなアイデアを作り出せばいいのだ。

脳のギアを切り替える

たぶんあなたは、毎日の生活の中で自分が一番創造的になるのが、シャワーを浴びているときや散歩しているときだと気づいているだろう。これは私たちの大部分に当てはまる。だが、職場では実務（非創造的）モードに切り替わり、帰宅するまでその状態が続く。

デザイナーは、創造モードから、分析モードや決断モードに、切れ目なくシフトできなければいけない。これはデザインプロセスの一部だから、あなたもそれが求められるし、チームも同様である。最初は、観察など、デザインや探索のためのツールを作業ベルトに追加することが煩わしく感じられるかもしれない。おそらく、評価や判断から離れて、創造のための創造に戻ることも、同じようにやっかいに感じるだろう。だが、それだけの価値がある。ひとたび、あなたのチームが協力し、お互いが出し合ったアイデアを元に新しいアイデアを構築できるようになれば、意外なほど早くみんなが認識を共有しているのに気づくだろう。

もちろん、あなたとチームの発展的で体系的なアイディエーションを支援するツールやテクニックはたくさんある。この章を読み終えたときには、あなたは創造モードにシフトする新たな方法を身につけ、既成の枠にとらわれない考え方を通じて多くのアイデアを生み出せるようになっているだろう。そして、プロトタイプを作って検証する（いくつかの）アイデアを選ぶ前に、自分のアイデアを評価する新しい方法を習得しているはずだ。■

スキル：アイディエーションをマスターする

1 （創造力の）エンジンをスタートさせる

チームと一緒にたくさんのアイデアを出すのは、やり方さえわかっていれば簡単だ。つまるところファシリテーションである。必要なのは、適切な環境（空間）で使う適切なツールであり、1つのタスクの達成に集中できる創造的なマインドセットである。アイディエーションのセッションに時間制限を設けることも極めて重要だ。1日中アイデアを出そうとするのは非効率的である。制限時間を決めて、その範囲内で考えよう。そしてガス欠になったと思ったら、そのとき出ているアイデアを、組み合わせを変えて再構成しよう。

2 踏み石を置く

あなたとチームが生み出すアイデアが多ければ多いほど、興味深い組み合わせが見つかり、他よりも優れたアイデアが生まれる可能性が高くなる。そして、未来に進む道を造るときと同じように、踏み石は、形よりも数や配置のほうが重要なのである。

3 儀式をおこなう

経験を積んだクリエーターでも、頭のギアをシフトして回転が上がるまでには少し時間がかかる。そんなときは、ファイアースターター（このあとの138ページで紹介する）のような、ア

イディエーションのための儀式をおこなうことを考えよう。経験を積むにつれて、自分がそのゾーンに入るまでにどれくらい時間がかかるかがわかるだろう。そのあいだに中断が入らないようにすることが最も重要だ。

4 ツールを使う

ブレインストーミングのテクニックだけを使って、自分一人でアイデアの未開地を征服しようとしてはいけない。あなたとチームが価値のあるアイデアをたくさん生み出すのに役立つアイディエーションツールは、ビジネスモデルキャンバスやクリエイティブマトリクスなど数多く

TIP! どうしたら踏み石を増やせるか

無作為化する
目をつぶって辞書からランダムに単語を選ぶ。10〜20語を選んだら、組み合わせを考えよう。これによって新しい連想が生まれ、新しいアイデアにつながる。

類推する
類似した状況を探そう。どうすればあなたのアイデアや問題は、携帯電話にたとえられるだろうか？ 競馬で言えば何にあたるだろう？ 身の回りでピンとくるものを探そう。

結合する
1つのアイデアを、関係がなさそうな別のアイデアと結びつけよう。あるいは、デスクの上の物や、人や、行為と組み合わせてみよう。新しい組み合わせはどんなふうに見えるだろうか？

極端にする
あなたが思いついたアイデアで最も極端なものは何だろうか？ それをさらに膨らませることはできるだろうか？ みんながそれを使ったらどうなるだろう？ あなたのアイデアの対極にあるのは何だろう？

「動物化」する
もしあなたのアイデアが動物だったら何だろう？ その動物にはどんな特徴がある？ それはかみつく？ あなたはそれを飼い馴らせるか？ もし車だったらどんな車だろう？ はたまた、人だったらどうだろうか？

ある。アイデアを出すためのツールを使えば、セッションの枠組みができると同時に、新しいアイデアの内容を充実させたり、細部を明らかにしたりできる。たとえば、ビジネスモデルキャンバスは、個々のアイデアを掘り下げるためのフレームワークになる。

5 深堀りする

多くのアイデアを生み出し、共有し、詳細を詰めるのは重要なことだ。だが、同時に、アイデアの中にはもっと深く掘り下げるべきものがある。とくに、プロトタイプを製作して検証する2〜3のアイデアを選ぶときは、深堀りが欠かせない。それぞれのアイデアの核心は何か？　誰の、どんな問題を解決することを狙っているのか？顧客は何に対して代価を払うのか？　そもそも顧客はどうやってその商品を見つけるのか？

すべてのアイデアをここまで深く追求するのは無理だろう。だが、いくつかのアイデアについては、コンテクストを掘り下げ、あなたとチームがアイデアを考えたときに設定した前提を説明することが、極めて大きな意味を持つ。■

深く考えるための時間を作ろう

新しいアイデアの開発はデザインやビジネスの核心だが、アイディエーションの大きな部分を占めるのが「編集」だということは忘れがちだ。アイディエーションのプロセスでは、できるだけ多くのアイデアを捻出し、言葉か画像、あるいはその両方を使って紙に書き出さなければならない。

私たちは、自分のアイデアの中には馬鹿げたものや恥ずかしいものがあるんじゃないかと、とかく心配しがちである。だが、そんなことは気にしなくていい。誰かが最初のアイデアを出せば、みんなが深く考える時間ができる。時には、最初のアイデアが一番適切だという結論になることもあるが、正確に評価するまでは、できるだけ多くの選択肢を追求する必要がある。多くのアイデアを出せば出すほど、最良の選択肢を選べる可能性が高まるのだ。そして、時間ぎりぎりになったら、より良いアイデアを採って別のアイデアを捨てる決断をすることが肝心である。

アイデアはどんな状況でもひらめく可能性があることと、自尊心を排除する必要があることを、肝に銘じておこう。アイディエーションは、同時に参加する人数が多いときほど大きな効果を上げる。多数の人々の中で私たちは他の人たちのアイデアを発展させていくのだ。

ケヴィン・フィン
TheSumOf のクリエイティブディレクター

1から10まで

私たちは、ヘルス＆ウェルネス・イニシアチブの一環として、初期のコンセプトに基づいたいくつかのプロトタイプに取り組んでいるところだった。私たちは、それまでに、対面調査と市場調査から多くの洞察を得ていた。しかし、適切なビジネスモデル戦略がなかったのだ。

家電メーカーなので、販売できる製品を提供できることははっきりしていた。だが、どうすればオンラインサービスのような付加価値をつけられるかというところで悩んでいた。

1つのチームとして、私たちは2日間イノベーションルームに集まり、新しいアイデアを考え出すことにした。私たちはすぐに、新製品のアイデアをビジネスモデルキャンバスにマッピングした。そして、キャンバスをベースに300を超える（！）アイデアを生み出した。次に、それらのアイデアを10の異なったビジネスモデルの選択肢に分類し、詳しく検討し、デザインした。

このアプローチを使ったおかげで、私たちは新たなオプションを迅速に作ることができた。また、前提にした推測を分析するフレームワークも得られた。そして、このフレームワークに顧客中心のアプローチを適用して、他のビジネスモデルの選択肢を検証した。

アイディエーションへのこの新しいアプローチは、私たちのイノベーションに対する取り組みに新たな活力を与えてくれた。私たちは、これらのツールを、プロセスの一部として今後も使い続けるだろう。

——ガブリエル・ルビンスキー
パナソニック新製品開発部門のシニアマネージャー

クスリにはNoを！

私たちは、ある大手製薬会社のチームを対象に、ビジネスモデルキャンバスを使ったアイディエーションの演習をおこなった。私たちが出した課題は、自分たちの会社のビジネスに関して彼らが確信していることを1つ挙げよ、というものだ。それは、言うまでもなく医薬品を売ることである。だが、私たちはその項目をキャンバスから消すように指示した。

この様子を見ていたCEOは慣然として私たちに言った。「きみたちは明らかに私たちのビジネスを理解していない。私たちの収益の100％が薬の販売から生まれているんだ！」

それでも、私たちは、チームにこの「馬鹿げた」シナリオに30分間取り組んでもらい、彼らが何を発見するか見ようとした。

はたして、私たちが加えた制限によって、彼らは自分たちのビジネスにまったく新しい角度から光を当てたのだ！　チームが発見したのは、それまで潜在的な収入源と考えていなかった（貴重な）リソースを、自分たちの会社が持っていることだった。それは、途方もない価値がある、ガン治療に関する知見だった。

チームでアイデアを出すときはリストを作ってはいけない。リストは、人々が思いつくアイデアの数を7つに制限すると考えられているからである。これは、一貫性を持たなければいけないとか、完璧でなければいけないという衝動の結果かもしれない。リストではなく、まず、ゴチャゴチャな付箋の山を作ろう！

数百万人の生活を改善する

私がアイディエーションのセッションをおこなっていたグループは、臨床、テクノロジー、マーケティング、持続可能性の各領域の代表者で構成されていた。私たちはアイデアの長いリストを書き出し、どうやってフィルタリングするかを考えていた。私が要求した規準は1つだけだった。発展途上国の1000万人以上の人々の生活を改善するというものだ。その日の終わりまでに、私たちは、商業的に成功するだけでなく生活も変容させる可能性を持った、極めて有力なビジネスモデルをいくつか作り上げた。私は心から感動したのを覚えている。それから3年たった今、以前と同じく持続可能性の代表を務めるその男は、どうすればこうしたモデルを市場で発展させられるかを追求している。だが、今、彼が視野に収めているのは、1億人を超える人々である。

――アレックス・ダヴィッジ
Bupa 社のビジネスアーキテクチャーおよび戦略開発責任者

気軽に発言できるようにする

ある長い歴史を持つ金融サービス企業が、60人の幹部を集めて2日間のオフサイトミーティングを開いた。テーマは、成長のための画期的アイデアだった。綿密な指示によってリスクを減らすというのがその会社の文化だったので、参加した人々は、オープンに大胆なアイデアをやり取りすることに慣れていなかった。

参加者が発言しやすくするために、ファシリテーターは、専用の「気軽に話そう」カードを作った。カードには、彼らにとって挑発的な質問や忌憚のない応答だと思えるものがはっきりと書かれていた。このカードに勇気をもらった参加者たちは、もっとオープンで探求心に根ざした行動を実践しようと互いに応酬した。

カードのおかげで、参加者は、心が躍るような新しいアイデアを出すための刺激を受けただけではなく、もっと議論を楽しみ、同僚たちのクリエイティブな側面を見る機会も得られた。

トヨタファイナンシャルサービスは、どうやって社内にいる創造の天才を刺激したか ≫

135

私たちは自動車産業の
レコード会社になりたく
なかった

——ジョージ・ボースト、TFS の元 CEO

ケーススタディ：**TOYOTA**

トヨタファイナンシャルサービスと
ビッグアイデア

2012 年、トヨタ自動車の金融子会社であるトヨタファイナンシャルサービス（TFS）グループは、山積みする問題に押しつぶされそうになっていた。トヨタ自動車は大量のリコールを抱えていたし、外部のビジネス環境も大きく変わりつつあった。CEO のジョージ・ボーストは、会社と環境の両方を変える必要があると考えた。

大きな賭けに出る

大胆な施策に踏み切り、危機感を共有するために、ボーストは執行チームに対するハードルを誰も跳べないくらい高く上げたかった。彼は、会社の利益を、支出を増やすことなく5年間で2倍にするように指示するつもりだった。ボーストは、それを、オフサイトミーティングで、人々がよく知らない新しいイノベーションの手法を使って実行しようとしていた。

かつて、TFS の多くの優秀な人々が未来の焦点を導入しようとした。だが、大胆な革新を提案しようとすると、必ず旧来のツールや習慣に阻止されたのだった。その中の1人の言葉を借りると、「TFS には知識の呪い（自分が知っていることは当然人も知っているという思い込み）があって、計画の上に計画を重ね、スプレッドシートの上にスプレッドシートを、メトリクス（品質などで任務なものを測るための基準）の上に ≫

トヨタファイナンシャルサービスと**ビッグアイデア**

メトリクスを、スコアカード〔戦略を遂行するために具体的な目標や施策を設定する経営管理システム〕の上にスコアカードを重ねていた。あちこちに山ほどの事業計画があり、何でもかんでもトレンドレポートに基づいていなければならなかった」。執行チームは、伝統的なイノベーションの手法では、会社を未来のゴールに向けて動かせないと考えていた。新しいツールとテクニックを導入するために、TFS はオフサイトミーティングを企画したのだった。

変革の準備をする

オフサイドミーティングのオーガナイザーは、社員がどうやって次の5年間でビジネスを成長させようと思っているのか知りたいと考えた。彼らは、社内のポータルサイトを通じて、次の3項目に絞ってアイデアを提出するように依頼した。収益の増加、資源の最適化、コストの管理である。

60以上の新しいアイデアが提出された。ところが、オーガナイザーがアイデアをイノベーションマトリクスにマッピングすると、執行チームは2つのことに気づいた。

INSIGN コストカットの手段を見つけるのは簡単だが、**新しい価値創造のアイデアを考え出すのは難しい。**

第1に、どのアイデアもすべて、ビジネスモデルキャンバスの左側、つまり内部操作に分類された。だが、キャンバスの右側、すなわち、顧客と会社のために価値を創造する領域に焦点を当てているものは1つとしてなかった。

INSIGHT 適切なファイアースターターが、実際に、**私たちのプロセスを勢いよく始動させた。**

第2に執行チームが気づいたのは、出されたアイデアは漸進的な変化をもたらすものばかりで、抜本的な改革を起こすものがなかったことだ。だが、漸進的な変化で TFS の収益が5年で倍増すると確信している者はいなかった。

いざというときのファイアースターター

執行チームは、参加者に、もっと大局的に考え、当初のアイデアを拡大し、より価値創造に重点を置いてもらいたかった。執行チームは、外部からの支援を受けて、参加者を鼓舞するファイアースターターの役割を果たす4つの質問を用意した。目的は2つあった。1つは、シンプルでストレートな質問を中心にした課題の枠組みを作ること。もう1つは、全体の目標（利益を5年間で2倍にし、価値創造に焦点を当てる）を、参加者がアイデアを出す基礎になる、もっと扱いやすいパーツに分割することだった。

ファイアースターター を用意する

1 保険業務を見直す
損害保険業務を見直してはどうか？
ビジネスをまたゼロから始めたら
どうだろう？

2 運用コストを 50％削減する
どうすれば運用コストを 50％削減できるか？
私たちが締められる蛇口はどれか？

3 パートナーシップに揺さぶりをかける
どうすればパートナー、つまりディーラーに
衝撃を与えられるか？
改革にディーラーの協力は得られるか？

4 ブランド愛
どうすれば、顧客に愛される
金融ブランドになれるか？

彼らはファイアースターターを視覚化し、
アイディエーション中のチームのよりどこ
ろになるように、ワークショップをおこな
うスペースの壁に貼り付けた。

より良い未来をデザインするのが、
きみの本来の仕事だ!

——ジョージ・ボースト、TFS の元 CEO

ドライラン

いきなりアイディエーションを始めて、何が執行チームの役に立つ
かを検討する前に、オーガナイザーはプレワークショップ・セッシ
ョンをおこなった。いくつかの事業部の主要なリーダーで構成され
る委員会は、1日半を費やしてビジネスモデルキャンバスと価値提
案キャンバスを作成し、TFS と顧客の現状を描き出した。

プレワークショップで委員会が学んだのは、現在のビジネスモデル
に関する合意と理解が、会社の経営幹部にさえ欠けていることだっ
た。それが、執行チーム内での企業戦略に関する不一致を生んで
いた。委員会がもう1つ学んだのは、ツールを使って視覚的に作業
をすれば、大局的な議論が非常に容易に、実のある形でおこなえる
ことだった。

実際のオフサイトミーティング

リハーサルが終わると、トヨタファイナンシャルサービスの 55 人
の経営幹部は、カリフォルニアのサンタモニカに集結し、2日半の
戦略プランニングワークショップが開催された。念入りな準備を終
えたオーガナイザーは、参加者が、会社の輝かしい未来をデザイン
する方法について理解を深めて帰途につくという、大きな希望を抱
いていた。 ≫

トヨタファイナンシャルサービスと**ビッグアイデア**

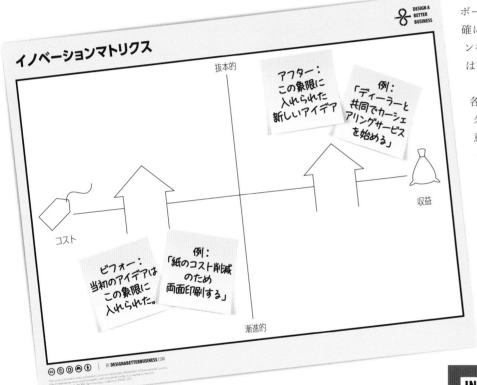

イノベーションマトリクス

DESIGN A
BETTER
BUSINESS

抜本的

アフター：
この象限に
入れられた
新しいアイデア

例：
「ディーラーと
共同でカーシェ
アリングサービス
を始める」

コスト　　　　　　　　　　　　　　　　　　　　　収益

ビフォー：
当初のアイデアは
この象限に
入れられた。

例：
「紙のコスト削減
のため
両面印刷する」

漸進的

BY DESIGNABETTERBUSINESS.COM

トヨタファイナンシャルサービスは、イノベーションマトリクスを
使って、それぞれのアイデアが基準に対してどういう位置づけにな
るかをプロットした。マトリクスは、真に有望なアイデアを選別す
るのに役立った。使い方は150ページを参照。

ボーストは、オフサイトミーティングの開会を告げ、目的を明確にするために、「5年後に利益を倍増する！」というスローガンを打ち出した。「なぜそれが可能なのかと言えば」とボーストは言った。「この第1日目で、みなさんの視点が変わるからだ」

各チームがビジネスモデルを作り始めると、予想外のブレークスルーが起きた。TFS の第1の顧客が誰なのかについて合意がないことに気づいたのだ。ディーラーか、エンドユーザーか、その両方なのか、見解はまちまちだった。いったい、ディーラーは顧客だろうか、それともエンドユーザーが顧客なのだろうか？　ボーストは言った。「私たちは意見を闘わせることができるし、意見が一致しないこともある。だが、結論を出し、実行しなければならない」。その結果、TFSがサービスを提供する主要な顧客は、ディーラーとエンドユーザーの両方であると、チームは決定した。

彼らは、現在のビジネスモデルについての合意を作って1日目を終えた。それまで明確にしてこなかったことが、できたのである。

INSIGHT 私たちは、**危機感を共有するために、**
スローガンから始めなければならなかった。

2日目
アイディエーション

> **INSIGHT** **アイディエーションのテクニックを使って**
> 既成の枠にとらわれない考え方をしてもらう。

翌日、参加者たちは、ファイアースターターを出発点にして、新しいビジネスモデルのアイディエーションを始めた。

彼らは、新しいビジネスモデルキャンバスの左側と右側は、価値を生み出し、価値を届け、価値を獲得する目的によって結ばれている必要があると何度も指示された。そして、それぞれのブロックが目的を支え、他のブロックと連結されていることを確認した。

最後には、それぞれのグループが、最も有望な新ビジネスモデルのアイデアを、デザイン基準と自分たちの思い入れによって選び、ステージ上でプレゼンした。聴衆は、あたかも CEO であるかのようにそれぞれのアイデアを評価し、収益を2倍にしそうなモデルだけに資金を分配した。

2日目が終わるまでに、グループは、会社を前進させる極めて具体的な4つのモデルを選んだ。

3日目
ダブルループ

オフサイトミーティングを終えるのは、始めるのと同じくらい重要であり、次のステップが待っていることをチームに確信させなければならない。

「今回は、閉会までにアイデアを具体化できたし、今後それをどのように進めればいいかもわかった。そして、たとえ無償でも何らかの形で作業に携わりたい人が大勢いた。私はこんなミーティングを見たことがない」と CFO のクリス・バリンジャーは言っている。

ボーストはオフサイトミーティングを終えるにあたって、新しいツールを心から支持し、オフサイトミーティングは絵に描いた餅ではないと語った。TFS が目指す場所にたどり着くためには、これを日常的に続ける必要があると彼は強調した。ボーストは、執行チームや管理職が、その週に始まった取り組みを継続できるようにすることが自分の仕事だと言っている。

> **INSIGHT** 私たちは意見を闘わせることができるし、
> 意見が一致しないこともある。
> だが、**結論を出し、実行しなければならない！**

より良い未来をデザインするのは片手間にやることではない。それはれっきとしたあなたの仕事だ。■

アイディエーションツール

誰もがシャワー中にひらめいたアイデアを会議室に持って来られるし、そうするべきだが、ちょうどいい規模のグループで適切なツールを使えば、アイデアの探求や拡張はずっと容易になる。ここでは、グループでアイディエーションをおこなう方法をいくつか紹介しよう。

アイディエーションを始める

アイディエーションのプロセスを始めるときは、あなたとチームのマインドセットを、評価から離れるようにシフトする必要がある。それは必ずしも簡単ではない。とくに、批判的思考や、多くの意思決定、他の人の仕事の評価などを含むジョブに従事しているときには難しい。だが、気にすることはない。アイデアを出すために作られたツールやテクニックを使う練習をちょっとすれば、すぐにアイディエーションモードに入っていける。

少し間を置く

あなたやチームがアイディエーションモードに切り替わるのには少し時間がかかる。おそらく15〜20分は必要だろう。ここでアイスブレーカーを入れると著しい効果がある。遊び心にあふれた、物事を楽しむマインドセットにシフトすると、実行モードからアイディエーションモードへの頭の切り替えが非常に楽になる。何事もそうだが、練習すればするほどうまくなるものだ。

1つ注意がある。1日中アイディエーションモードで過ごしてはいけない。非生産的なだけではなく、すぐにガス欠になり、ほとんどの場合、アイデアの拡張ではなくアイデアの是非についての議論になってしまう。

ブロックしない

創造力の流れを中断させる「ブロッキング」行為に気をつけよう。議論が熟さないうちにアイデアを評価したり可否を判断したりすると、クリエイティブな流れがせき止められる。これを避けるためには、「イエスバット」話法ではなく「イエスアンド」話法を試してみるのがいい。そして、チームには「黄色い帽子」〔エトワード・デ・ボーノの「6つの帽子思考法」で、肯定的で前向きな発言をする人がかぶる〕をかぶらせよう。「黒い帽子」〔同じく、批判的で、厳しい評価をする人がかぶる〕はあとからかぶればいい。

考えすぎに気をつける

アイデアを出すときには、目の前の付箋に書いたアイデアや言葉について長時間考えないことが重要である。脳を自由に発想できる状態にしておき、あなたは、思考の流れをコントロールするのではなく、記録する役割を担うのである。これもまた、練習次第でうまくなる。

キャンバスを使う

時には、創造力のエンジンをスタートさせるのが難しいこともある。確かに、シャワー中に思いついた「これは」というアイデアを持って職場に来ることはできる。だが、アイディエーションでは、みんなのシャワーアイデアを発展させ拡張しなければならない。多くの

場合、最善の方法はキャンバスを使うことだ。ビジネスモデルキャンバスや価値提案キャンバスを使えば、アイディエーション・セッションに枠組みを与え、拡張できる。ビジネスモデルキャンバスには、議論がもう少し掘り下げられるという付加価値もある。

宇宙に行く

あなたとチームを宇宙旅行に旅立たせることが必要な時もある。もし、ゼロからビジネスをやり直さなければならないとしたらどうだろうか？　もし、今日やっていることをやめたらどうなるだろうか？　こうした問いは、あなたのチームが、今の戦略とその限界を超えて発想を広げたいときに役立つ。しばらく現実を脇に置いて、他の人のアイデアを発展させ、ビッグアイデアをさらに大きくするのだ。地上に戻ってきたとき、きっと、自分たちは何か新しいことを学んだと気づくだろう。それによって今の戦略を拡大できるかもしれないし、まったく新しいアイデアがひらめくかもしれない。

ウォール・オブ・アイデア

ウォール・オブ・アイデアは、アイディエーション・セッションの結果を記録する優れた方法である。付箋を壁に貼り付けるときは、内向的な人から外向的な人まで、みんなが創造的に共同作業をおこない、達成感を味わう。新しいアイデアを思いついたり、奇抜なアイデアや魅力的なアイデアに気づいたりするのも、決まって、チームがアイデアを壁に付け加えていくときである。

地上に戻る

あなたがチームとアイディエーションを始めてしばらくたつと、ど

TIP! あなたたちの創造的セッションの成果にホコリを積もらせてはいけない！　すぐに結果を処理し、宝石が隠れていないか確かめよう。

こかの時点で自然と緊張が途切れる。誰もが、アイデアを出す速度が落ち、次のアイデアを思いつくのに苦労するようになる。これは集団のエネルギーが切れ始めたしるしなので、見逃さないようにしよう。ここが休憩を入れるベストなポイントだ。そして、休憩から戻ったらアイデアの評価を始めるといい。評価はエネルギーレベルをまた高めてくれる。

苦心の末に得られるもの

チームが山ほどの（本当に数百になるのだ）アイデアを考え出し、それをウォール・オブ・アイデアに貼ったら、次は整理を始めよう。これをつまらない作業だと考えてはいけない。アイデアの整理によって、実際には、アイデアの新たな組み合わせが生まれたり、アイデアがさらに増えたりする（踏み石の考え方を思い出してほしい）。最も良い整理の仕方の1つは、類似するアイデアをひとまとまりにし、大きなタイトルや見出しを付けることである。

納得いくまで分類ができたら、作業を進めるのに最も有望なものを選び出す。このプロセスで慎重になったり、悩んだりする必要はない。章の終わりで紹介する優秀なツールを使えば、迅速かつ構造化された方法で選別できる。だから、どのアイデアを紙に残すかについて長時間議論するのは単なる時間の無駄である。■

ツール：**クリエイティブマトリクス**

探求の結果、みんなのアイデアが同じエリアかその周辺に集まってしまうのがわかったら、
思考の限界を拡張するときだ。このときこそクリエイティブマトリクスの出番である。

発生させる
アイデアを生み出す

±15分
圧力鍋

3〜5
人／1グループあたり

クリエイティブマトリクス

アイディエーションの目的は、チーム全員の思考とアイデアを拡張し、部分を寄せ集めたよりも重要なものを生み出すことである。しかし、コンテクストと練習がなければ、ほとんどの人にとって既知のやり方（あるいはシャワー中のひらめき）を超える拡張は難しい。

クリエイティブマトリクスはこれを念頭に置いてデザインされた。基本的に、クリエイティブマトリクスは、異なるカテゴリーが交わる部分に新しいアイデアが生まれるのを支援するツールである。このツールは拡散的思考のためのものだ。特筆すべきは、自分のデザイン基準や、活動している市場、製品やサービスを提供する（提供したい）顧客などに基づいて、独自のクリエイティブマトリクスをデザインできるところである。

グリッド

自分自身のクリエイティブマトリクスをデザインするときは、まずホワイトボードかポスター用紙に5×5以下の格子を描く。それに、テーマまたは「どうすれば実現できるかを知りたいこと（How Might We）」を書き込む。

それぞれの列には（既存または新しい）顧客セグメントを指定する。行には、特定のテクノロジーや、使用可能なソリューション、価値提案などを指定する。最後の列や行、または両方をワイルドカードカテゴリーに指定して、自由なアイデアのために空けておくこともできる。

セルを埋める

マトリクスの準備が整ったら次はアイデアを出す番だ。一人ひとりに、無作為かつ迅速に、思いつく限りのアイデアを付箋に書いてもらい、マトリクスのセルに貼っていこう。言葉でもいいが、画像だったらもっといい。目標は、クリエイティブマトリクスのすべてのセルを少なくとも1つのアイデアで埋めることだ。

インセンティブを設定してもっと多くのアイデアを出してもらおうとするなら、付箋1枚に1ポイントを与えることにしよう。合計数が最も多かった人の勝ちになる。

すべてのセルが埋まり、制限時間がきたら、次はみんなのアイデアを批評する。絵画を鑑賞するように、出来上がったマトリクスを囲んでメンバーに集まってもらおう。全員がお互いのアイデアを見るのに十分な時間をとったら、一人ひとりに最も気に入った（あるいは1番と2番の）アイデアを挙げてもらう。その中から、先に進めるのに最も期待できるアイデアをチームとして選ぶのだ。■

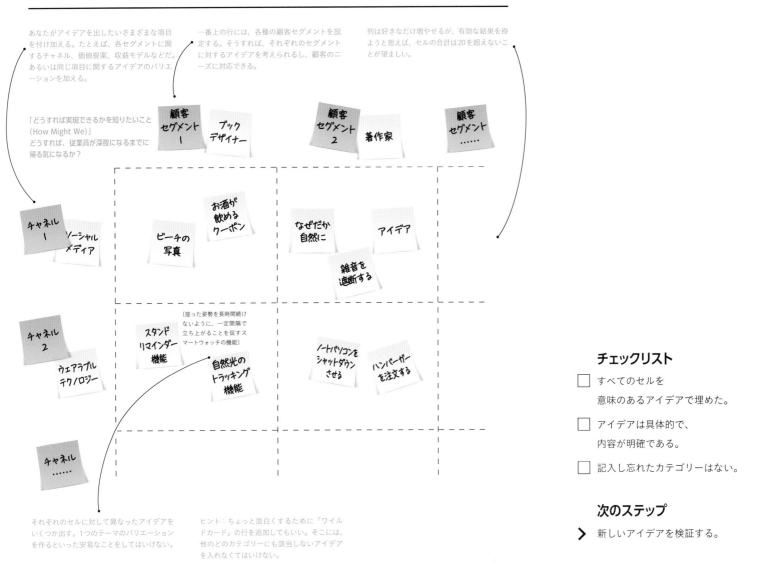

あなたがアイデアを出したいさまざまな項目を付け加える。たとえば、各セグメントに関するチャネル、価値提案、収益モデルなどだ。あるいは同じ項目に関するアイデアのバリエーションを加える。

「どうすれば実現できるかを知りたいこと（How Might We）」どうすれば、従業員が深夜になるまでに帰る気になるか？

一番上の行には、各種の顧客セグメントを設定する。そうすれば、それぞれのセグメントに対するアイデアを考えられるし、顧客のニーズに対応できる。

列は好きなだけ増やせるが、有効な結果を得ようと思えば、セルの合計は20を超えないことが望ましい。

顧客セグメント1　ブックデザイナー

顧客セグメント2　著作家

顧客セグメント……

チャネル1　ソーシャルメディア

お酒が飲めるクーポン

ビーチの写真

なぜだか自然に　アイデア

雑音を遮断する

チャネル2　ウェアラブルテクノロジー

スタンドリマインダー機能

〔座った姿勢を長時間続けないように、一定間隔で立ち上がることを促すスマートウォッチの機能〕

自然光のトラッキング機能

ノートパソコンをシャットダウンさせる　ハンバーガーを注文する

チャネル……

それぞれのセルに対して異なったアイデアをいくつか出す。1つのテーマのバリエーションを作るといった安易なことをしてはいけない。

ヒント：ちょっと面白くするために「ワイルドカード」の行を追加してもいい。そこには、他のどのカテゴリーにも該当しないアイデアを入れなくてはいけない。

チェックリスト

☐ すべてのセルを意味のあるアイデアで埋めた。

☐ アイデアは具体的で、内容が明確である。

☐ 記入し忘れたカテゴリーはない。

次のステップ

❯ 新しいアイデアを検証する。

ツール：**ビジネスモデルキャンバス**・アイディエーション

アイデアを出すための使い方を知っていれば、ビジネスモデルキャンバスは強力なアイディエーションツールになる。このページで紹介するツールは、さまざまな選択肢を生み出すのに役立つ。こうした選択肢は、さらに深く探求することもできるし、先々のために取っておいてもいい。

発生させる
アイデアを生み出す

±30分
圧力鍋

3〜5
人／1グループあたり

ビジネスモデルキャンバスについては120ページで解説している。

フレッシュウォッチング

あなたの会社は、今のビジネスモデルをベースにしたアイディエーションを見直す必要はないだろうか？ 他の企業のビジネスモデルを使って、創造力のエンジンをふかしてみてはどうだろう？ これが、フレッシュウォッチング・アイディエーション・テクニックの狙いである。

フレッシュウォッチングでは、他の企業（まったくの異業種であることが多い）のビジネスモデルを混合したり合体させたりして、そこから何が生まれるのかを見るのだ。たとえば、Amazon や Uber のビジネスモデルをあなたの会社に適用したらどうなるだろうか？ Netflix や Spotify のような経営をしたらどうだろう？ イージージェット〔イギリスの格安航空会社〕やアップルからノウハウを教わったら、あなたの価値提案はどう変わるだろうか？

その企業が、オンラインビジネスでも、オフラインの小売業でも、有名企業であっても関係ない。フレッシュウォッチングを使えば、自分の会社を他社のレンズを通して見られるのだ。

コア要素を取り除いてみる

ビジネスモデルを詳しく調べて、あなたの会社の「秘伝のタレ」を見つけよう。あなたの会社が、価値を生み出し、価値を届け、価値を獲得する方法を決定づけていると断言できるもののことだ。たとえば、ソフトウェアビジネスだったら、あなたが開発し、販売している、独占権を持つソフトウェアだろう。唯一無二のパートナーや、特別な顧客セグメントが該当する場合もある。

では、「秘伝のタレ」の付箋をはがそう。きっとあなたのビジネスモデルには大きな穴があくだろう。そこで、あなたに任務が与えられる——穴を修復せよ！ ズルをしてはいけない。はがした付箋をこっそりと元に戻すのはアウトだ。この制限によって、あなたは必ず新しいアイデアを考えつくはずだ。

震源地

ビジネスモデルキャンバスが表現するのは動きや変化のあるシステムである。すべてのブロックのあいだには相互作用、つまり因果関係がある。あるブロックの要素を替えれば他のブロックに影響が及ぶ。これには「震源地ベースのアイディエーション」がよく適応する。

震源地ベースのアイディエーションでは、9つの異なるボックス（震源地）を効果的に使って多くのアイデアを生み出す。この機能を生かす方法の1つは、8つのボックスのビジネスモデルを削除し、1つに焦点を絞ることである。もしビジネスモデルが1つしかなかったら、あなたは何を作るだろう？ たとえば、あなたの会社の資源を使って、まったく新しいビジネスモデルを作るとしたらどうだろうか？

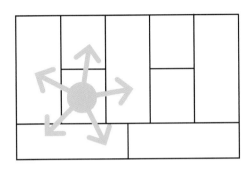

震源地：資源主導
あらゆるビジネスには鍵となる資源があって、ボンネットに隠れたエンジンの基本要素になっている。Amazon のケースでは IT インフラだった。もしあなたが鍵となる資源をそのまま使って一から出直すとしたら、今やっていること以外の何ができるだろうか？

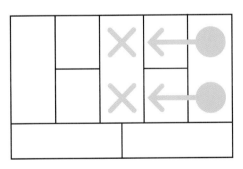

パターン：マルチサイドプラットフォーム
マルチサイドプラットフォームは、複数の顧客セグメントをターゲットにしたビジネスモデルである。そこでは、通常、1つの顧客セグメントがプラットフォームをチャネルに使って、他の顧客セグメントと価値を交換する。Google は、マルチサイドプラットフォームを使い、AdWords を通じて広告主から収入を得ている。

Amazon が、自社のクラウドインフラを使って収益を上げられると考えたときに使ったのが、まさにこの手法だった。

この手法を使って焦点を絞れる領域には、1）顧客セグメント（他に何を提供できるか？）、2）価値提案（他のどんな顧客セグメントにアプローチできるか？）、3）収入源（他のどんな方法で製品やサービスを、販売、リース、賃貸できるか？）、4）チャネル（他にどんなチャネルの利用方法があるか？）などがある。

パターンに従う

今あるビジネスモデルを詳しく調べると、多くのパターンがあることに気づくだろう。ビジネスモデルのパターンとは、ビジネスモデルに適用して、新しい顧客のニーズに応えたり、新しい収入の流れを作ったりする公式のようなものである。よく知られたビジネスモデルのパターンの中には、サブスクリプションを収入源にするものや、一部の製品が他の製品に依存して利益を出すプラットフォーム（カミソリの安いホルダーと高価な替え刃、安いプリンターと高価な専用インクを思い浮かべるといい）を持つものがある。■

ダウンロード
ビジネスモデルキャンバスは次の URL からダウンロードできる。
www.designabetterbusiness.com

チェックリスト

☐ 7つ以上の新しいビジネスモデルの選択肢を考え出した。

☐ 考えたビジネスモデルは、すべて大きく異なっている。

☐ 選択肢は具体的で、自分のビジネスに特有のものである。

次のステップ

▶ プレゼンをして、どのアイデアが他の人たちに訴えるかを見る。

▶ 価値提案キャンバスにしたいビジネスモデルを選ぶ。

▶ プロトタイプを作るビジネスモデルを選ぶ。

147

ツール：**ウォール・オブ・アイデア**

「もし〜したらどうなるか？」と問いかけるのは、素晴らしいアイデアで壁を埋めるための強力な方法である。下のトリガークエスチョンはどんどん使っていいし、自分で作ってもいい。チームに矢継ぎ早に問いを投げかけて、メンバーから多くのアイデアを引き出そう。

発生させる
アイデアを生み出す

±30分
圧力鍋

1人
だが、みんなで一緒に

もし〜したらどうなるか？

トリガークエスチョン
10〜15分間に20〜30問のトリガークエスチョンを発することを目指す。

一番売り上げの多い製品やサービスの販売を中止したらどうなるか？
それを無料で提供したらどうなるか？
製品をサービスに変えたらどうなるか？
それをオンラインだけで販売したらどうなるか？
オフラインだけならどうか？
サブスクリプションモデルを提供したらどうなるか？
替え刃モデル〔カミソリのホルダーを安く売り、高価な替え刃で利益を出す、といったようなビジネスモデル〕を使ったらどうなるか？
フリーミアムモデル〔一部のサービスを無料で提供し、それ以上のサービスに対して課金するビジネスモデル〕を提供したらどうなるか？
製品やサービスの提供がB2CまたはB2Eだけだったらどうなるか？
固定費を排除できればどうなるか？　その方法は？

→ **> 500のアイデア** →

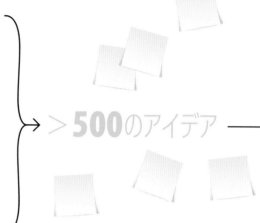

トリガークエスチョンをする

このツールの目的は、短時間に、チームが考え出したアイデアで壁をいっぱいにすることである。このテクニックでは、トリガークエスチョンを使って、新しいアイデアを泉のようにわき出させる。

ウォール・オブ・アイデアには準備が必要だ。まず、トリガークエスチョンのリストを作ろう。それを、チームに対して矢継ぎ早（30秒に1つぐらい）に放つのだ。はずみをつけるために上に挙げた質問を使おう。もちろん、自分のビジネスに合わないものは外せばいい。すで

にできているビジネスモデルキャンバスがあれば、それをネタに使って新しい問いが作れる。たとえば現在、小売店を通じて製品を販売しているのなら、オンラインチャネルを使って直接顧客に売ったら何が起こるだろうか？　どんな感じになるか想像してみよう。

トリガークエスチョンを受けたら、それぞれのメンバーは頭に浮かんだことをそのまま油性マーカーで付箋に書こう。この演習が終わるころには、少なくともそれぞれの参加者の目の前にある質問と同じくらいの数の付箋の山ができていなければならない。

〔すぐに検討する必要はないが、取り上げる可能性のある事項を保留しておくスペース〕

アイデアをクラスターに分ける
親和性マッピング（類似するものをまとめる）を使って、似たようなアイデアをグループ化する。

パーキングロット
たぶん、すぐに役に立たなかったり、関係がなかったりするアイデアもあるはずだ。パーキングロットを使えば、こうしたアイデアを先々のために取っておける。

常に見えるようにしておく
ウォール・オブ・アイデアを見えるように維持しておくと、人々が戻ってきてアイデアを確認できる。最後にもう一度チェックしておこう。何か見落としはないだろうか？

作業を記録する
写真を撮って、ビジュアルウォールを記録しておこう。

アイデアをクラスターに分ける

質問が尽きたら、全員に付箋を壁に貼ってもらう。これは、1つずつ大きな声で読み上げながらおこなおう。そうすれば、何が追加されたかが、みんなにわかる。最初は、付箋の構成などは考えなくてかまわない。

次に、出されたアイデアを最大で5つの高レベルクラスターに分ける。クラスターは事前に定義しておいてもいいし、親和性マッピングを使って浮かび上がらせることもできる。

クラスターを作り終えたら、結果を記録しよう。写真に撮れば簡単だ。写真はチーム全員に送ろう。その後の進捗状況を知らせるのを忘れないように！■

チェックリスト

☐ 500以上（または1人あたり約25）のアイデアを考え出した。

☐ それを、意味のあるテーマを持ったクラスターに分類した。

次のステップ

> 選択する。最も有望なアイデアを選んで作業を進める。

ツール：**イノベーションマトリクス**

ウォール・オブ・アイデアが数百のアイデアで埋めつくされたら、選択をする時だ。本当に有望なアイデアはどれだろうか？　イノベーションマトリクスと、このページで示すランキングシステムを使って、最も優れたアイデアを選び出そう。

フォーカスする
アイデアを選ぶ

±45分
セッション

3〜5
人／1グループあたり

アイデアをカテゴリーに分ける

私たち人間は、物事をカテゴリーに分けるのが得意だ。働く時間の多くを費やして、仕事を分類し、さらに細かく分類する。ウォール・オブ・アイデアを減らしていくときに、人間の生得的な分類能力を利用するなら、2×2のマトリクスが最強のツールである。

イノベーションマトリクスでは、行が漸進的変化や抜本的変化を表し、列がコストの削減や収益の増加を表す。もちろん、行や列に自分自身の判断基準を使ってもかまわない。ただし、どんな基準を選ぶにしても、アイデアの整理に役立ち、どのアイデアをプロトタイプの作成や検証に進めるかを決めるときに根拠となるような、明確な区別を持っていなければならない。

やるなら大胆に

このツールは、漸進的で実現しやすい変化に帰着するアイデアと、大胆な変化をもたらすアイデアとを分けるようにデザインされている。たとえば、両面印刷を全従業員の義務にすることでコストを削減しようというアイデアは、漸進的でケチくさい。確かに大企業では確実に運用コストを減らせる。だが、おそらくいつでも導入できるし、すぐにでも導入すべきことだ。一方で、大きな変化はさらに大きな転換につながる。そういう変化はマトリクスの上半分に現れる。

マトリクスの使い方

イノベーションマトリクスを使うときは、まずあなたのアイデアを壁やキャンバスから剥がし、それぞれのアイデアがマトリクスのどこに属するかをチームとして議論する。あなたが、独自の軸を使うようにキャンバスを修正していないかぎり、この時点でおこなう議論は実行できるかどうかや持続できるかどうかに関するものではない。変化が起きる可能性に関するものである。その変化は漸進的なもの、すなわち労力や資源をほとんどかけずに実行できる変化だろうか？　だとすれば、そのアイデアはマトリクスの下半分に置くべきだ。それはより多くの収益を生むアイデアだろうか？　ならば、マトリクスの右半分に置くのが適切だ。

もっと大局的に考える

トヨタファイナンシャルサービスの事例で書いたように、人々が、マトリクスの下半分に位置する、小さく、漸進的なアイデアに固執するようなら、対策を考える必要がある。たとえば、ファイアースターター・クエスチョンや「宇宙に行く」演習を使って限界を押し広げ、人々をもっと大局的に考えさせるようにしよう。

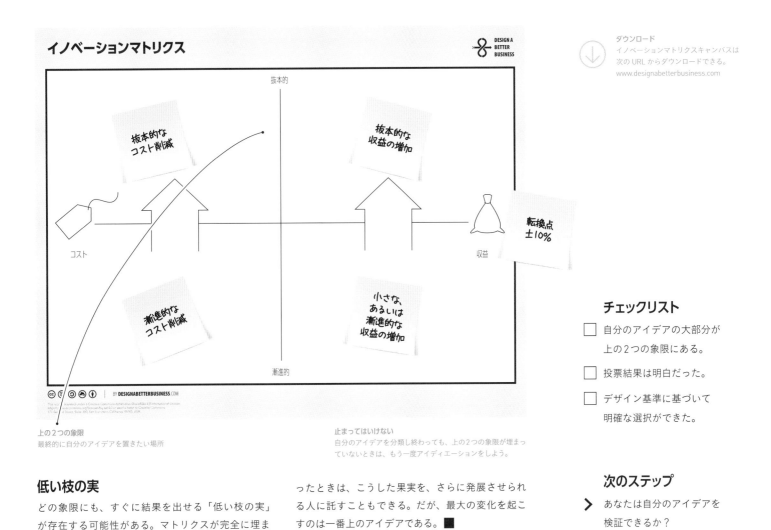

上の2つの象限
最終的に自分のアイデアを置きたい場所

止まってはいけない
自分のアイデアを分類し終わっても、上の2つの象限が埋まっ
ていないときは、もう一度アイディエーションをしよう。

チェックリスト

☐ 自分のアイデアの大部分が
上の2つの象限にある。

☐ 投票結果は明白だった。

☐ デザイン基準に基づいて
明確な選択ができた。

低い枝の実

どの象限にも、すぐに結果を出せる「低い枝の実」
が存在する可能性がある。マトリクスが完全に埋ま

ったときは、こうした果実を、さらに発展させられ
る人に託すこともできる。だが、最大の変化を起こ
すのは一番上のアイデアである。■

次のステップ

❯ あなたは自分のアイデアを
検証できるか?

151

ハック：**アイディエーション**

最悪の悪夢

ビジネスモデルキャンバスに基づいた最高のアイディエーションの演習は、あなたの会社の最悪の悪夢を想像することである。

足掛かりになる何の資産も残らず、ゼロからやり直さなければいけないとしたらどうだろうか？ビジネスの舞台からあなたの会社を引きずり下ろすのは、どのライバル企業だろうか？　これらはあなたの組織にとって最悪の悪夢だ。もしその問いを追求しないなら、きっと他の誰かが……

ゲーム化されたアイディエーション

参加者の注意の向きをアイデアの質から量へ変えてみよう。

つまり、一番多くのアイデアに貢献した人に賞を与えることにするのだ。

もちろん、大切なのは賞ではなく、人間が、ちょっとした健全な競争によって不安や恐れを克服できるという事実である。

スタートアップのように考える

あなたの会社が直面するチャンスと障害を、スタートアップの創業者の目を通して見たらどうだろう？　この手法を使って、新しく、まっさらなビジネスモデルキャンバスを手に出直し、会社をもう一度作り直そう。

あなたは、何かこれまでと違ったことができるだろうか？　顧客のニーズや欲求は何で、どうすれば、それに合うように価値提案を修正できるだろうか？

絵に描いてみる

チームのメンバーに、自分や他の人のアイデアを、文字で書き留めるのではなく絵に描くようにさせてみよう。絵を描くのは楽しいし、アイデアを、抽象的なものから具体的なものにする働きがある。

自分の絵のスキルを気にする人がいるなら、レゴ®シリアスプレイ®〔レゴブロックの製作と対話を通じて組織開発をおこなう研修メソッド〕を使えばいい。

屋外でのアイディエーション

チームと一緒にオフィスを出て、街の中の、慌ただしく、騒々しい地区に行こう。さまざまな刺激にあふれた場所で、アイディエーション・セッションをやるのだ。

インスピレーションの源として、周囲から来る無数の信号や情報に、参加者の注意を向けさせよう。ノイズに同調させれば、脳はもっと自由に活動し始める。

意外な側面を持つ人々

アイディエーションは、クリエーション部門や研究開発部門だけのものではない。意外な側面を持つ人々に参加してもらうと、きっと驚くような発見があるだろう。

見慣れた景色から思い切って離れてみよう。今の自分の視点だけでアイデアを出してはいけない。発想が、自分の見たことがあるものや、すでに知っていることにすぐ戻ってしまうならば、見たことがない場所からスタートしよう。

ここまでに
やり終えたことは……

> **4～6枚の新しいビジネスモデル** **キャンバス**を完成させた　　P.146

> ウォール・オブ・アイデアに **500以上のアイデア**を 貼り付けた　　P.148

> **4～6枚の新しい価値提案** **キャンバス**を完成させた　　P.110

次のステップ

> **アイデアにクラッシュテストを** **おこなう**　　P.160
> プロトタイプを使って

> **自分の視点を見直す**　　P.50
> 自分の視点を十分に疑ってみたか？
> 視点の再調整は必要ないか？

> **ビジネスモデルを選ぶ**　　P.72
> 自分のデザイン基準に基づいて

> **価値提案をデザインする**　　P.110
> 自分のビジネスモデルに基づいて

154

おさらい

唯一の正しいソリューション などはない。アイデアは踏み石 である。

楽しむことは最高の**アイディ エーションの霊薬**である。

アイデアは魔法の次元から来る ものではない。**創造力のエンジ ンをスタートさせよう。**

ツールを使って思考を拡張しよ う。もっと深く探って、より良 いアイデアを見つけよう。

先に進む前に**アイデアを選ぼう。** 一度に500のアイデアはテスト できない。

すべての枠を
取り払って
思考を深めよう。　≪

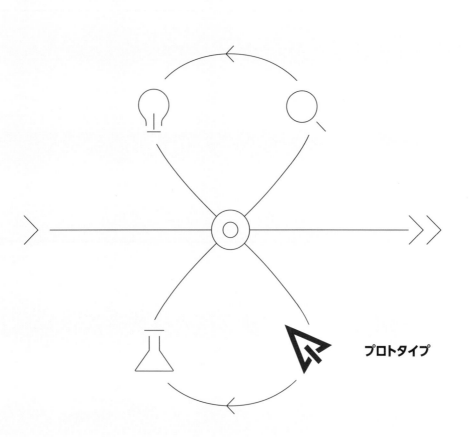

プロトタイプ

デザインジャーニー：**プロトタイプを作る**

アイデアを現実化する方法を学ぶ

プロトタイプを**スケッチする**

プロトタイプを**作る**

イントロ	**メイカーのマインドセット**	P.158
スキル	**プロトタイピングをマスターする**	P.162
ケース	**オートデスクは未来をプロトタイピングする**	P.168
ツール	**スケッチング**	P.176
ツール	**ペーパープロトタイピング**	P.178

メイカーのマインドセット

1つのアイデアの中でも、自分がよく理解している部分に多くの時間と労力を注ぐのは、たぶん安心感があるからだろう。技術的な問題は見ればわかることが多く、既知のものもたくさんある。だから、一足飛びに先へ進んで、最適なアルゴリズムを開発するといった「大きな問題を解決する」ことに時間を使いたいという誘惑に駆られる。だが、それでいいのだろうか？

「それを作れば、彼らはやって来る」という神話

〔映画『フィールド・オブ・ドリームス』で、トウモロコシ畑に野球場を作った主人公が聞いた啓示。一般化して「ビジネスを始めれば、客は自然とやってくる」という意味で使われる〕

1人でいるときやチームと一緒のときに、一日中、自分のアイデアについて思いを巡らせているとずっとワクワクしていられる（し、とても安心できる）。きっと誰もが、自分のアイデアの「最高にクール」な部分の詳細に、膨大な時間とエネルギーと知力をつぎ込んできたのだ。さらに、その人が技術者や技術チームの一員だったら、アイデアをテストする方法を探りもしないうちに、技術的な問題の解決にまっしぐらに突き進むかもしれない。

私たちがこうした行動をするのは、自分がよく知っていて、自分の世界から一歩も出ずに理解できる物事を心地よく感じるからである。そして、率直に言うと、しばしば個人的なパズルを解く喜びを与えてくれるからだ。だから私たちは、途中の過程を飛ばして、最適なアルゴリズムや、流通経路や、生産システムなどの「大きな問題を解決する」ことに時間を使いたいという誘惑に駆られるのである。

パズルを解くのは楽しいし、独特な気分の盛り上がりがあるが、顧客が直接触れる製品ではショートカットは許されない。最も難しい

問題、すなわち、このアイデアに顧客は共鳴してくれるだろうか、という問いに答える方法を考え出さなければならないのだ。まず今日の問題を解決しなければ、未来の問題を解決しても意味がない。始めから順を追って取り組もう。

小さく始める

エンジニアや設計技師のように考えよう。ライト兄弟が、人間が乗れる大きさの飛行機の製作に先立って凧を作ったように、設計者は必ず模型から始める。理由は簡単だ。ストーンヘンジを設計するときに、小縮尺の模型だったらテストの費用がはるかに安くて済む。何百人もの人を雇って60トンの巨石をあちこち動かす必要はない。

同じように、レオナルド・ダ・ヴィンチは、実物の機械の製作に必要な費用を払う前に、スケッチを何百枚も描き、工房に縮尺模型を作って問題点を洗い出した。スケッチは、ダ・ヴィンチが製作上の潜在的な問題を解決するのに役立っただけではない。彼が自分のアイデアをパトロンに説明して売り込むときにも大きな役割を果たした。

ライト兄弟やストーンヘンジの設計者やレオナルド・ダ・ヴィンチは、プロトタイプを作る達人だった。抽象的なアイデアが良くでき

ていれば最初の試みで完璧に成功すると考えるのがどれほど無謀かを、彼らは心の底から理解していた。さらに、こうしたものづくりの達人たちは、他の人々を乗り気にさせるためにはアイデアをしっかりと理解してもらうことが必須だと知っていた。だから、アイデアは何よりも明確でなければならないのだ。

アイデアは現実ではない

つまるところ、アイデアはただの考えにすぎない。紙の上では素晴らしいものに思えるかもしれないが、根拠は一連の想定でしかない。アイデアは抽象であり、アイデアそのものにはほとんど実体がない。もちろん、アイデアの中には本当に素晴らしいものがあるし、大きな変革をもたらす可能性を秘めているものもある。だが、可能性が解き放たれるのは、アイデアを現実に取り込んだときだ。だから、デザインジャーニーの初期の段階で簡単なプロトタイプを作れば、その可能性を見つけるのが容易になる。

プロトタイプは実体であり、成果物である

Dropbox の創業者たちが、顧客とともにアイデアのプロトタイプを作った話はよく知られている。アイデア自体は、今ではとてもシンプルに感じられる。つまり、人々がどこでもファイルを保存でき、どこからでもそのファイルに同期できるようにするというものだ。だが、Dropbox がスタートしたばかりのころは市場にそのような製品はなかった。技術的には実現可能だったが、CEO のドリュー・ヒューストンが本当に知りたかったのは、顧客がそういう製品を望んでいるかどうかだった。ドリューは、彼が追求していた体験とビ

プロトタイプは
アイデアに形と機能を与える。

ジョンを正当に評価できない社会に、時間とお金をかけてプログラムを送り出すのは得策ではないと考えた。その代わりに、彼は体験を描いた動画を制作した。それは、いわゆるセールスビデオではなく、体験のプロトタイプであり、時間さえあればできるものだった。はたして、ドリューとチームは、プロトタイプによって顧客に関する多くのことを学び、現在「Dropbox」と呼ばれている製品の発売にこぎつけた。

Dropbox の動画の話でわかるように、プロトタイプは本格的な製品を意図したものではない。プロトタイプは顧客にアイデアを体験してもらうために作られるもので、その真の価値は、顧客から得られる、最終的にアイデアの改善につながる情報にある。この意味で、プロトタイプはアイデアよりもはるかに内容があり、紙に書かれた説明よりもずっと情報量が多い。プロトタイプのおかげで、人はさまざまな角度からアイデアを追求できるのだ。

プロトタイプ、中でも視覚的なプロトタイプが最も効果がある理由は、科学が説明してくれる。人間は視覚と聴覚に大きく依存していて、経験を重視する。何かを見て、何かに触れ、手で動かし、重み

159

TIP! 手近にあるものを使って、アイデアを形にする練習をしよう。紙とペンでも、付箋でも、プレゼン用のソフトウェアでもいい。ときにはすごく単純なものが、極めて実用的なプロトタイプのツールになる。

を感じ、働きかけに対する反応を見ることによって、私たちは、文章で読むよりずっと深く、もっと直感的に対象を理解できるのだ。だからプロトタイプは、私たちにとって大きな意味を持つのである。

アイデアに衝突試験をおこなう

アイデアを現実化し、その過程で学習を加速させる。これがプロトタイプを作る目的である。プロトタイプを、制御された衝突試験だと考えよう。あなたが詳しく知りたいのはどういう点だろうか？　全体的な体験なのか、ダウンロード体験なのか、それとも街を走り回っているときのドライビング体験なのか？　アイデアがどんなものであっても、現実世界で試すのに役立つプロトタイプがある。さらに言えば、プロトタイプには2つの主な種類がある。何がうまくいき、何がうまくいかないかについて、理解を深めるためのプロトタイプと、顧客（やユーザー）に対して何かを試すためのプロトタイプである。

どちらの場合も、何をテストするのかを最初に確認しておく必要がある。自分が本当に知りたいことは何なのか？「検証する」の章では、アイデアを顧客と一緒にテストする場合のために、優れたプロトタイピングツールと糸口を山ほど用意している。しかし、組み合わせがうまくいくかどうかを確認するためにチームでクイックモックアップをしているときでも、アイデアのどの点をプロトタイプで検証したいのかを把握しておくことが肝心だ。

特定の側面をテストするためのプロトタイプをデザインする

自分が何を知りたいのか（つまり何の衝突試験をしたいのか）を確認したら、必要条件を満たす最小のプロトタイプをデザインする番だ。小さく始めて、どうしても必要になったときだけ複雑にしよう。もっとシンプルにできないか？と、常に自問しよう。除外できるものはないか？　これらの特性は本当に必要なのか？

プロトタイピングを始めるのに早すぎることはない。アイデアの1つの要素のプロトタイプを作るときも、全体のプロトタイプを作るときも、プロトタイピングの要領は同じだ。知りたいことを定義し、着手し、簡潔さを維持するだけだ。Dropboxのドリュー・ヒューストンは大切なことをうまく表現している。「商品にならないのはつらいが、学習しないのは致命的だ」

ポンコツでも走れば十分

とくに初期の段階では、プロトタイプがきれいに仕上がっている必要はまったくない。実際、醜いと言えるほど不格好かもしれない。しかし、顧客と一緒にテストをしたり、ただプロトタイプとして意味があるかどうかをチームで確かめたりするだけなら、目的は十分果たせる。

これは、ジョブのために適切なプロトタイプを作る時点から当てはまる。デザインジャーニーを始めたばかりのときは、資源を費やして、自分のデザインの高忠実度な側面をビルドしてテストする必要

はまったくない。それは、他で使えるはずの資源の浪費だ。プロトタイピングにおいては、基本的なこと、重要なことをテストすればいい。ごまかしても OK というより、むしろそれが期待されているのだ。プロトタイプは低忠実度を維持し、そこからできるだけ多くのことを学ぼう。ただし、素早く、繰り返しやらなければならない。

待つ必要はない

興味深いことに、ベテランのデザイナーの中にも、うっかりプロトタイプの見かけを良くしてしまわないように注意している人は多い。美しいプロトタイプは見る人の目を奪うので、アイデアに元々潜んでいる問題を見えなくさせる可能性がある。

そうなると人は、ルックアンドフィールだけに気を取られ、テストから本当に学びたいことを探り出すのが困難になる。結局、多くは完全に間違った方向に導かれてしまうのだ。プロトタイプをどこまで作り込むかは、デザインジャーニーの段階とリンクさせなければいけない。最初は低忠実度で、後から高忠実度に。これが原則だ。

この章の残りの部分では、あなたが自分のプロトタイプの製作を始めるのに役立つ、たくさんの事例やツールを紹介する。始めるのに遅すぎることはない！ 嘘じゃない。■

自分が**モルモット**になる

すべてを自分の頭の中で理解できると思ってはいけない。自分がデザインするもののプロトタイプを作るのは、顧客のためだけではなく、あなた自身のためでもあるのだ。

どんなデザインプロセスにおいても不可欠なのは、デザインチームが、できるだけ詳細にデザインを把握していることだ。自分たちは何を作り出そうとしているのか？ それはどんな働きをするのか？ 使い心地はどうか？ デジタルサービスならば、どうやって迅速にモックアップを作り、完成したときの様子をディスプレイ（あるいは紙の上）で示すのか？ たぶん PowerPoint や Keynote も使えるだろう。デザインしているのが物理的な製品ならば、改造することで似たような形や重さになるものはないだろうか？

デザインジャーニーの新しい段階に入るたびに、どんどんデザインに詳しくなろう。一番いい方法は自分で試してみることだ。デザイナーとして、自分が自分のモルモットになるのである。

プロトタイプで試行錯誤を重ねれば、どうやって問題を解決するか、顧客はどんな反応をするか、次の段階では何をすればいいかなどについて、多くのアイデアが得られるだろう。

デザインしているのが製品ならば、まず顧客と同じようにプロトタイプを使ってみるのが一番である。プロセスやサービスをデザインしているのなら、あなたが最初のユーザーになればいい。

スキル：**プロトタイピング**をマスターする

1 まずはスケッチ

スケッチは、手さぐりでプロトタイプを表現する優れた方法で、さまざまな角度から瞬時にプロトタイプにアプローチできる。スケッチなら、ナプキンの裏や、ボール紙、ソースコード、スプレッドシート、レゴブロック、溶接装置、ランチのテーブルに置かれた塩やコショウの容器など、何にでも描ける。

スケッチがスケッチである所以は、それが低忠実度であることだ。スケッチは大雑把で、細部にこだわらない。細かい部分はあとで取り組めばいい。

2 とにかくシンプルに

予算も時間もなかったらあなたはどうする？　たったの30分じゃ何もできないよ。冗談じゃない、制限が増えれば創造力が高まるだけだ。制限があると、完璧にやらなきゃいけないというプレッシャーから解放されるし、外注するとか、開発者を雇って最終製品を作るといった、無条件反射を避けられる。

デスクの引き出しにある物だけで、できるだけ見すぼらしいプロトタイプをマクガイバー〔アメリカのテレビドラマ『MACGYVER／マクガイバー』の主人公で、手近にある日用品を使って何でも解決する〕しよう。今や「マ

TIP! 次のことを自分に問いかけてみよう。本当にそれをビルドする必要があるのか？　必要なもの（の大部分）は、手近にある物を工夫して間に合わせられないのか？　既存の製品を組み合わせて作れないのか？

クガイバー」はオックスフォードの辞書にも動詞として載っている！　すぐにできるし、必ず何か新しい発見がある。

3 材料はその辺に転がっている

初期のプロトタイピングでは、何をテストしたいかがわかっているなら材料について考える必要はない。事務用品や、紙や、手近にあるあらゆるものを使えば、たいてい間に合うものだ。マグカップを顧客にし、電話を店長に見立てれば、店舗でのやり取りが表現できる。思考のワナに落ちて、テストするためには高価な部品や複雑なプロセスが必要だなどと考えないようにしよう。まず、どうすればごまかせるかを考えるのだ。

4 プロトタイプのプロトタイプを作る

多くのアイデアを生み出し、共有し、拡張することは重要だ。だが、そうしたアイデアのいくつかを深く追求することが必要な場合もある。とくに、プロトタイプを作って検証する少数のアイデアを選ぶときには、それが必要になる。中心的なアイデアはどういうものか？それはどんな問題を解決することを目的としていて、誰の役に立つのか？　顧客は何に対してお金を払うのか？　そもそも顧客はどうやってその製品を見つけるのか？

すべてのアイデアをこんなふうに深く追求することはできない。だが、目的が何で、考え出したときのあなた（やチーム）の想定がどういうものだったかを理解するために、より多くのコンテクストを必要とするアイデアもある。

5 プレゼンが肝心

プレゼンテーションはプロトタイプの一部である。たとえ走り書きのメモであっても、誰かにそれを額面どおりに受け取ってもらい、率直な意見を聞きたいと思うなら、あたかも現実のものであるかのようにプレゼンする必要がある。相手の期待はあなたの提示の仕方で決まるので、間違った期待を生んだら知りたいことが学べなくなってしまう。

6 時間厳守

厳しい時間制限があることを忘れないようにしよう。時間の枠があることで、あなたはより創造的になれるし、最も短時間で作れるプロトタイプを見つけようとする。そのおかげで、プロトタイプを製品にしてしまったり、不必要な機能を付け加えようとしたりするリスクを回避できる。■

カリフォルニア美術大学 DMBA（デザイン戦略経営大学院）で 2015 年に開講された「イノベーションスタジオ」において、Team MACCR（ライリー・モインズ、シンシア・ランドルフ、メーガン・ルース、アモディニ・チャープラ、チャンドリマ・デューリ）がおこなった選挙のプロトタイピング。

投票のプロトタイプを作る

有権者の政治参加といった、大きく、難しい問題を解決するアイデアのプロトタイプは、どんなふうに作ればいいだろうか？　まず、現状で何がペインなのかを探さなければいけない。

選挙に関するペインは有権者登録プロセスにあることがわかった。ある MBA の学生グループが、プロトタイピングの手法を使って自分たちのアイデアをテストしたのだ。

彼らは、新しい登録体験を考え、人々がプロトタイプを体験するのを記録した。すごく貴重な取り組みだ。

163

スキル：**作る前に**ごまかす

プロトタイプの製作に大金を費やす前に、多くの「ごまかす」手法を試そう。どの方法を選ぶべきかは、プロトタイプを作りたいアイデアによる。もう1つの決定要因は、どれだけの資源を使えるかである。簡素なプロトタイプが目的を果たすこともあるし、もっと手の込んだものが必要な場合もある。ここでは、手軽なテクニックから多くの資源が必要な方法まで、ざっと見ておこう。

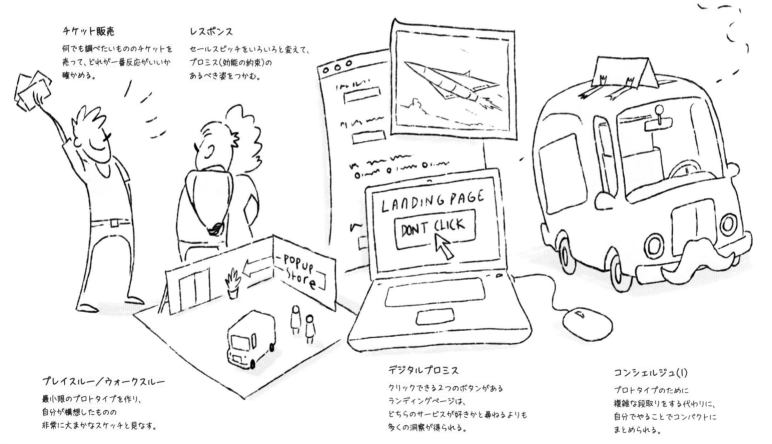

チケット販売
何でも調べたいもののチケットを売って、どれが一番反応がいいか確かめる。

レスポンス
セールスピッチをいろいろと変えて、プロミス（効能の約束）のあるべき姿をつかむ。

プレイスルー／ウォークスルー
最小限のプロトタイプを作り、自分が構想したものの非常に大まかなスケッチと見なす。

デジタルプロミス
クリックできる2つのボタンがあるランディングページは、どちらのサービスが好きかと尋ねるよりも多くの洞察が得られる。

コンシェルジュ(1)
プロトタイプのために複雑な段取りをする代わりに、自分でやることでコンパクトにまとめられる。

ポップアップストア

商品の販売を考えているとしよう。
ショップはオフラインと
オンラインの両方だ。
そういう場合は「ポップアップストア」
と呼ばれる仕掛けを使うといい。
顧客との各種のやり取りや、
商品の提示の仕方、
トーン＆マナーなどをテストできる。
さらに、自発的な性質があるので、
顧客にとって対話がしやすい。

オズの魔法使い

1つのイリュージョンで事足りるのなら、
なぜ世界全体を作る必要があるのか？
少なくとも魔術師にとっては、
それで成功と言えるのだ。
魔術師は巧妙なトリックで人々をあざむく。

オズの魔法使いという「ペテン」には
いくつかの形があるが、基本はこうである。
外から見ると一部しか見えない。
(サービスや、機械や、出来事の) 中で
動いている仕組みは、あなた、
あるいは誰か他の人が操作している。

コンシェルジュ (2)

自分でやる利点は他にもある。
相手の反応を観察できるので、
どこで失敗したのか、何がうまくいって、
何が足りなかったのかがわかる。

3D プリント

3D プリンタは、製造プロセス全体に
置き換えられる素晴らしい装置である。
もう1つの利点は、製品を
単純なものにする必要があることだ。
フィーチャークリープ (度重なる機能の追加などに
よって性能や操作性が落ちてしまうこと)
をチェックするまたとない機会になる。

プロトタイピングのストーリー

カードデッキ

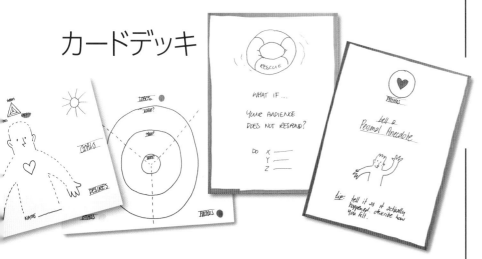

ストーリーテリングのフォーマットに取り組んだとき、私たちはこのプロトタイプから始めた。カードデッキを使えば、10のステップでストーリーを組み立てて共有できる。このプロトタイピングの最中、さらに手軽なやり方を発見した。

このストーリーテリングの手法については78ページを参照。

VIP専用窓口をプロトタイピングする

ある大手の送金銀行が、ロイヤルカスタマーが早くサービスを受けられるように、ロシアの支店にVIPサービスを導入することを思いついた。銀行は、まず市場調査のアンケートをおこなって、顧客の反応を調べようとした。私たちは担当者を説得し、1つの店舗で、彼ら自身がサービスを直接プロトタイピングするようにさせた。その結果、顧客からのフィードバックによってアイデアが妥当であることが確かめられ、より大きな改善につながる情報が得られた。

ビジネスジェット体験をプロトタイピングする

アムステルダム−パリ間にビジネスジェットを運行するという新しいアイデアに実現性があるかどうかを確かめるために、スタートアップの創業者たちはタリス〔フランス、ベルギー、オランダ、ドイツを結ぶ高速鉄道〕に乗り込んだ。彼らは数日かけてビジネスパーソンたちに会い、事業の説明をして、航空券を買いたいかどうか尋ねた。創業者たちは、テストすべき適切なシチュエーションを選んだだけでなく、質問した相手も適切だった。この、単純だが有効なプロトタイピングには、列車の運賃しかかからなかった。その見返りに彼らが得た情報の価値は計り知れない。

PLAYMOBIL® のウォークスルー

ヨーロッパの大手銀行で、幹部数百人が出席する大きな戦略イベントの準備をしていたときのことだ。銀行のCFOがイベント全体のリハーサルをPLAYMOBIL®のフィギュアを使ってプロトタイピングするというアイデアを思いついた。それは、すべての参加者が自分の役割と居るべき場所を理解するのに役立ち、実際にいくつかのボトルネックが解消された。紙の上での指示では不可能だったことだ。

バブルをはじけさせる

Impact Hub アムステルダムで、ソーシャルスタートアップがアイデアを実際のビジネスにするのを手伝ったことがある。メンバーの中で、シャンプーを忘れてジムに来た人のためのオーガニックなシャンプーディスペンサーというアイデアを持っていた1人が、アハ体験をした。彼の頭にあった事業化の第1歩は、地元のジムに置いてもらうために高価なディスペンサーを開発することだった。しかし私たちはもっと手軽なプロトタイプとして、ボトルに入った2、3本のシャンプーを「ご自由にお使いください」というメモとともに数軒先にあるジムのテーブルに置くよう説得した。彼は数百ユーロと多くの時間を使う代わりに、その日のうちに顧客からのフィードバックを受け取ることができた。

値札を
プロトタイピングする

あるスタートアップが、発売準備のできた製品の価格体験をプロトタイピングしようと考えた。

彼らは別々の店に別々の価格を付けたモックアップを置いて、何が起こるかを見た。製品に、どこでも同じ値札を付けなければならない理由はない。

プロトタイプにブランドをつける

ある大手消費財メーカーのイノベーションワークショップで、参加チームに、スタートアップのように考え、スタートアップのように仕事をするという課題が与えられた。それをもっと「リアル」に感じさせるために、ワークショップの設定全体が変えられ、各チームにはスタートアップとしてのブランドがプリントされたTシャツが支給された。これで各チームのマインドセットは、すっかりスタートアップのものになった。

未来を
プロトタイピング
しよう ≫

ケーススタディ：AUTODESK

未来をプロトタイピングする

AUTODESK.

フラッグシップのデザインソフトウェア AutoCAD で広く知られる大手ソフトウェア企業、オートデスクは、30 年以上にわたって設計関連のソフトウェアを開発、販売してきた。

コンピュータ援用設計を超えて

オートデスクの名前を知らない人も多いだろうが、同社のソフトウェアは、ほぼすべての人の生活と関わりを持っている。地球上で人類が作り出した（ここ30年間に設計し製造した）ものの大部分、少なくともその一部はオートデスクのソフトウェアで作られたと言っていい。それは、あなたが座っている椅子に始まり、椅子が置かれている建物、車、特殊効果を使った超大作映画にまで及ぶ。

オートデスクのソフトウェアは広く普及しているが、ここ10年間、経営陣は同社が次に取り組むべきことは何かを積極的に探求してきた。オートデスクは、レガシー製品を漸進的に改良するだけではな

く、将来顧客が直面する設計上の問題を解決するために新しいツールの開発を続けてきたのだ。

オートデスクの CEO、カール・バスは筋金入りの「メイカー」だが、関心を持っているのは、進出する潜在市場を見つけることだけではない。彼は、プロトタイピングをもっと早くから頻繁におこない、将来何が会社と顧客にとって問題になるかについて重要な洞察を得ることにも力を入れている。カールは高いレベルのリスク許容度を持ったイノベーターである。だからこそ、プロトタイピングや

サンフランシスコ・フェリービ
ルディングのイラスト
グラフィックノベル『Prelude to
Then（そのときへの前奏曲）』より

実験によって、何がうまくいき、何がうまくいかないかを理解したいと
思うのだ。この根本方針は今のオートデスクの文化に浸透している。

ここで、モーリス・コンティの登場だ。コンティは、オートデスク応
用研究所の所長であり、本社CTOオフィスで戦略的イノベーション
を担当する取締役を兼任している。

カール・バス：学習するためには、想定が正しいか間違っているかを迅速に証明しなければならない

課題

2010年のことだ。オートデスクのCTO、ジェフ・
コワルスキーは、コンティに「オートデスクの
盲点を探してこい」と命じた。もちろん、そ
の言葉どおりの指示ではないことはコンティ
にはわかっていた。彼がしなければな
らなかったのは、オートデスクが進出し
ていない分野に行き、焦点を当てるべ
き新しい機会を探し、まだ誰も深く
検討していない問題を調査するこ
とだった。こうしてコンティの探
索が始まった。≫

169

ケーススタディ AUTODESK: **未来をプロトタイピングする**

アハ体験

コンティは、水平線に目を凝らして盲点を探すうちに、オートデスクが伝統的に注力してきた分野に隣接するさまざまな領域に目をつけた。たとえば、オートデスクがターゲットにしていた最も重要な分野の1つ、製造業を詳しく調べる中で、先進的ロボット工学に可能性を見出した。「私たちは、その分野に進出する手段を何も持っていなかった」とコンティは言った。「戦略も、プロジェクトも、視点も、何にもだ。おそらく、未来にとって非常に重要なものを見落としているのだと、私は思った」

コンティにとってさらに興味深かったのは、ロボットを人間の能力を拡張するために使うという考え方だった。ロボットの利用が増大すれば、基本的に人間が必要なくなるのではないかという、現在盛んな論争とは違った視点をコンティは持っている。彼の考えは、人間とロボットのどちらか一方だけではできないジョブがたくさんある、というものだ。ある種の共生関係の中で一緒に働くことで、現在の働き方を根本から変え、さまざまなジョブを、もっと安全で、能率よく、効果的に実行できるようになると彼は考えた。

コンティと彼のチームは、チャンスの海に頭から飛び込んだ。多くの疑問を出した（つまり観察した）あとで、人間とロボットは（ロボットが人間を押しつぶすことなく）一緒に働ける、というシナリオをプロトタイピングすることに決めた。これをテストするために、コンティのチームの主任研究技師だったデビッド・トマソンは、小さくて費用がかからないデスクトップサイズのロボットを作り、人間を観察して学習するようにプログラミングした。「たとえば、木材を彫る職人を見つめるロボットがいた。ロボットは、職人の巧みな彫り方を学習し、職人の仲間に加わって、見たとおりのことを再現した。そして、職人と同じスタイルで、職人がすることのバリエーションまでできるようになった。だから、人間とロボットは1つのジョブを一緒にできるのだ」とトマソンは語った。

チームがこのアイデアのプロトタイピングを続けるうちに、新しい洞察とともに多くの疑問がわきあがった。どうすれば産業用ロボットのプログラミングを簡単なものにできるだろうか？　メーカーが作ったソフトウェアは、ロボットに同じ作業を際限なくさせることに焦点を絞っている。だが、一度に無数の異なる作業をさせたいときは、どうしたらいいだろう？　CAD や CAM を使わずに、リアルタイムでロボットと対話できるだろうか？　ジェスチャーや自然言語ではどうだろう？　あるいは、ディープラーニングシステムを使って自分自身で物事のやり方を学習するようにロボットに教えることは可能だろうか？　それができれば、人間は、何をすべきかを命令する必要がなくなり、どうしてほしいかを言うだけでよくなるのではないか？

こうした疑問を追求する最善の方法は、プロトタイピングを通じて答えを探すことだとコンティは確信している。≫

未来のキッチン
オートデスク応用研究所が制作
したグラフィックノベル
からの抜粋

あなたがイメージして
デザインしてくれたら、
私が作るよ。

SEER

デザイン
ジャーニー
オートデスク応用
研究所が制作したグ
ラフィックノベルか
らの抜粋

ストーリーから学べることは……

コンティのチームは R&D（Research and Development：研究開発）に対して独自の姿勢を持っていて、それを Risk and Determinism（リスクと決定論）と呼んでいる。オートデスクの製品開発チームは、極めて高品質なソフトウェアをスケジュールどおりに発売するという重い責任を負っている。彼らは大きなリスクを想定していないし、会社は決定論に依拠している。それに対してコンティのチームは、生産チームがリスクを考えなくて済むように多くのリスクを想定している。数人のデザイナーとエンジニアからなる彼の小さなチームは、新しいアイデアやコンセプトを、迅速に、何回もプロトタイピングする。彼らは多くの資源を投じることなく、中心的な課題と機会を短期間で理解するのだ。

コンティは、彼のグループが成功するための決定的な鍵を次のように考えている。すなわち、革新的なアイデアの開発には現実のリスクが伴うが、そのリスクを取るための上空援護が経営陣から直接与えられているのだ、と。また、経営陣とのつながりによってフィードバックループが非常に短くなり、研究所での発見が即座に会社の戦略に影響を与えることも挙げている。

プロトタイピングをおこなって価値を提示するタイムラインは、短く、攻撃的でなければならない。応用研究所が1つの案件に要する時間は平均すると約3カ月である。コンセプトの中には完全に開発するまでもっと長くかかるものもあるが、プロトタイピングは迅速に繰り返しておこなわれる。

さらに、アイデアやプロトタイプは、最終的に会社のビジョンや中核的戦略とリンクしなければならない。そのため、コンティのチームは、自分たちの仕事が会社に価値を還元しているかどうかを、常に強く意識している。

最後に、プロトタイピングは物理的なものである必要はないし、多くの費用をかける必要もない。実際、ストーリーテリングは、初期のアイデアをプロトタイピングする非常に有力な方法である。

こんなふうに、コンティと彼のチームは、遠い未来のコンセプトを効果的に探求する方法論を開発してきた。彼らはそれを「戦略的未来」と呼ぶが、テクニックは「SF 的未来」や、シナリオプランニング、ワールドビルディング、などと呼ばれることもある。

グラフィックノベルの形でストーリーテリングを使い、会社と関連する未来を探求することで、オートデスクは新しいビジネスモデルを検証し、実行できることを示した。時間とお金を浪費して、すべてのアイデアを現実化する必要はどこにもないのだ。■

遠い未来
オートデスク応用研究所

遠い未来をプロトタイピングするためには、多くの創造性と強固な視点が必要だ。

攻めの姿勢で行こう

[ニック・ウェスターガードの「Get Scrappy（攻めの姿勢で行こう）」から採られている]

オートデスク本社で進められていることの多くは、来たるべき未来、それも1年半以内の未来に関わることだ。だが、遠い未来をプロトタイピングするとなると応用研究所の出番になる。

遠い未来のデザインと言われると、ロボットや、映画『マイノリティ・リポート』に出てくるようなUIを思い浮かべるかもしれない。さらに先の未来を探ると、すべての学問分野が、一見別世界のように感じられるだろう。1つの例が、合成生物学である。今のこの瞬間も、オートデスクの研究者やエンジニアは、ナノレベルの生物学的構造をデザインするためのソフトウェアをプロトタイピングしている。たとえば、ガン治療薬の1個の分子を閉じ込めて血流で運び、ガン細胞に出会ったときだけ開く、生物学的ロックボックスがそうである。あるいは、オーダーメイドのゲノムを持った3Dプリンタ製の酵母細胞も考えられている。

遠い未来のための研究に資源を使う際の問題点は、その研究や結果としてのプロトタイプに大きな意味がある理由を説明するのが、だんだん難しくなっていくことである。ここにストーリーテリングが活躍する場所がある。

ストーリーテリング

昨年、オートデスク応用研究所の上級研究技師エヴァン・アザートンとインターンで作る小グループが、遠い未来についてのストーリーをプロトタイピングするためにグラフィックノベルを描いた。この意気盛んなチームが創り出したのは、ときには300年後にもなる遠い未来の生き生きとした環境であり、オートデスクが現在取り組んでいるいくつかの技術の可能性を表現するものである。これらはブランドを全面に打ち出したマーケティング用の資材ではない。この物語を公表した背後にある考えは、会社の内外の人をつないで、さまざまな疑問を出すためのプラットフォームを提供しようというものだ。その成果は自然と明らかになるだろうが、この試みにかかったコストはごくわずかである。■

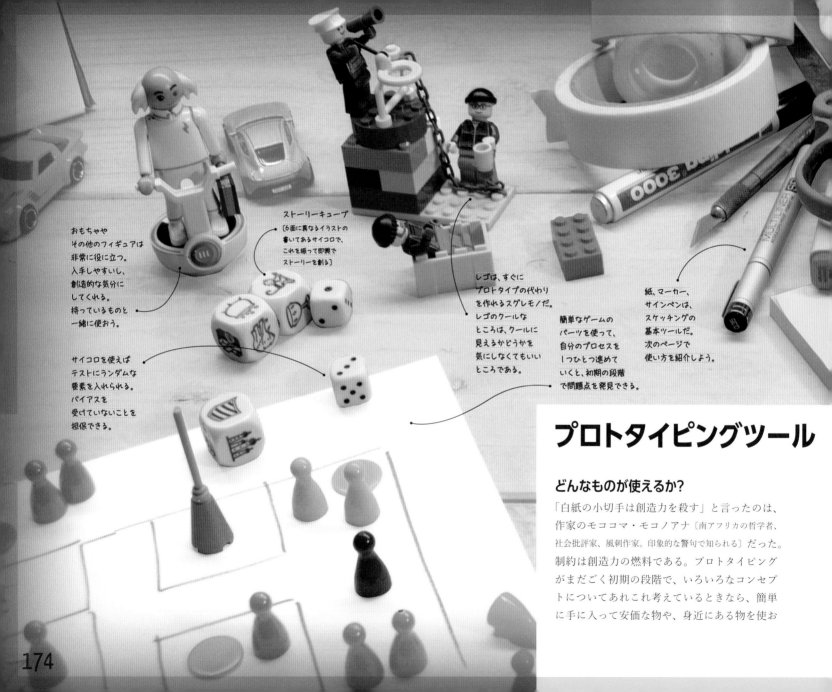

おもちゃや
その他のフィギュアは
非常に役に立つ。
入手しやすいし、
創造的な気分に
してくれる。
持っているものと
一緒に使おう。

サイコロを使えば
テストにランダムな
要素を入れられる。
バイアスを
受けていないことを
担保できる。

ストーリーキューブ
[6面に異なるイラストの
書いてあるサイコロで、
これを振って即興で
ストーリーを創る]

レゴは、すぐに
プロトタイプの代わり
を作れるスグレモノだ。
レゴのクールな
ところは、クールに
見えるかどうかを
気にしなくてもいい
ところである。

簡単なゲームの
パーツを使って、
自分のプロセスを
1つひとつ進めて
いくと、初期の段階
で問題点を発見できる。

紙、マーカー、
サインペンは、
スケッチングの
基本ツールだ。
次のページで
使い方を紹介しよう。

プロトタイピングツール

どんなものが使えるか?

「白紙の小切手は創造力を殺す」と言ったのは、
作家のモココマ・モコノアナ〔南アフリカの哲学者、
社会批評家、風刺作家。印象的な警句で知られる〕だった。
制約は創造力の燃料である。プロトタイピング
がまだごく初期の段階で、いろいろなコンセプ
トについてあれこれ考えているときなら、簡単
に手に入って安価な物や、身近にある物を使お

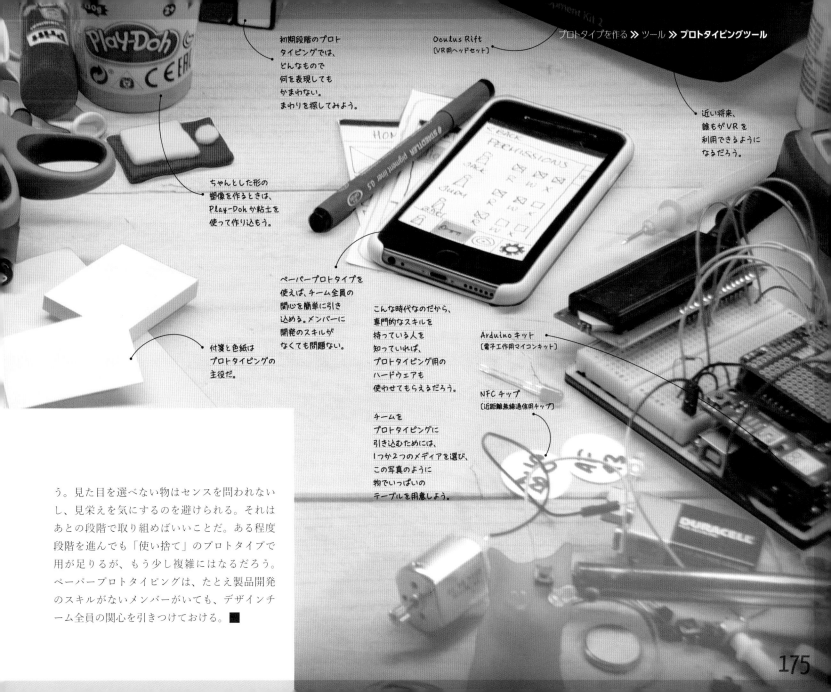

初期段階のプロトタイピングでは、どんなもので何を表現してもかまわない。まわりを探してみよう。

Oculus Rift
[VR用ヘッドセット]

近い将来、誰もがVRを利用できるようになるだろう。

ちゃんとした形の塑像を作るときは、Play-Doh か粘土を使って作り込もう。

ペーパープロトタイプを使えば、チーム全員の関心を簡単に引き込める。メンバーに開発のスキルがなくても問題ない。

こんな時代なのだから、専門的なスキルを持っている人を知っていれば、プロトタイピング用のハードウェアも使わせてもらえるだろう。

Arduino キット
[電子工作用マイコンキット]

付箋と色紙はプロトタイピングの主役だ。

NFC チップ
[近距離無線通信用チップ]

チームをプロトタイピングに引き込むためには、1つか2つのメディアを選び、この写真のように物でいっぱいのテーブルを用意しよう。

う。見た目を選べない物はセンスを問われないし、見栄えを気にするのを避けられる。それはあとの段階で取り組めばいいことだ。ある程度段階を進んでも「使い捨て」のプロトタイプで用が足りるが、もう少し複雑にはなるだろう。ペーパープロトタイピングは、たとえ製品開発のスキルがないメンバーがいても、デザインチーム全員の関心を引きつけておける。■

ツール：**スケッチング**

作る
プロトタイプを
スケッチする

±30分
セッション

1人／チーム
結果を共有する

問題を解決するのに必要なのは、
1本のマーカーと1枚の紙だけだ！

プロトタイプをスケッチする

チームと一緒にプロトタイプをスケッチする
ことから始めるのは、ものすごく効果的だ。

架空の例で、実際にこのツールを使ってみよ
う。ある企業が、健康に重点を置いた、自転
車ベースの新しい乗り物を開発したいと考え
ているとする。

② 一度に複数の問題に取り組まない。
最初に取り上げたい問題は何か？
自分自身と関係者のために
コンテクストを明確にする。
あなたが何のプロトタイプを
作ろうとしているのか、
全員が理解しているだろうか？

私たちの自転車の車輪は
何個にすればかっこいいだろうか？

① 解決したい問題は何か？
以前まとめたデザイン基準
（「視点」の章、アク2を参照）を使って、
視野を定めよう。

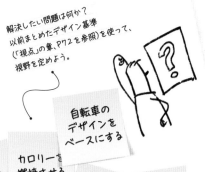

自転車の
デザインを
ベースにする

カロリーを
燃焼させる

健康的

取り扱いも
楽 かっこいい！

私たちは
みんな、
もっと運動が
必要

スケッチを描くことはプロトタイピングである

ビジュアル思考とスケッチングは、（眼と心の目の両方で）見るという人間本来の能力を利用するものだ。私たちは、この能力があるからこそ、他の手段では得られないアイデアを発見し、それを直感的に発展させ、「そうか」という一瞬の呼吸で人に伝えられるのだ。

ビジネスでデザインを見るまったく新しい方法にたどり着いたあなたを心から歓迎したい。あなたが、ホワイトボードに組織図を描いているにしても、テーブルについて、付箋に単純な（そしてたぶんおかしな）絵を描いているにしても、スケッチングは、自分の視点やアイデアを他の人に伝える、信じられないほど強力で、効果的な手段である。

長方形や、三角形、円、線といった単純な形が描けるのなら、あなたは自分のアイデアをスケッチで視覚化できる。

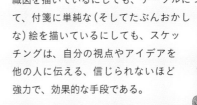

スケッチについて詳しく知りたい人は次の本を読もう。
ダン・ローム著『描いて売り込め！──超ビジュアルシンキング』（講談社、2009年）

必読！

③ スケッチ／プロトタイプで表現する必要があるディテールを決める。
ディテールが少ないほど、直面する問題にキチッと焦点が絞れる。
車輪の数が乗り物にどういう影響を与えるかが知りたいなら、自転車の色や、素材、ヘッドライトの位置などは重要ではない。

あらゆるスキルに言えることだが、スケッチだって練習すればするほどうまくなる。だが、これは覚えておいてほしい。要点を伝えるだけのためにレオナルド・ダ・ヴィンチになる必要はない！

④ あなたが取り上げようとする問題を、プロトタイプを使って他の人たちに「披露する」ときは、しっかりと準備をしておこう。
紙切れ1枚を渡すのではなく、人々の考えを一変させる可能性があるものをプレゼンするのだ。あなたは彼らを巻き込みたいのであって、絵のスキルを評価してもらいたいわけではない。彼らに理解してもらう必要があるのは、その問題が、あなたにとっても彼らにとっても、重要だということだ。

チェックリスト

☐ まったく異なるバリエーションを20以上描いた。

☐ スケッチをプレゼンできる。

次のステップ

▷ プロトタイプについてのフィードバックを他の人々から集める。

▷ プロトタイプを実験に使う。

ダウンロード
ビジュアル思考の例は次の URL からダウンロードできる。
www.designabetterbusiness.com

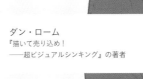

ダン・ローム
『描いて売り込め！──超ビジュアルシンキング』の著者

ツール：ペーパープロトタイピング

ペーパープロトタイピングで、
アイデアを現実化する4つの方法

作る

ペーパープロトタイプを
作る

±30分

セッション

最大5

人／1グループあたり

1 プロセスのプロトタイプを作る

ゲームボードを作る
プロセスをゲームボードの形でスケッチする。落とし穴や、行き止まり、エネルギー値を高めるもの、プロセスに必要な段階などを含めるのを忘れないように。

A部門

B部門

???

C部門

プロセスをプレーする
チェスのポーン（歩）を使って各部門を表す。日常のプロセスに基づいたさまざまなシナリオをプレーする。起こったことを記録する。

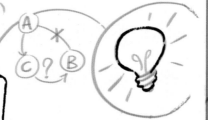

クライアントに
電話！
価値のある情報
1つについて
1ポイント

ミーティングの
時間！
ピッチをおこなう。

納品に
問題が発生！
どの部門が
対応するか？

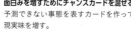

面白みを増すためにチャンスカードを混ぜる
予測できない事態を表すカードを作って、現実味を増す。

テープ

2 製品のプロトタイプを作る

競争相手をハックする
既存の製品、たとえばライバル企業の製品を使って、製品のプロトタイプを作る。

ブランドを偽造する
架空のブランドの外装を作ってプリントする。

それを貼り付ける
プリントしたものを既存の製品のケースにテープで貼り付ける。

いい感じにできているか？
出来上がったケースを手に取って、ルックアンドフィールを確かめ、他の人たちからフィードバックをもらう。

スーパーファン3000

ACME Co.

棚に載せる
実際の店舗にそれを置いて、客の反応や、他の製品のあいだに置いたときにどう見えるかを確認する。

③ アプリケーションやウェブサイトのプロトタイプを作る

ワイヤーフレームを作り始める前に
細部の検討に入る前に、そもそもワイヤーフレームが小さなディスプレイ上でうまく動作するかどうかを確認する。

すべてを見せてはいけない
今の段階、つまりプロトタイプを被験者に見せているときは、必ずしもテストに必要のない細部や内容は伏せておく。

入念に選ぶ
本当に検証したいものができるまで突き詰める。

繰り返す
適切な位置だと思えるまで作業を続ける。

貼り付ける
スマートフォンやタブレットに貼り付ける。

何か心に響くものがあるかどうか確かめる
実際に手に取って触れてみる。屋外に持ち出すか、アプリを使う環境に持っていく。

このプロトタイプは作りやすかった！

感触を確かめる
小さすぎることはないだろうか？　大きすぎることとは？　文字が読みにくくないか？　簡単にボタンに指が届くだろうか？

④ 対話可能なプロトタイプ

オンラインツールを使う
対話の性能を見るためのテストが必要な場合は、オンラインのモックアップツールを使って、スケッチを動かしてみればいい。

 優先順位を決める

 スケッチを描いて検討する

 ワイヤーフレームを作る

 論理的な順序に並べる

 10〜15人を対象にテストする

 フィードバックを検討する

 実物を作る

「オンラインプロトタイピングツール」を探す

チェックリスト

☐ 他の人とやり取りができて、見せられるものを作った。

☐ 人々がプロトタイプに反応し、新たな洞察を与えてくれた。

次のステップ

≫ 他の人々からプロトタイプについてのフィードバックを集める。

≫ プロトタイプを使って実験をやってみる。

ハック：**プロトタイピング**

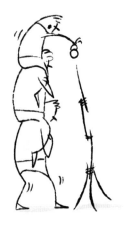

グループで作る

グループでプロトタイプを作ると、声を出してお こなうビジュアル思考のような効果が生まれる。 イテレーションが多くなるにつれて、メンバーの 関わり方が深まり、アイデアやプロトタイプのア ンバサダーが増えるのだ。

ただし、メンバー全員の協力が必須になるので、 注意しなければいけないことがある。グループの 規模を5人より大きくしてはいけない。それは、活 動のエネルギーを持続させ、全員を積極的にする ための（実証された）最大の人数である。

顧客と一緒に作る

もしあなたが安全な領域を出て思いがけないもの を探しに行きたいなら、解決したい問題を顧客に 取り組んでもらおう。

その場合は、必ずデザイン基準と視野についての 合意を形成すること。1つはっきりしているのは、 出された問題を、顧客は決してあなたの会社の視 点で見ないことである。アウトサイドインのアプ ローチは、あなたが自分たちの盲点を見つけるの にきっと役立つはずだ。

競争相手のハック

競合企業の製品（とパッケージ）を入手して、ブラ ンドや製品名などを、自分たちの会社のものと入 れ換えよう。

この方法を使うと、自分たちが開発している製品 をモックアップする時間が省ける。

プロトタイピングしたいのが、たとえばブランド のアピールの仕方や、色、サイズ、重量などで、 かつ既存の製品を人々がどう思っているかを知り たい場合、これはパーフェクトな方法だ。

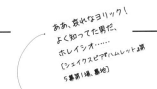

描くことにこだわる

メンバーには、文章ではなく絵でアイデアを描かせよう。自分自身のアイデアを描いてもらってもいいし、他の人のアイデアを絵にしてもらってもいい。それはそれで面白い。抽象的ではなく具体的な絵にするように指示しよう。

絵が苦手で尻込みするメンバーがいるときは、レゴ® シリアスプレイ® を使う手もある。

お気に入りのオフィスツールを使う

Google Ventures のジェイク・ナップ、ジョン・ゼラツキー、ブレイデン・コウィッツが書いた『SPRINT 最速仕事術——あらゆる仕事がうまくいく最も合理的な方法』(ダイヤモンド社、2017 年) には、手持ちの Keynote だけでロボットのインターフェイスのモックアップを作った話が出てくる。

そのプロトタイプは、顧客の反応を見るのに十分リアルだっただけではなく、作るのに 2、3 時間しかかからず、費用はゼロだった。

ビジュアルドリンキング

最も活発で自由なブレインストーミングができるのはどこだろうか？　カフェやバーである。人は仕事に関係のない場所だと、規則やアジェンダや後からの批判を気にしなくなる傾向がある。

だから、ビジュアルドリンキングを導入するのに理想的な場所は職場の外である。忘れずに、いつもマーカーを持ち歩こう。コースターやナプキン、テーブルの表面、メニューなどを使って、ブレインストーミングを目に見えるようにするのだ。次の最高のアイデアは、コースターの上で生まれるかもしれない！

181

ここまでに
やり終えたことは……

> **スケッチング**を通じて
> アイデアを現実化する
> 方法を学んだ　　　　　　　P.176

> **ペーパープロトタイプ**を
> 少なくとも１つ作った　　　 P.178

> 顧客からプロトタイプの
> **フィードバックをもらう**ことに
> どういう意味があるかを
> 体感した　　　　　　　　　P.180

次のステップ

> **プロトタイプを検証する**　P.206
> 実験を考案して実行する。

> **発見の過程をたどる**　　　P.210
> 時間の経過とともに、自分たちが
> どのように進歩してきたかを確かめる。

> **プロトタイピングを繰り返す**　P.178
> 発見したことに基づいて
> プロトタイプを再構築する。

おさらい

プロトタイプ≠ソリューション。
自分がモルモットになって
自分のアイデアを衝突試験にかける。

頭で考えられると思ってはいけない。
プロトタイピングは（未知の）
問題を解決することだ。

メイカーの
マインドセットを身につける。
ポンコツでも走れば十分。
とにかく、スタートしよう!

プロトタイプはシンプルに徹し、
足りないものはマクガイバーしよう。

未来は**ストーリーテリング**で
プロトタイピングできる。

注意!
接着剤を
嗅いではいけない。≪

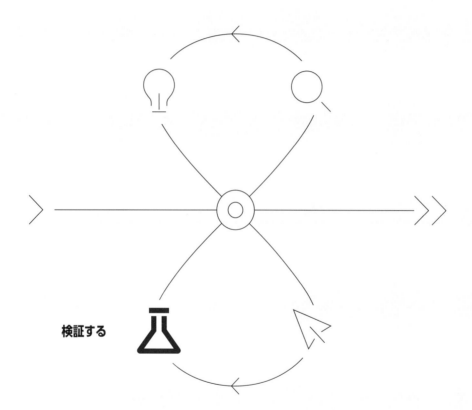

検証する

デザインジャーニー：検証する

最もリスクの高い想定を見つける

実験をおこなう

自分の**ピボット**を追跡する

イントロ	**キル・ユア・ダーリン**	P.186
スキル	**検証をマスターする**	P.188
ケース	**GoSparc、ピボットの達人**	P.192
ケース	**OneTab、成功へのピボット**	P.198
ツール	**「最もリスクの高い想定」キャンバス**	P.204
ツール	**実験キャンバス**	P.208
ツール	**検証キャンバス**	P.210

キル・ユア・ダーリン

〔「最愛の人を消せ」という、作家ウィリアム・フォークナーの言葉。
気に入った要素を大事にしすぎて全体の価値を台無しにするなという忠告〕

人は誰でもアイデアを思いつく。パッとひらめいたアイデアのせいで眠れない夜もある。最後まで追求しなければ気が済まなくなるのだ。実現させなくちゃ。これは間違いなく今までで最高のアイデアだ！　だが、実際は違う。そのアイデアがどれほど優れていても、ただの思いつきにすぎない。アイデアがインパクトを持つのは、それが何かに付け加わったり、何かを拡張したりしたときなのだ。増えるものが多ければ多いほどアイデアは発展する。

世界最高のアイデア

私たちは一人残らず、直面するビジネスの問題を解決する（あるいはビジネスチャンスをモノにする）答えを持っている。私たちは一日中、他の企業が画期的なアプリや製品やサービスをリリースし、会社というロケットを成層圏に打ち上げる戦略を遂行するのを見ている。

最高のアイデアも、テストするまでは価値がない。

あなたは思っているだろう。「本当に私たちのアイデアはすごいんだ。間違いない。会社と製品のことは誰よりもよく知っているんだから。そうだろ？」と。

だが、そうではない。現実世界でテストされなければ、アイデアは仮説に基づいた構想にすぎない。よく知られているブロック積みゲーム Jenga®（ジェンガ）のように、中心となる想定が、つまりタワーを支えているブロックが1つでも間違っていれば、アイデアというタワー全体が崩壊する。私たちがつい忘れてしまうのは、自分たちのアイデアが多くの可能性の1つだということだ。デザインジャーニーやイノベーションジャーニーでは、唯一の正しい答えは存在しない。多くの選択肢があるだけだ。検証によって最善の選択肢を見つけ、アイデアを実現可能なものに発展させるのは、あなたの仕事である。

DVD はお貸しできません

2011年、ストリーミング・エンターテインメントの巨人 Netflix は、ストリーミングと DVD を独立した2つのビジネスに分割し、別々の名称とウェブサイトを設けることにした。それが、ストリーミング配信サービスの Netflix と、郵送 DVD レンタルの Qwikster である。このアイデアは、理論上は素晴らしいものに思えたに違いない。ビジネスモデルを完全に分けることによって、会社は、それぞれに特化した経営戦略やマーケティング戦略の開発が可能になるからである。確かに理にかなっている。

ところが、顧客にとっては少しも合理的ではなかった。Netflix が提供する一連のサービスは、顧客を喜ばせるためのものである。Netflix を成功に導いた特長は、個々の顧客のエンターテインメントのニーズに連続的に応えられることだった。だが、会社とサービスを分割するというアイデアと最終判断が、Netflix の顧客によって検証されることはなかった。結局、分割からほどなく、Netflix の CEO リード・ヘイスティングスは次のような発表をおこなった。「ウェブサイトが2つになれば、多くの会員の皆さまにご不便をおかけするのは明らかだ。だから、われわれは Netflix だけを継続させ、

ストリーミングとDVDの両方のサービスを1カ所で提供すること
にする」

想定を検証せずに、会社を2つの独立したビジネスに分割したため
に、Netflixは結果的に多くの時間と資源を費やして顧客を遠ざけ
てしまった。そのあげくが、時を置かない決定の撤回である。

想定を検証する

想定の検証によって、私たちは日々新しいことを学ぶ。そして、ほ
ぼ毎日、自分たちの当初の想定が間違っていたとわかる。実験やテ
ストは失敗するだろう。でも、これは素晴らしいニュースだ。自分
のアイデアについて、早期にたくさんのことを学べるからである。
つまり、投資をおこない、大きなリスクを負う前に、どうすれば改
善できるかがわかるということだ。

非情になる

一方で、検証は、アイデアを進化させる必要性を明らかにする。最
初に思いついたアイデアでも、その中の最も大切な要素、
「最愛の人(ダーリン)」であっても、メスを入れる対象になるのだ。信じるだ
けでは十分ではない。肝心なのは証拠だ。証拠の追求においては、
科学者や探偵のように非情になり、何に行き着こうとも追跡を止め
てはならない。そして、「最愛の人を消す(キル・ユア・ダーリン)」ことを学ぶ必要がある。
これは、デザインやイノベーションに不可欠なことだ。

今度、画期的なアイデアを思いついたら、実行に移す前に検証する
ことを考えよう。時間と資源を節約できるだけでなく、さらに良い
アイデアと、それを裏づける証拠に出会えることを保証する。顧客
はあなたに心から感謝する。■

最初のアイデアは**クズ**だ

私たちが見てきた500を超えるスタートアップの中で、
最終的に、出発点だったアイデアをビルドした会社は1
つもない。成功したのは、ピボットしたアイデアである。

「ピボット」は、スタートアップの周辺で盛んに使われている業界用語
だ。エリック・リースが持ち込んだこの用語は、カスタマーインサイ
トや他のテクニックに基づいて、あるいはプロトタイピングや検証で
集めたコンテクスト上の発見に基づいて、スタートアップが短時間で
方向転換することを意味している。

新しい発見をしたとき、スタートアップチームは、それをバネにして
次の展開を決める。すでに作っていたものを新しい顧客セグメントで
テストしたり、同じ顧客セグメントでまったく違うものを試したり、
古いアイデアに戻ってそれをテストしたり、考えていたことを全部捨
てて始めからやり直したり、まったく違う方向に進む場合もある。

重要なのは、創業者たちは俊敏に行動するが、自分たちの視点や、蓄
積してきた情報をしっかり守っていることだ。彼らに必要なのは、ピ
ボットをおこなう柔軟性である。それは、1つのビジョンから別のビ
ジョンへと後先も考えず危険なジャンプをすることの対極にある。向
こう見ずな飛躍の先には、たいがい死のスパイラルが待っている。

自分たちのアイデアに恋々とし、進路を変えようとしないスタートア
ップが成功する確率は驚くほど低い。

詳しい背景が知りたい人は、次の本を読もう。
エリック・リース著、『リーン・スタートアップ——ムダのない
起業プロセスでイノベーションを生みだす』(日経BP社、2012年)

スキル：**検証**をマスターする

1 早く失敗しろ、たくさん失敗しろ
〔シリコンバレーで頻繁に使われる格言。各種のバリエーションがある〕

顧客によるテストを受けたとき、最初のアイデアがそのままパスする可能性は極めて低い。だから、速く学習し、速く改善する必要がある。方向転換にあまり大きなコストがかからない場合、どうすれば、顧客や、解決すべき問題や、初期の潜在的解決策について、できるだけ速く学習できるだろう？　これが「早く失敗する」の意味することだ。

ある意味で、こういう失敗は本当の失敗ではない。確かに、元のアイデアを諦めて、方向転換する必要はある。だが、それによって成功への道を1歩前に進めるのだ。

検証において、実験は、速く学習するためのツールである。実験だからこそ、管理されたかたちで「失敗」できる。

2 ピボット

実験によってアイデアの前提となる基本的想定に間違いがあるとわかったときは、方向転換、すなわちピボットが必要になる。

ピボットは、製品の価格の変更といった比較的単純なものの場合もあるが、もっと複雑なケースもある。たとえば、検証で得た発見によって、まったく異なる顧客セグメントにアプローチする必要や、顧客が抱える別の問題を解決する必要が明らかになったり、ターゲットにしている顧客にまったく違ったニーズがあることがわかった

4つの異なるピボット

顧客ニーズピボット
あなたが解決した問題は顧客にとって重要ではないと、フィードバックでわかった場合。顧客が困っていて、解決のためにお金を支払う意志がある問題を見つけよう。

顧客セグメントピボット
今の顧客はあなたの製品に関心がないが、別の顧客セグメントの反応がいいことがフィードバックでわかった場合。顧客セグメントを変えよう。

収益モデルピボット
課金方法が適切でないように思える場合。もっとうまくいく収益モデルがあるかもしれない。「無料」モデルは収益を生まない。誰かにお金を払ってもらう必要がある。

コンテクストピボット
市場があなたの価値提案を受け入れる状況にない場合。あなたが参入する前から激しい競争があったのかもしれないし、規則や規制があなたの参入の妨げになっているのかもしれない。別の市場を探そう。

りする。

❸ やり抜く

反対に、実験によって想定が正しかったことが判明する場合もある。この場合は、先へ進んで次の想定に取り組むべきだ。粘り強く前進を続けなければならない。

どちらの結果にしても、注意すべきことがある。実験が間違っていた可能性があることだ。被験者が不適切だったかもしれないし、テストのやり方が間違っていたかもしれない。ピボットするかそのまま前進するかの大きな判断をする前には、まずこうした間違いを排除するようにしよう。

❹ もう一度やる

では、アイデアの検証はいつまで続ければいいのだろうか？ 率直に言うと、デザイナーとしてはやめるべきではないと思う。顧客について新しいことを学び続ければ、顧客へのもっといいアプローチの仕方がわかるだろう。

そして、間違いが判明する想像をし続けよう。ありがたいことに、失敗したすべての実験が、私たちをより良い成果に一歩ずつ近づけてくれるのだ。■

検証に関する教訓

マルクはいくつかの会社を立ち上げ、売却したり整理したりした。彼は人生で22回もコンサルタントのアドバイスを受け、5回以上、一からやり直すことを余儀なくされた。そんな、筋金入りのスタートアップであるマルクは、検証に関して次のような教訓を語ってくれた。

「スタートアップの中には、ビジネスを始めるときにロールスロイスを作ろうとする人がいるが、私はそんなことは気にしない。A地点からB地点に移動できればいいんだ。スタートアップは、そこを理解しなきゃいけない。わからないヤツは、アイデアに恋をしているだけだ」

「製品に恋をしているチームは、自分たちが検証したいものしか検証しない。彼らは念入りな手順を踏んでアイデアを絶対的なものにする。だが、本当に必要なのは、起業家の目で製品を見て、もっと大きな視野で製品を捉えることだ」

「私たちは検証を通じて学習する。ビジネスモデルをピボットするチームは、最も成功する可能性が高い」

マルク・ウェッセリンク
Startupbootcampの受講生募集および修了生担当者

開発は粘り弱く

私たちが3Mのポスト・イットを大好きなのは、くっつき具合が最高だからである。あとでわかったのだが、今ではポスト・イットが看板になった3Mがそのアイデアに出会ったのは、実は偶然だった。1968年、3Mのある研究者が新しい超強力接着剤を作ろうとしていると、たまたま「低粘着性」の再利用できる接着剤ができてしまったのだ。

5年後、職場の同僚が、しおり代わりの黄色い紙切れを固定するのにその接着剤を使い始めた。このアイデアは3M社内で評判になり、まったく新しい製品ラインと顧客セグメントを開拓した。

アイデアをかみしめる

その有名なアメリカのガムメーカーの出発点は、実はガムの販売とはまったく関係がなかった。最初、ウィリアム・リグレー・ジュニアは、自分が販売する石けんのインセンティブとしてガムを配っていた。やがて彼は、実際は石けんよりもガムの方が人気が高いことに気づいた。リグレーはすぐにビジネスを変え、自分自身でガムを生産し始めた。

とらわれの聴衆 〔自分の意志に関わりなく何かを見聞きさせられる人々を「とらわれの聴衆（captive audience）」と言う〕

今、Twitch.tvは、eスポーツのファンが、お気に入りのスターゲーマーのライブストリーミングを観る場所になっている。もちろん、自分がビデオゲームをプレイしたり、トーナメントに出場したりもできる。eスポーツのファンは非常に忠実な視聴者で、年間数百万時間のライブストリーミングを観ている。Twitch.tvは、前身の、もっと幅広い視聴者を対象にしていたJustin.tvから派生したものだ。

ピボット。
昔は「ヘマをした」と
言われたものだ。

——マーク・アンドリーセン、投資家、起業家、エンジニア

PayPal

PayPal は、常に支払いに焦点を置きながらも多くの変化を経験してきた。1999年に、コンフィニティという企業によって開発された PayPal は、人々が PDA（Palm Pilot など、スマートフォンの原型となったハンドヘルドコンピュータのこと）から支払いを「ビームする」（PayPal が即時送金をアピールするために使っていた表現）ことを可能にした。

その後、PayPal は、X.com というファイナンシャルサービス企業と合併すると、eBay の出品者に最も好まれるオンライン決済システムになった。これを推進力にして、PayPal は決済処理システムの代名詞になっていく。

ゲームに集中する

人気のあるビジネス向けのチャットアプリで時価総額が20億ドルに上る Slack の出発点は、まったく別の分野だった。Glitch という名前のソーシャルビデオゲームである。Glitch にビジネスとしての成長の可能性がないことがわかると、会社は新しい名前の新しい製品にピボットした。

面白いことに、Slack の創業者スチュワート・バターフィールドは以前にも同じようなピボットをおこなっていた。2004年に彼が始めた Game Neverending〔大規模多人数参加型オンラインゲーム〕は、次々にピボットを続け、やがて大人気となる写真共有サイト Flickr につながったのだ。

ピボットの達人の
ストーリーを聴く

GoSparc
ピボット

ピボットには
さまざまな顔がある

——エマヌエーレ・フランチョーニ、
GoSparc の共同創業者

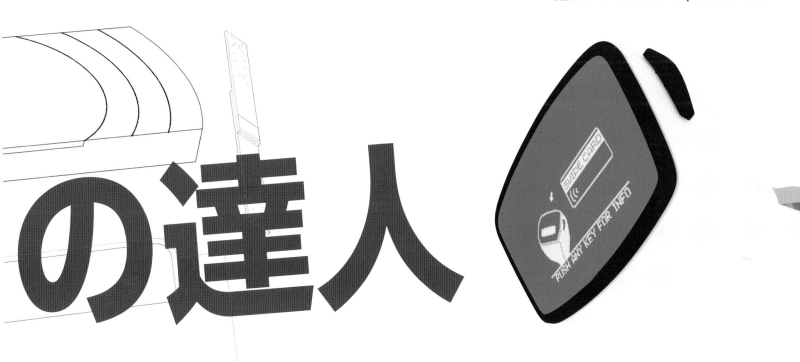

の達人

あらゆるビジネスは進化し、企業は変化を求められる。できなければ絶滅するしかない。これが世界中の顧客から強い支持と注目を集めた偉大なテクノロジー製品、コモドール〔1980年代にIBM PCやMacintoshよりも販売台数が多かったパソコンだったが、メーカーは1994年に倒産〕に起きたことだった。彼らは次の変化を考えるのを忘れていたのだ。

私が、何をどんなふうにピボットしたのかと尋ねられたら、あなたはどういう意味で「ピボット」という言葉を使っているのかと問い返すだろう。私には、ピボットはスタートアップの世界の専門用語で、意味は使う人によって異なるとしか言えない。私は、企業の生き残りの鍵はビジネスを変容させることだと確信している。そのためには、満たされないままになっている顧客のニーズに、常にアンテナを張っていなければならない。

私たちのチームはカーナビメーカーのTom Tomから生まれ、地球測位システムに情熱を注いでいた。最初に考えたのは、最高の地球測位システムを開発することだった。私たちはほぼ1年半、研究に没頭し、世界最高の屋外用地球測位技術と言えるものを開発した。あとは、適切な顧客とビジネスモデルを見つけるだけだった。

≫

193

ケーススタディ：**GoSparc、ピボットの達人**

1回目のピボット＝官僚主義

私たちは、まずイギリスの教育分野にソフトウェアの需要を見出した。イギリスの学生ビザを取得した学生は必ずしも授業に出るとはかぎらない。この問題に対処するために大学は高価なインフラを導入していた。だが、私たちの製品はそれよりも安価で、しかも技術的に優れていた。私たちは顧客のニーズを見つけたし、ソリューションを持っていて、その製品を買いたいという多くの顧客を特定していた。にもかかわらず、私たちはピボットせざるを得なかった。その技術を販売するためには、大学ごとに申請書を提出する必要があり、手続きには3年かかるというのだ。私たちは（即座に）方向転換を決めた。

2回目のピボット＝データに興味がない

私たちは他の市場を探し始めた。スポーツ分野に脈がありそうだった。アスリートに測位データを提供すれば、アスリートが洞察を得たり、能力を高めたりするのに使えるのではないかと考えたのだ〔現在、サッカーやラグビーではGPSを利用した機器を選手に装着し、走行距離や、スピード、加減速などを把握するシステムが使われている〕。これは、まさに私たちが探していた顧客ニーズだった。だが、私たちはまだ顧客ベースを十分に開発できていなかった。1つの案件に取り組んでみたものの、ソリューションをどう適用すればいいのかわからなかった。顧客がフィードバックするデータを活用するためには多くのコンテンツ（データ）が必要だった。はっきり言うと、それほど大きな関心のない市場で、たいへんな努力をしなければならなかった

のだ。あなたが何かの専門家でないかぎり、こうしたアプローチはやめておくべきだ。その分野を知り尽くしている必要がある。私たちはまたピボットした。正確には途中までピボットしたと言ったほうがいいだろう。ソリューションをカナダのパートナーに売却してしまったからだ。

3回目のピボット＝優先順位が変わった

何回かのピボットを通じて、私たちは、関心を持った企業に（知的財産権の）ライセンスを供与する立場にたどり着いた。パートナー企業とは共同で製品を開発することができた。このプランを利用して、私たちはレベニューシェア型〔相互の協力で生み出した利益を一定の配分率で分け合う提携方式〕のビジネスモデルを導入した。このモデルでは、私たちがソリューションの開発を続けてさまざまな製品を作り出し、パートナーがそれを商業化するという役割

アハ体験が起きても、

顧客を知らなければ何も生まれない。

ニーズを探求しない者の目には、

決してニーズは見えない。

分担ができた。市場調査などの労力が減り、パートナーが利益を出せば私たちの利益にもなった。

何より良かったのは、このアイデアがそもそも同じパートナーから提案されたことだった。あらゆる点がチェックされているように感じた。そこには成長が見込めたし、私たちに代わって販売を担ってくれるパートナーがいた。私たちはパートナーが販売の対象にする顧客ベースを持っていた。大量の商品を売るつもりだった。私たちはこのビジネスモデルを4つのパートナーシップに取り入れた。ところが、このモデルにも1つ問題があった。私たちが販売や戦略にまったく関与できないことである。パートナーが新たなプランを作ったとき、そのプランに私たちを入れる理由がほとんどないのだ。テクノロジーの準備はできたが、パートナーの優先順位が突然変わった。膨大な顧客ベースがあった。預金もたくさんあった。プロダクトマーケットフィットも満たしていた。そのうえ、パートナーはすべてそれぞれの市場のトップクラスだった。なのに、私たちはまたピボットせざるを得なかった。まったく支配力がない私たちにはピボットする以外に道がなかったのだ。

4回目のピボット＝小さなピボットの集合

現在、私たちがいる段階は小さなピボットの集合である。さまざまなことを少しずつ変えていくのだ。私たちは、独自のテクノロジーを開発し、自分たちで販売することに決めた。製品第1号は駐車場用のツールである。誰もが面倒に思っている問題を解決するものだ。私たちは、1つのアイデアを元に、車のソケットに差し込めば駐車料金を支払える駐車料金チャージャーを開発した。そして、新たな問題にぶつかった。これは消費者向けの製品になるのか、それともビジネス向けの製品になるのか？

消費者

商品は、妥当な価格が付けられ、消費者に喜ばれる必要がある。消費者のニーズはビジネスのニーズとは違う。消費者に特徴的なニーズの1つが「かっこよさ」である。私たちのソリューションはかっこよくなければいけないのだ。また、検証によって、消費者には他に2つのニーズがあるとわかった。1）超過料金を取られないように駐車場をチェックアウトすることと、2）コインを使わずに駐車料金が払えること、である。現在の私たちの価値提案は次のようなものだ。第1に、お金が節約できる。これは消費者が実際に求めているものではないし、かっこ

ケーススタディ：**GoSparc、ピボットの達人**

よくもない。だが、大きな影響を持っている。また、ごく初期のアーリーアダプターにはテクノロジー好きな人がいることもわかった。他の用途に応用できるものを求めている人々である。このリードを追うのも1つの選択肢だが、そういう人々のコミュニティは、まったく新しい方法でサポートしなければならない。今の段階で販売を拡大するためには他の顧客を見つける必要がある。

ビジネス

企業は一般消費者ほどお金の節約を気にかけない。むしろ、従業員の駐車料金を経費で落とそうとするし、自社の車両を管理したいと考えている。私たちは、ソリューションをビジネスでテストするために、リアルタイムの車両追跡機能を追加した。駐車料金チャージャーは、たちまち業務管理のための製品に変わった。製品の成否を測るために、有償のパイロットテストを実施する約束を10以上の交通機関から取り付けた。はたして、契約に成功した組織の数は失敗した組織の数を上回った。税務当局ですらこの製品を欲しがった。ところが、またしてもそれで終わりにはならなかった。実績を手にして私たちは勇躍、次のパイロットテストに臨むつもりだった。だが、例によって、事態は思いがけない展開を見せた……。

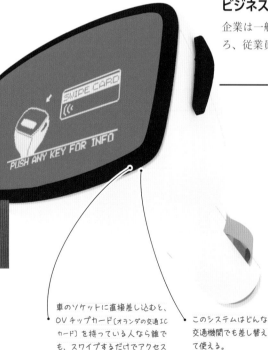

車のソケットに直接差し込むと、OVチップカード（オランダの交通ICカード）を持っている人なら誰でも、スワイプするだけでアクセスできる。

このシステムはどんな交通機関でも差し替えて使える。

現在：**ついにキラーアプリを手に入れた！**

私たちがキラーアプリを手に入れたのは偶然だった。パイロットテストのあいだに大勢の公共交通機関の人たちと話をしていて、何度となく同じ問いに出会った。乗客の乗り降りはどうすればチェックできるだろう？　バスに乗るときに乗客にタグを付けられるのか？　オランダのOVチップシステムより拡張性があるか？　OVチップシステムは、インストールするときに8000ユーロ、維持するのに車1台あたり月1万5000ユーロかかるが、このシステムはどのくらいの費用がかかるのか？　そうした質問を受けながら、私たちのソリューションは顧客のニーズを十分に満たせるぞ、と感じた。

これからスゴいことになる！
……と、私たちは思っている。

おい! ペットが逃げたぞ!

ペットや子どもの行き先を追跡するのはどうだろう?

これは調査したことがある。犬の飼い主や親は、最初は興味を持ってくれるが、結局あまり関心がなくなるし、そういう装置を買うほどの強いニーズはない。私たちはその方向に進むほどおめでたくはない。

ハードピボットとソフトピボット

ピボットには2種類あると考えている。ハードなものとソフトなものだ。ハードピボットは、作るものを、テクノロジーから製品にいたるまで徹底的に変える。ソフトピボットは、顧客セグメントが変わる程度だ。

スモールピボットやソフトピボットは、実際のところ、いつピボットしたのかよくわからない。気がつけば・違う立場にいるといったようなものだ。どうしてそこに来たのかわからないが、ビジネスをちょっとずつ調整していたら結果的にそこに来てしまったという感じである。

ロックスターになろう

ビジネスモデルキャンバスやリーン思考は、ギターを弾くのによく似ている。コードを見ながら何度も弾いているうちに、曲が自分のものになる。

そして、また最初から弾き始める。やがて、ギターを弾きながら歌うようになる。それに気づくころには、グループ全員が一緒に歌い始めている!

どうやってあなたの進路を成功へとピボットするか

ケーススタディ OneTab：**ピボットを通じてビジネスモデルを熟成させる**

オーストラリアでは（他の多くの国と同じように）、パブで勘定をカードでツケにしたいときは、クレジットカードを渡さなければならない。これがちょっとわずらわしい。スコットとポールは、（オーストラリアの）行きつけのバー「Cha Cha Char」で突然ひらめいた。すべてを解決するアプリを作ろう！

ワインを3本飲み終わったとき、私たちは「ビジネスを立ち上げる準備ができていた」

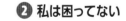

❶ 机上の空論

スコット・クロスとポール・ワイアットは、アプリを使えば勘定がもっと簡単になると確信していた。アプリがあれば、待たなくて済むし、カードを失くすこともないし、サインを忘れたり、カードを受け取るのを忘れたりすることもない。

❷ 私は困ってない

彼らがアプリを作らせたのは、客は、自分たちの問題が解決するのだからアプリにお金を払うだろうという想定に基づいていた。だが、スコットとポールは間違っていたことがわかった。肝心なのは、アプリで客の問題を解決することではなかったのだ。

❸ バーが抱える問題

本当に困っていたのはバー側だった。バーは、クレジットカードの不正使用、管理の手間、紛失や置き忘れ、代金の未払いなどに手を焼いていた。バーのマスターたちは、こうしたペインを取り除いてくれる便利なソリューションに喜んでお金を払った。

❹ 最高の組み合わせ

OneTab で、もっと便利にしてほしいという客の要望と、管理のわずらわしさを減らしたいというバー側の要望が、1つの（マルチサイド）プラットフォームでかなえられた。バー側はアプリの使用料を支払い、客はオーダーを増やした！

❺ 情報へのアクセス

パブは、POS プロバイダ〔POS システムのためのネットワークを提供する事業者〕をチャネルに使うことで情報にアクセスしやすくなった。特別なインセンティブは、OneTab が記録する行動やユーザーの豊富なデータだった。「アプリ」からマルチサイドプラットフォームへの進化は、4回のピボットがもたらした成功だった。■

実験をする

プロトタイピングが、アイデアを、見たり、触ったりできるように現実化し、自分の想定を迅速に発見するためにあるなら、検証の目的はデザインプロセスに厳密さを加えることである。検証には、想定をテストし、その結果を測定するための実験が必要だ。

あなたが本当に知っていることは何か？

自分のアイデアを信じる気持ちが大きくなりすぎると、顧客がそれを喜ばない証拠や、さらには、まったく関心がないことを示す証拠があっても、無視するようになる。そこまできたら、失敗した多くのスタートアップがたどったのと同じ、危険な道を進み始めている。前に書いたように、アイデアは検証されていない想定の積み重ねでしかない。現実において正しいかどうかを確かめるためには、バラバラにして検証する必要がある。それが、真実と真実でないものを見分ける唯一の方法だ。

どんな内容であっても、大きな判断（や投資）をする前には、感情とは反対の理性的な側面を使って、何が起こっているのかについて可能なかぎり知ることが重要である。

実験

必要なのは学習だが、特に迅速な学習が求められる。小さい子どもが何度も転びながら歩き方を学ぶように、真実を見つけたければ多くの実験をしなければならない。そして、想定を検証するためには、実験を考案し、実行し、分析する必要がある。その結果から、想定を肯定したり否定したりする証拠になるデータが得られる。事実と、証拠と、データを使うことで、合理的思考が問題処理のプロセスに持ち込まれ、自分自身とチームに、自分たちが正しい（あるいは間違った）方向に向かっていることを容易に証明できるようになる。

「最もリスクの高い想定」ゲーム

では、検証と実験を始めよう。でも、何のテストから始めるべきなのだろうか？　前にも使ったジェンガのメタファーで説明しよう。アイデアがタワーで、個々のブロックが想定だと考えてほしい。積み重ねの一番下にある想定の1つが誤りだとわかり、そのブロックが抜かれると、タワー全体が崩壊するだろう。一番上にあるブロックを取った場合は、たいしたことは起きない。この本には、あなたのチームの最もリスクの高い想定が簡単に発見できるビジュアルテンプレートが収録されている。

実験はどうやって設定すればいいか？

最もリスクの高い想定を発見したら、実験を始める時間だ。ここから数ページにわたって、実験のやり方を順を追って説明する。実験キャンバスを使えば、次の実験をすぐに構築し、実施できる。

誤りの証明 vs 正しさの証明

実験の目的は、仮説の正しさを証明することではなく、仮説の誤りを証明しようとすることである。十分な努力ののち、仮説が誤りだ

と証明する実験が考えられなくなったときに、初めてその仮説を受け入れるのだ。

だが、その時点でも証明の義務から完全に開放されるわけではない。実際、違う結果が出る可能性がある新たな実験を思いついたら、その実験を実行すべきだ。新しい結果を積極的に追求しよう。どのみちデータを取るのにたいしたコストはかからない。それに比して、最終的に節約できるコストは極めて大きい。

ピボットするかやり抜くか
実験が終わったら、何らかの結論を導き出す時である。基本的に、実験の結論になり得るのは次の3つだ。実験結果が予測していた結果と一致するか、予測に反するか、よくわからないかである。

実験結果が予測と一致し、誤りを証明するために努力を尽くした場合は、想定は「検証済み」と見なされる。そのときは「やり抜く」ことができるので、次の最もリスクの高い想定に進めばいい。結果がよくわからない場合は、実験の設定をチェックすべきだ。質問は適切だっただろうか？　適切な被験者に話を聞いただろうか？　そして最後に、実験結果が予測していた結果に反する場合は、十中八九、方向を変える必要がある。ピボットを実行しよう。

次の実験
1つ注意がある。数多くの実験をおこない、いくつものピボットを経験しなければ、ゴールにはたどり着けない。過去を振り返って発見を追跡するときに容易にパターンを見つけられるように、この本はリーンスタートアップ運動で使われる「検証キャンバス」を収録している。■

詳しい背景が知りたい人は、次の本を読もう。アッシュ・マウリャ著、『Running Lean ——実践リーンスタートアップ』（オライリー・ジャパン、2012年）

リーンな実験をする

2010年に私は、スタートアップの飛躍的成長を支援する「リーンキャンバス」と呼ばれるアプローチを開発した。それは検証をベースにした手法で、想定を実験によってテストするものである。以降、リーンキャンバスは世界的なムーブメントになり、リーンアプローチをさらに発展させた。

実験は、推測や想定をテストするうえで非常に有効だが、ただ実験をおこなうだけでは十分ではない。出力としての実験結果は、入力としての推測と同じ程度の品質にとどまる。

ますます重要になってきているのは、テストすべき最もリスクの高い想定を発見し、必要なデータを収集するために適切な実験を企画することである。

そのために、私は、この本でも取り上げられている「実験キャンバス」を作り出したのだ。

アッシュ・マウリャ
リーンスタートアップ運動の創始者、
『Running Lean ——実践リーンスタートアップ』の著者

最もリスクの高い想定

誰もが通る道だ。あなたも、アイデアがものすごく画期的なものに思えて、できるだけ早く（今日にでも）実現したいという気持ちではち切れそうになった経験があるだろう。私たちの仲間には、この高揚感が欲しくて生きている人が多い。だが、自分がそのアイデアで正しい賭けをしていると、どうしてわかるのだろうか？　どういう賭けがあなたのアイデアを成功へ導くのだろう？　それは、あなたにとって最もリスクの高い想定だ。だからテストが必要なのである。

あなたが本当に知っていることは何か？

オランダ人のチーズ愛は、オランダのどこのチーズショップにも長い列ができている現実が証明している。特にアムステルダムの都心の店では著しい。アムステルダムに本拠を置く、あるクールで新しいスタートアップがこの「問題」をモバイルアプリで解決しようと乗り出した。アプリを使えばサンドイッチを事前に注文できるので、列に並んで待つ必要がなくなる。それはとてもシンプルなアイデアに思えた。チームはカスタマージャーニーをマッピングすると、最もリスクの高い想定をおこなった。顧客は長い列に並ぶのを嫌がっていると考えたのだ。

スタートアップチームはこの想定を念頭において街へ出かけ、検証をおこなった。50人以上の顧客から話を聞いて、顧客は列に並ぶことをまったく問題とは思っていないという事実を発見した。顧客は、カウンターの後ろでハンサムな人々が調理する、作りたてのサンドイッチを手に入れるために喜んで待っていたのだ。

顧客が唯一残念がったのが、1回しかない昼休みに仲間と話をしながら過ごす時間だったので、チームは、自分たちの最もリスクの高い想定が間違っていたことを悟った。あなたが働いているのが小さなスタートアップでも既存の大企業であっても、自分たちの最もリスクの高い想定を、できるだけ早く、できるだけ費用をかけずに検証しよう。そうすれば、うまくいかないアイデアのために苦労し、貴重な時間と資源をムダに費やさなくて済む。とはいっても、これは思ったより難しい場合が多い。

最もリスクの高い想定は必ずしも見つけやすいとはかぎらない

あなたが、繁華街の表通りにテーラーメードのデニムジーンズショップを開くというアイデアを持ったとしよう。確かに人々はジーンズが好きだし、おしゃれで、ピッタリのサイズに仕立てられたものには喜んでお金を出すだろう。では、顧客はテーラーメードのジーンズに高いお金を払うというのは最もリスクの高い想定だろうか？

顧客の「片づけるべきジョブ」や、ペインとゲイン、そしてカスタマージャーニーについてじっくり考えたら、問うべきことがもっとたくさん見つかるだろう。そもそも顧客は喜んでお金を使うのか？テーラーメードのジーンズができるまで待つ時間があるのか？　2、3週間後にジーンズを取りにくるのは面倒ではないのだろうか？

TIP! 自分の想定を検証するときは、適切な質問をするのを忘れないようにしよう。93ページの『The Mom Test』を参照。

自分のビジネスモデルキャンバスやコンテクストキャンバスを批判的な目で見直せば、疑うべき想定や疑問がもっとたくさん見つかるだろう。人々が買いたいと思うものを作ろうとするとき、鍵となる資源は何だろうか？　主要な取引先は、予定通りに、適正な価格で、材料を納品してくれるだろうか？　利益を出すためには、ジーンズをいくらで売る必要があるのか？

最もリスクの高い想定をリストアップするときに肝心なことは、チームを集めてアイデアを説明し、ブレインストーミングすることである。ビジネスモデルやコンテクストを説明するのに十分な経験を持った人がいない場合は、自分の人脈からその分野の専門家を何人か呼んでこよう。

想定を特定する

デザイナーとしてあなたが真っ先に焦点を合わせるべきは顧客である。だから、最初に特定する想定が、あなたが見つけた顧客の問題に関連するのは理にかなっている。だが、想定はこれだけではないし、必ずしも顧客に関する想定が最もリスクの高いものだとはかぎらない。もっと多くの想定を見つけるためには、120ページの「ビジネスモデルキャンバス」が利用できる。ビジネスモデルキャンバスに、顧客セグメントと、価値提案と想定されるものをプロットすれば、それらを、いくつかの収入源やチャネルとリンクさせる必要

> ### 起業家が製品と恋に落ちると、自分が検証したいものを検証することになる。ビジネスにとっては良くない状況だ。
> ——マルク・ウェッセリンク、Startupbootcamp

が生じる。キャンバスの4つのボックスであなたが見つけられる想定には、1) 購買意欲のある顧客が存在し、2) あなたの製品を、3) いくらかの価格で、4) 特定のチャネルを通じて、買いたいと思っている、などの要素が含まれる。マッピングされるのはすべてビジネスモデルキャンバスの右側だ。これらの想定は、何らかの価値を届けられることを、検証によって証明する必要がある。

キャンバスの左側では、経営上の想定がすべて見つかる。何らかの価値を生み出すのに必要な主なパートナーや資源などだ。もちろん、ソリューションを作るために必要なコストを忘れてはいけない。

チームが集まったら、デザイナーツール（付箋、マーカー、広い壁）を使って、拾い出した想定に順位をつけよう。なくてはならないものはどれか、間違っている可能性が高いものはどれか、などが基準になる。見つけるのが早ければ早いほど多くの想定を検証でき、そのまま先へ進むかピボットするかの判断も早くなる。■

ツール：「最もリスクの高い想定」キャンバス

フォーカスする
「最もリスクの高い想定」
を定義する

±15〜30分
圧力鍋

3〜5
人／1グループあたり

積み重ねた想定の中で最もリスクの高いものが最初の関門だ。その想定のテストで、何度やっても必ず「偽」を返してくるなら、あなたは GO マスを通過できないし、200 ドルも受け取れない〔ボードゲーム『モノポリー』のルールで、プレーヤーは GO のマスを通過すると 200 ドルもらえる〕。このツールは、実験の前に想定に順位をつけるのに役立つ。

最もリスクの高い想定を見つける

最もリスクの高い想定を見つけるのは必ずしも容易ではない。追求すべき想定を特定するのに役立つのは、想定についてチームで議論することだ。これを視覚的にやれば、求めている成果が効率よく得られるだろう。

ジェンガ

ジェンガは、プレーヤーが積み木のタワーから順番にブロックを抜いていくゲームだ。引き抜かれるどのブロックもタワーを崩壊させる可能性があるが、一番下にあるブロックはタワーが立っているために不可欠である。

アイデアが大きなジェンガタワーで、すべてのブロックが想定だと考えてみよう。タワーの一番下にある想定の1つが無効だとして外されたら、タワー全体が倒れるかもしれない。一方で、一番上の想定を取り除いても、たいしたことは起きないだろう。

私たちはタワーの基礎が安全であることを確かめる必要がある。だから、テストは一番下から、つまり「最もリスクの高い想定」と呼ぶブロックから始めなければならない。その時点では、他のすべての想定は相対的に重要ではない。

いずれにせよ、最もリスクの高い想定が間違っていたら、他のどんな想定について考えることもまったく意味がなくなる。おそらく、そのアイデアは、新しい知識に照らして、すっかり変える必要がある。

最もリスクの高い想定を見つけるためには、ビジネスモデルキャンバスや、価値提案、デザイン基準、その他すでに学んだ事項を詳しくチェックしよう。

何があなたの想定だろうか？　よくわかっていないことは何だろう？　それらを、チームと一緒に、このテンプレートを使って、ジェンガタワーのように壁にマッピングしよう。アイデアが有効であるために絶対に真でなければならない想定は、タワーの一番下に置く。重要性が低かったり、他の想定に依存していたりする想定は、高い場所に貼り付けよう。

失敗するように努力する

目標は早くタワーを崩壊させることである。だから、最もリスクの高い、一番下にある想定を引き抜こう。それが、もっと深く探るべき想定だ。もしその想定が正しければ、次にリスクの高い想定に移れる。だが、間違っていれば、ジェンガタワーは崩れ、振り出しに戻って別のアプローチを探さなければならない。

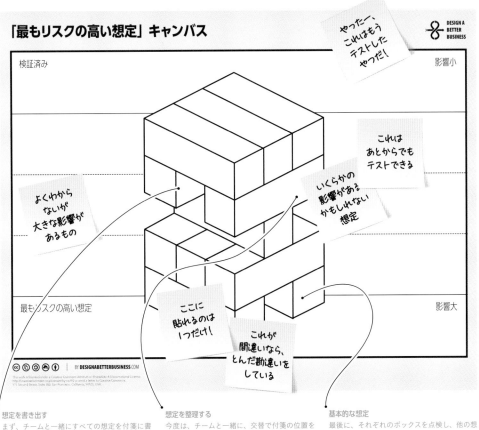

「最もリスクの高い想定」キャンバス

DESIGN A BETTER BUSINESS

検証済み　　　　　　　　　　　　　　　　　　　　　　　　　影響小

やったー、これはもうテストしたやつだ！

これはあとからでもテストできる

よくわからないが大きな影響があるもの

いくらかの影響があるかもしれない想定

最もリスクの高い想定　　　　　　　　　　　　　　　　　　　影響大

ここに貼れるのは1つだけ！

これが間違いなら、とんだ勘違いをしている

This work is licensed under a Creative Commons Attribution-ShareAlike 4.0 International License.
http://creativecommons.org/licenses/by-sa/4.0 or send a letter to Creative Commons,
171 Second Street, Suite 300, San Francisco, California, 94105, USA.　BY DESIGNABETTERBUSINESS.COM

想定を書き出す

まず、チームと一緒にすべての想定を付箋に書く。まだ貼り付けない。作戦司令室の意向と自分の視点に基づいてピンとくるものを探す。

次に、想定をテンプレートに配置する。チームのメンバーそれぞれが、真ん中の3つのボックスの最も適切だと思われる場所に付箋を貼る。まだ議論はしない。

想定を整理する

今度は、チームと一緒に、交替で付箋の位置を動かす。どの想定が最もリスクの高いものかを見極めるようにする。付箋がボックスのあいだを行ったり来たりする場合は、中間に置こう。

基本的な想定

最後に、それぞれのボックスを点検し、他の想定に大きく依存しているもの（上に移動）や、基本的な想定（下に移動）がないかを確認する。

約15分後には、一番下のボックスに2、3枚だけが残っているようにする。その中で、どれが最も基本的な想定だと思うかを投票する。

チェックリスト

☐ 最もリスクの高い想定を1つ特定した。

☐ 最もリスクの高い想定を具体的に記述した。

次のステップ

> 「実験キャンバス」を使って想定をテストする実験をデザインする。

205

科学を取り入れる

ここでの、実験や、測定や、メトリクスのすべてが科学のように感じられるなら、確かに科学である。

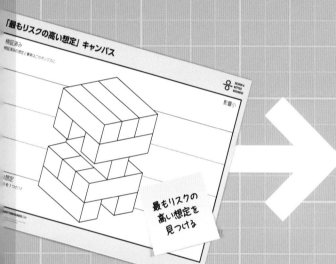

「最もリスクの高い想定」キャンバス

検証済み
検証済みの想定と事実はこのボックスに

影響小

最もリスクの高い想定を見つける

「最もリスクの高い想定」キャンバスについては204ページを参照。

実験キャンバス

最もリスクの高い想定

反証可能な仮説

確信していること ＜具体的かテストト
実現したいこと ＜具体的に＞測定
所要時間　＜期間化＞

ここで仮説の公式(208ページを参照)を使う！

実験の

どんな種類の実験か？

被験者は何人？

結果

結論

☐ 検証済み
☐ 無効
☐ 未確定

テップ

実験キャンバスについては208ページを参照。

実験結果を推定する。
何回結果が得られるか？
被験者は何をするか？

---

1 最もリスクの高い想定

まず、最もリスクの高い想定を見つける。それが間違っていたらアイデア全体が崩壊するような想定だ。

2 仮説

次に、想定に関する仮説を立てる。想定が本当に意味しているものは何か？ それはどうすれば測定できるか？

3 被験者

実験のために、母集団を代表する被験者グループを選び出す。経験則：少なくとも20〜30人は必要。

4 プロトタイプを作る

仮説をテストするために、有効で最も簡潔なプロトタイプを作る。「プロトタイプを作る」の章からヒントを得よう。

ログブックをつけて、
実験の結果と実施手順を
記録する。
そうすれば、結果が有効で
あると確かめられる。

実験の目的は
仮説の正しさを証明する
ことではなく、
仮説の誤りを証明する
ことである。
それができないときに、
想定は真だと見なされる。

肯定的な結果が出たあとで
再確認することは意義がある。
適切な質問をしただろうか？
十分に批判的な姿勢を
保てただろうか？
安直に面倒なことを避けたら、
もっと面倒なことになる！

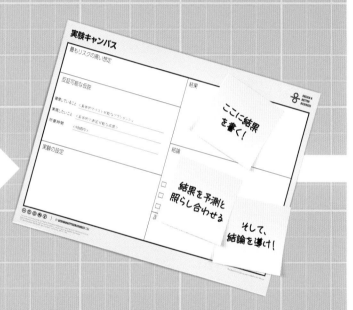

実験キャンパス

最もリスクの高い想定

反証可能な仮説

確信していること

実証したいこと <最終的なテスト可能なアクションシテン>

所要時間 <時間数>

実験の設定

結果

ここに結果を書く！

結論

結果を予測と照らし合わせる

そして、結論を導け！

どんぴしゃり →

やり抜く

次の最もリスクの高い想定を選んで、
検証を始める。

大ハズレ →

ピボットする

振り出しに戻ろう！ 自分の視点を見
直し、検証に持ち込める他のソリュー
ションを見つけられないかを探ろう。

惜しい →

実験をやり直す

実験でヘマをしたのかもしれない。実
験の、設定、被験者、仮説に間違い
がないか確認しよう。結果が再現でき
るようにする。

5

実験をおこなう

自分がデザインした実験をおこなう。
計画どおりに進まなくても心配する
必要はない。肝心なのは学習するこ
とだ。

6

データを集める

実験データを、自分の予測と比較す
る。大ハズレだっただろうか？ ど
んぴしゃりだっただろうか？ それ
とも惜しいところだっただろうか？

7

判断する

得られた結果に基づいて、ピ
ボットするか、やり抜くか、
実験をやり直すかを判断する。

ツール：**実験キャンバス**

作成：アッシュ・マウリャ

最もリスクの高い想定を見つけたら、それを定量的にテストし測定する最適な方法を考え出す必要がある。「実験キャンバス」を使えば、想定を簡単に分解し、測定や観測が可能な実験の対象にできる。

作る
実験と創造

±15〜30分
圧力鍋

3〜5
人／1グループあたり

適切な実験

実験キャンバスの目的は、適切な時期に適切な実験をデザインし、チームが適切な話し合いをできるようにすることである。実験キャンバスを使えば、明確に定義された実験が容易におこなえる。まず、現在、最もリスクの高い想定を見つけ出し、それから、反証可能な仮説を確定し、設定を具体化する。実験が終われば結果を検討し、次のステップの計画を立てるのだ。

適切な仮説を組み立てる

仮説とは、最もリスクの高い想定に関してあなたが真だと考える陳述をいう。実験を実行する前に記録しておこう。データに合わせるために、あとから条件を変えるのは極めて簡単だが、それをすると貴重な洞察が得られなくなるからである。

予測を定量化する

仮説を定量化しよう。何人の顧客がそうするか？ 回数は？ 時間枠はどれくらいか？ これについては、事前に決めておくかぎり幅があってもかまわない。あなたが決めるメトリクスは実行可能であり（すなわち、直接、仮説に関係していて）、かつ、アクセス可能である（すなわち、結果を見られる）必要がある。

テストする想定を数値と結びつけよう。なぜ肯定的結果が10あれば想定は正しいと判断できるのか？ 定性的結果や変数も、すべて具体化する必要がある。他にどんな答えが予測できるか？ どうすればそうした答えを集められるか？

実験をおこなう

仮説が確定したら、実験を始める準備は整った。すぐにデータを追跡し、すべてを記録しよう。そうすれば、実験結果の意味を正しく理解しているかどうかをあとから確認できる。■

仮説の公式を使う

「実験キャンバス」は、もともとアッシュ・マウリャが作成したものである。本書への掲載にあたって若干修正している。

私たちは、　具体的でテスト可能なアクション　が、　一定の時間枠　のあいだに、　具体的で測定可能な成果　をもたらすと確信している。

実験キャンバス

DESIGN A BETTER BUSINESS

最もリスクの高い想定	結果
反証可能な仮説	
確信していること　＜具体的でテスト　ここで公式を使う！	
実現したいこと　　＜具体的で測定	**結論**
所要時間　　　　　＜時間枠＞	
実験の設定　プロトタイピングを見てみよう！	☐ 検証済み
	☐ 無効
	☐ 未確定
	次のステップ

最もリスクの高い想定
検証したいのは、どの「最もリスクの高い想定」か？ なぜそれがとくに重要なのか？

反証可能な仮説
事前に、期待する結果を言明しておく。見せかけの正確さではなく、誠実に正しい予測をするように努める。

実験の設定
テストに使うのはどのプロトタイプか？ 重要な変数とメトリクスはどれか？ それは定量的か、定性的か？

結果
実験の結果として得られた、定性的データや定量的なデータを入れる。

結論
発見した事実をまとめる。実験結果によって、仮説は真であると証明されたのか、偽であると証明されたのか？ あるいは未確定だったのか？

次のステップ
必要なのは、ピボットか、やり抜くことか、実験のやり直しか？

チェックリスト

☐ 最もリスクの高い想定をテストするための仮説を考えた。

☐ 仮説は想定の構造に合っている。

☐ 測定可能な成果を定義した。

☐ 重要なデータが取れる。

次のステップ

❯ 実験をサポートするプロトタイプを作る。

❯ 実験をおこなって、データを収集する。

❯ ピボットか、やり抜くか、やり直しか。

ツール：**検証キャンバス**

作成：アッシュ・マウリャ

フォーカスする
進行状況をチェックする

±15分
セッション

チーム
全員で

「検証キャンバス」は、もともとアッシュ・マウリャのリーンスタートアップ推進運動から生まれたものである。本書への掲載にあたって若干修正している。

実験の準備が整ったらテストを開始し、継続して進行状況を追跡しよう。テストは肯定的な結果を返すケースもあるし、否定的な結果を返すケースもある。テストを繰り返すあいだには追加や変更も生じるだろう。このツールは、進行状況を経時的に追跡するのに役立つ。

ピボットを追跡する

自分の仮説が正しいことを証明するためには、1回の実験では到底不十分である。スタートアップの中には、適切なプロダクトマーケットフィットを見つけるまでに、何度もピボットする会社もある。どんな場合でも無条件で必要なのは、自分たちがそれまでどのような過程を歩んできたかを把握することだ。まったく同じ実験を何度も繰り返しながら結果が魔法のように変わるのを待つのは、時間と資源の浪費である。それまでの過程を振り返れば、すでにおこなった選択がわかるし、プロセスの中で間違いを証明された想定が再び浮上するのを避けられる。

検証プロセス

検証プロセスの目的は、できるだけ多くのことをできるだけ速く学習することだ。このプロセスでは、費やす時間と労力を可能なかぎり縮小し、成果を最大化する努力が求められる。それを念頭に置いて実験を繰り返しおこなおう。検証キャンバスは、このプロセスの中枢神経系である。

最善の推測

最善の推測は、その時点であなたが持っている価値提案から始まる。顧客が誰で、顧客のために解決すべき問題は何で、その問題に対するあなたのソリューションは何かに関する現時点での「最善の推測」が

価値提案である。これを過度に複雑にする必要はない。自分がテストできる最もシンプルなソリューションから、小さく始めよう。時間がたつにつれて、最善の推測はピボットによって変わっていくだろう。

実験

今のあなたの最善の推測は想定に基づいている。想定の中から最もリスクの高いものを見つけよう。その想定は、偽でなければ、あなたの最善の推測が間違っていることを立証するものである。最もリスクの高い想定をテストする方法を選び、成功の最低基準を定義する。これを実験キャンバスに当てはめて、実験を始めよう。

実験方法は、探索、ピッチング、コンシェルジュモデルなどから選べる。探索を通じた実験では、解決しようとしている問題についてより多くのことを学べるだろう。

ピッチングでは、顧客がその問題をどれだけ重視しているかについての理解を深められる。どうしても解決しなければならないのか、解決できればいいという程度なのか？　コンシェルジュモデルは、自分たちが、そもそも顧客の期待に沿えるのかどうかを、実際にやってみて判断できる。■

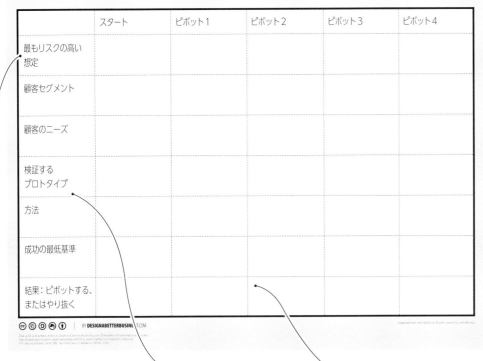

検証キャンバス

DESIGN A BETTER BUSINESS

	スタート	ピボット1	ピボット2	ピボット3	ピボット4
最もリスクの高い想定					
顧客セグメント					
顧客のニーズ					
検証するプロトタイプ					
方法					
成功の最低基準					
結果：ピボットする、またはやり抜く					

最もリスクの高い想定
今、実験でテストしたい最もリスクの高い想定は何か？

顧客
価値提案を定義し、それを3つの部分に分ける。顧客、対応しようとしている顧客のニーズ、あなたが問題を解決できると考えているソリューションの3つだ。

検証
テストに使いたいと思っている方法を書く。それはどんな種類の実験か？

成功の最低基準は何か？

結果
実験によって想定が真であると証明されたのか、偽であると証明されたのか、また、何を発見したのかを記録する。結果として、ピボットするのか、やり抜くと決めたのか？

時間の経過とともに、あなたがどんな進歩を遂げてきたのかがわかる。

チェックリスト

☐ 実験を追跡した。

次のステップ

＞ ピボットか、やり抜くか、やり直しか。

211

事例：Abrella のジャーニー
LET IT RAIN

3年前、アンドレアス・スーゴーは、台湾で経験した
雨の休日をきっかけに、Abrella という名前の
ソーシャルスタートアップを立ち上げた。

5 この想定をテストするために、
アンドレアスはパイロットプロジェクトを
開始した。彼はまた、人々が傘を捨てたり
盗んだりするかどうかも知りたかった。
彼は8人の商店の経営者を見つけた。
8人は Abrella にとって最高の
アンバサダーになった。

1000X

8X

実験キャンバス

最もリスクの高い想定
- 傘があって濡れなければ
- 雨の日に店を訪れる人が増えるだろう

反証可能な仮説
- 確信レベル / 具体的なテスト / 可能なアクション
- 実際 / オーフス（デンマーク）最大規模の8つの店に1000本の傘を提供すれば、
- 笑顔の買い物客が
- 目に見えて増えるだろう

実験の設定
- 客にストーリーを提供する必要があるのを、経営者たちに説明する
- 何が起こるかを3ヶ月観察する

結果
- 860本の傘が残った
- 51%が Abrella を知っていて、22%が Abrella を利用したことがある
- 誠実なアンバサダーはもっと成功している

結論
- ✓ 検証済み
- ☐ 無効
- ☐ 未確定

次のステップ
- スケールアップできるかどうかを確かめる！

BY DESIGNABETTERBUSINESS.COM

---

1 雨の多い台湾で休暇を過ごしていたアンドレアスは、ある雨の日に、忘れ物の傘が置いてあるスタンドを目にした。彼は1本借りていくことにした。雨がやむとアンドレアスは傘を返しに行き、店の主人を待った。

2 その体験で彼にひらめきが生まれた。母国のデンマークでは、毎年、雨の日が171日を超える。傘の共有ビジネスを始めれば、きっと、みんなにとって171以上の日々が少しでも良いものになるだろう！
彼の最初の想定：商店の経営者たちはこのアイデアをすごく気に入るだろう。Abrella の誕生である。

デンマークでは
年間171日

3 デンマークに帰ると、アンドレアスは最初の実験をおこなった。雨の日に商店の経営者に会いに行き、商売の調子はどうかと尋ねたのだ。経営者たちは、雨が降ると収益が75%減ると語った。

4 次の想定：買い物客が店を訪れないのは濡れたくないからだ。傘が1本あれば問題は解消する。

雨が降れば収益が
−75%

ÅRHUS SHOP

212

6 パイロットテストは成功し、そのうえ大きな発見があった。傘を捨てたり盗んだりする人が少なかったのだ。そして、ストーリーをきちんと伝えた経営者の店では、雨の日にたくさんのリピーターの笑顔が見られるようになった。これは、経営者たちにとって顧客との長い関係を築く新しい方法だった。アンバサダーは重要だ。

1000本の傘は、すごく目立つディスペンサーに収納されていた。濡れた傘から落ちる水で、ディスペンサーのてっぺんに植えられた花が育つようになっている。

パイロットテストのあと、アンドレアスが、オーフスの街を歩く200人の人に、Abrella を知っているかどうか聞くと、驚いたことに52%がイエスと答えた。街の人々はストーリーに好感を持ち、友だちのあいだでそれを広めたのだ。あとで思ったこと：中国に1000本の傘を注文して届くまで3カ月も待つのではなく、イケアで100本買ったほうがよっぽど手軽で速かった……

9 ジャーニーのあいだに彼らが発見したのは、本当に傘を必要としている人の大部分は、街の外から来た人だという事実だった。地元の人はたいがいどこかで雨宿りできるが、来訪者や旅行客には選択肢がないのだ。現在、Abrella は、ホテルなど街との最初の接点を、新たなアンバサダーとして増やしている。

検証キャンバス

	スタート	ピボット1	ピボット2	ピボット3	ピボット4
最もリスクの高い想定	無料の傘は買い物客を増やす	人は傘を盗まない	傘は壊れない	商店の経営者がアンバサダーになる	旅行客は傘を使って返しにくる
顧客セグメント	あらゆる商店の経営者	スポンサーになりたい企業	ロイヤルカスタマーがいる小規模な商店	ホテルや美術館	
顧客のニーズ	雨の日の買い物客の増加		買い物客が店に戻ってくる	旅行客は雨に濡れたくない	
検証するプロトタイプ	無料で傘を借りる				
方法	パイロットプロジェクト	パイロットプロジェクト		ホテルでのパイロットテスト	
成功の最低基準	X人が傘を使う			5軒のホテルアンバサダーを見つける	
結果：ピボットする、またはやり抜く	やり抜く	ピボット：経営者のストーリーが重要	ピボット：旅行客はもっと多くの傘を必要としている		

DESIGN A BETTER BUSINESS

BY DESIGNABETTERBUSINESS

スケールアップの過程で、彼らは他の問題、たとえばロジスティクスに注目し始めた。場所によっては、たくさんの傘が紛失していたのだ。気がついたときには収納庫の中に傘が1本も残っていない所もあった。結局 Abrella は、顧客セグメントの、取り組みに熱心なグループにピボットした。誠実なアンバサダーである商店に焦点を絞ったのだ。そして、アンバサダーとの連絡を密にするために、傘を自転車で配るようにした。

7 パイロットテストのあと、マティアス・エドストロームが、共同創業者として Abrella に参加し、彼らはスケールアップを開始した。広告主を増やし、店舗を増やし、傘を増やし……。2015年、彼らはデンマークで最も革新的なスタートアップに選ばれた。まさに順風満帆だった！

8

213

ハック：検証

定性的 vs 定量的

定量的テストの結果は、定性的テストよりも解釈しやすい場合が多いが、実験の第一歩はテストすべきものを見つけることだ。そのために、ぜひ定性的実験をやろう。人々の典型的な行動は何か？　本人はそういう行動をとる理由をどう捉えているのか？　重要なことがある。定性的テストをするというのは、数値データを集められないという意味ではない。

顧客の経験に関してもっと豊かなデータを取りたいときに、定性的実験は極めて有効だ。ただし、顧客がしていると言っていることではなく、実際に顧客がしていることをテストしなければならない。未来の行動に関する質問をしないのも大切だ。顧客が推測をせずには答えられないからである（未来は不確実だ）。必ず現在の行動について尋ねよう。

そのあとで裏付けのための定量的テストをおこない、現実に同じ行動をしている人の数を調べると、非常に有益な結果が出る場合が多い。定性的テストは、それにどういう工夫を加えれば探りたいことが測定できるかについてさまざまな洞察を与えてくれる。

注意すべきことがある。非常に小さな変更に対する反応を調べる状況では、定性的テストは使いづらい。ウェブページのボタンの色を2種類試したいときは、定性的テストで得られるデータはまったく役に立たない。

尋ねると人が喜んで答えてくれるもう1つのことは、あなたの製品を買うか（あるいは買わないか）である。だが、その情報は意味がない。何らかの価値があるのは、実際にお金を払ってその製品を買うテストだけである。

小規模なテストをおこなう

実験には時間と労力がかかる。外に出て大規模な実験をする前に、まず小規模なトライアウトをおこない、テストに伴う細かな問題を解決しておこう。

ディスカバリーチャンネルの『怪しい伝説』という番組では、本番でやる実験のトライアウトを、縮小した規模でスタッフが必ずおこなっている。可能性のある結果を調べ、大規模なテストで、期待される結果が出ることを確認するのだ。

結果に影響を与えてはいけない

テストを実行しているとき、絶対にあなたの行動や発言が結果に影響を与えてはならない。被験者にプロトタイプを「売り込んで」はいけない。あたかもあなたの存在がないかのように、プロトタイプを経験してもらう必要がある。

オンラインでは解析ツールを使って容易にこれができるが、オフラインではずっと難しくなる。無理をしても、可能な限り自然なかたちでプロトタイプを提示しよう。

これを可能にする1つの方法は、事前に提供したカメラやメモ帳を使って、被験者に自分の経験を記録してもらうことである。

競合製品をテストする

まだテストすべきプロトタイプがなかったり、有利なスタートを切りたかったりするときに試すといいことがある。被験者に、競合する製品やサービスをテストしてもらうのだ。被験者がどういう反応をするか確かめよう。

たとえ直接のライバルがない場合でも、価値のある洞察が得られる可能性がある。自分のアイデアに関する想定の中には、他の製品やサービスにも該当するものがあるからだ。

家電会社に、このシンプルな実験を使った、胸のすくような事例がある。その1つでは、市販されている類似の調理器具を使って、自分たちの最も重要な想定に間違いがあることを証明した。フードプロセッサーの代金と、ある1日の午後を費やしただけで、非常に大きなピボットが必要なことを突きとめたのである。

オフラインで A-B テストをする

オンライン A-B テストは大人気だ。ユーザーに同じ広告やウェブページの別のバージョンを見せ、どちらが多くクリックされたかを見るのだ。

データからは、その変更を実装する意味があるかどうかが、疑う余地なくはっきりと読み取れる。

オフラインでもまったく同じ戦術が使える。被験者全員に同じプロトタイプを見せる必要はない。製品のパンフレットのモックアップを（たとえば Keynote や PowerPoint を使って）作り、価格や色を変えたり、他の変数をいろいろと変えたりして、結果にどういう影響が出るかを見るのである。

ただし、絶対に、一度に変えるのは1つの変数だけにしなければならない。そうでないと結果が錯綜してしまう。

2、3種類の実験を、テストしたい変数に異なった値を入れて同時におこなうと、多くの時間を節約できる。■

TIP! あなたのコンフォートゾーンから外れたテストを少し入れておくと面白い。テストするのが価格だったら、非常識ギリギリの価格も含めるのだ。きっと、顧客はあなたが思うほど馬鹿げていると感じていないのがわかるだろう。

ここまでに
やり終えたことは……

> **最もリスクの高い想定**を
> 特定した   P.204

> 少なくとも１つの**実験**を
> おこなった   P.208

> **最もリスクの高い想定**を
> 検証した   P.210

次のステップ

> **次の実験を実行する**   P.204
> 次の最もリスクの高い想定に取り組む

> **視点を見直す**   P.72
> 十分にビジョンに挑戦したか？
> 視点を再調整する必要はないか？

> **ループに戻る**   P.50
> ループに戻ろう

> **準備はできているか?**   P.248
> 投資のレディネスレベルをチェックする

おさらい

世界最高のアイデアも、
テストするまでは価値がない。

最初のアイデアはクズだ。
早く失敗し、たくさん失敗する
必要がある。

失敗は学びである。
最愛の人を消せ。

正しさを証明するのではなく、
誤りを証明するのだ。
自分のアイデアが失敗するように
努力せよ。

ピボットするか、やり抜くか。
昔はピボットすると「ヘマをした」
と言われた。ピボットに１つ
として同じものはない。
すべて異なっている。

これは
訓練では
ない。

〔戦争や災害のときに、起きている事態が現実であることを知らせるアナウンス〕

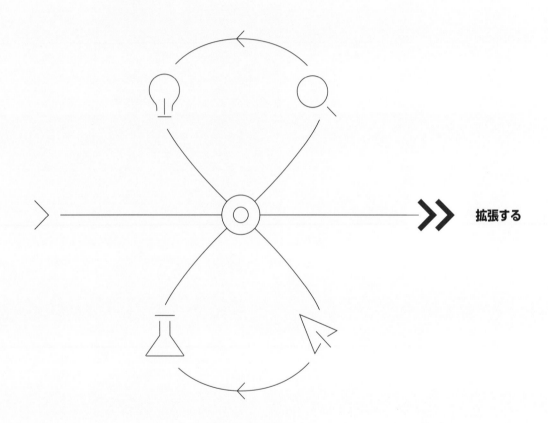

拡張する

デザインジャーニー : **拡張する**

拡張のタイミングを学ぶ

さまざまな**拡張**の方法を知る

投資のレディネスレベル

イントロ	いつ拡張するか	P.220
	拡張の連続体	P.222
ケース	さまざまな拡張の方法	P.224
ケース	**Matter** デザイン主導のアクセラレーター	P.232
ケース	**ビジネスの曖昧さをマスターする** CCA	P.236
ケース	**変われという声**	P.242
ツール	**投資のレディネスレベル**	P.248

いつ拡張するか

スタートアップでも既存の企業でも、デザインジャーニーに出発するときに、はっきりしている事実がある。デザインジャーニーはジェットコースターに乗るようなもので、1つのアイデアにたどり着くまで終わらないということだ。デザインジャーニーは、デザインプロセスを拡張すると同時に、アイデアの実行を拡張するようにできている。

終点

ここからは、デザインジャーニーの……、いや、このデザインジャーニーの最終区間である。ダブルループを通り抜け、より良いビジネスをデザインし、顧客と世界と自分自身から学んだのだから、自分を褒めるべきだ。よくやった！ 少なくとも1回はね。

不信はイノベーションをダメにする。

さあ、シートベルトを締めて、旅を再開しよう。

1つのイノベーションをデザインしただけではOKとはならない。イノベーションは1回かぎりのものではないからだ。他のあらゆる職業と同じように、デザインにも訓練が必要だ。何度も繰り返しおこなって初めて熟練の域に達する。そこでようやく、より良いビジネスのためのデザインを実践するマインドセットができるのである。

ゲームを操作する

ゲームを操作すれば、出る数字を思いどおりに変えられる。デザインプロセスを使ってより良いビジネスを構築すれば、あなた（とあなたの組織）が成功する確率が上昇する。理解や、アイディエーション、プロトタイピング、検証などを好むデザインのマインドセットを持つと、アイデアを実行や拡張にまで進められる。何よりすごいのは、このマインドセットができてくると、デザインという独自のフィルターを通して世界が見えるようになることだ。その結果、自分が成功する確率が向上するだけではなく、自信を持って、同時に複数のゲームに賭けられるようになる。

ここ数十年の歴史で証明されたのは、不確実性をチャンスに変える絶好の機会をつかんだ組織は、探索と学習の原動力を自社のDNAに組み込んだ企業だということである。そうした企業はゲームを思い通りに操作できるようになった。だが、誰にとっても始めるのに遅すぎることはない。

他者から学ぶ

では、どうすれば、1つの成功したデザインの成果を拡張して、文化の中核にデザインを組み込めるのだろうか？ 手始めとして一番いいのは、他の人々のジャーニーや、成功、失敗から学ぶことである。この章では、デザインを拡張するいくつかのアプローチを詳しく紹介し、評価する。

ここで取り上げるのは、特別なコワーキングスペース、成功したアクセラレーター、独自のイノベーションラボを創設したメガバンク、

買収によってデザイン能力を構築した大手エネルギー企業である。また、デザインプロセスを使ってこのマインドセットを自社の文化に植えつけた、2つの大手ソフトウェア企業にも注目する。

TIP! デザインの拡張だけでなく、ネットワークの拡張も考えよう。疑問に対してもっと適切な答えがほしいときに利用する必要が出てくるはずだ。

必要な要素

組織の中でデザインを拡張するときは、主として次の4つの要素が必要になる。

第1に、何度も言うが、1人でやろうとしてはいけない。デザインを拡張するためには、人のネットワークを作り、それを利用する方法を見つけておかなければいけない。アクセスが必要になる人々には、顧客、同じ考えを持った才能ある人、フィードバックをくれる人、専門家、そして投資家も含まれる。巨大な「D」の文字がプリントされたマント〔SupermanのSの代わりにDesignのD〕を身にまとうことは誰でもできる。だがネットワークがないと、山のような付箋とマーカーを持って職場に向かう、ただのマントを着たサラリーマンにすぎない。

第2に、デザイン思考のための奮闘をサポートしてくれるものが必要だ。オートデスクのモーリス・コンティが言うように、デザインジャーニーに乗り出すには、経営陣との直接のコネが欠かせない。それがあれば、時間や、場所、予算、人員など、必要な資源にアクセスしやすくなる。

第3に、実際的な知識に迅速にアクセスする手段が必要である。本書で取り上げた方法論は、アイデアを前進させるためのサポートを得るのに非常に役立つ。一方で、方法論を実践しようとして何度も失敗した人々から学ぶ必要もある。

最後に、最も重要な要素は信頼である。まず自分がプロセスを信頼する必要がある。次に、他の人の信頼を得て、ミスをしたり、リスクを冒したり、フェイルセーフな環境で（小さく）失敗したりすることが許されているという感覚が必要だ。既存の企業でこうした信頼を得られるところはわずかだ。だが、極めて大きな価値がある。なぜか？　不信はイノベーションをダメにしてしまうからだ。不信がもたらすのは、厳密な予算の査定や労働時間の厳しい管理である。

あなたのビジネスは投資に値するか？

この本では、スティーブ・ブランクの「投資のレディネスレベル（IRL）」を利用して、現在あなたの会社がどんなレベルにいるかを測る方法を解説する。そして、成功が持続するビジネスを目指して進むときの次のステップは何かを考える。■

「投資のレディネスレベル」については248ページを参照。

TIP! 拡張のためには経営陣との直接のパイプが必要だ。アンバサダーが最も頼りになるのはこういう場面である。

拡張の連続体

オラクル

Eneco
と Quby
P230

Startup
bootcamp
P227

人間主導

社員のスキルアップによって
デザインを拡張する企業

オート
デスク
P168

アウトサイドイン

外部のスタートアップに投資するが、
大企業の中核的文化やプロセスには
影響を与えない企業

RBS
P228

Matter
P232

終着点

拡張は、シンプルなアイデアが完全な実行モードに入る準備ができたときにおこなう作業だ。既存の企業にとっては、多くの場合、実行はデザインプロセスの終わりを表す。持続可能なビジネスモデルをまだ探っているスタートアップにとっては、拡張は、より大規模で、より高性能な製品、おそらく最終的に大きな儲けを出す製品を作るためにある。

スタートアップがダブルループをたどるのを止めることはない。スタートアップは、深まっていく顧客への理解に基づいて、自分たちの視点の検証と調整を続ける。

拡張をデザインする

私たちが拡張について語るときに意味しているものは、スタートアップのほうに近い。すなわち、新たな問題に取り組み、多くのものを注ぎ込みながら、（文化としての）デザインジャーニーを

「拡張の連続体」は2×2のマトリクスである。どうやってデザインプロセスを拡張するかという問題に対する、さまざまな企業のアプローチを示している。

プロセス主導

中核的なデザインプロセスの構築に
集中することで、マクロレベルで
拡張を浸透させる企業

1871
P226

DMBA
P236

Google

SEB ラボ
P229

Uber

Amazon

インサイドアウト

企業文化全体で、すべてのチームの
メンバー全員にデザインが
浸透している企業

ウォル
マート

続けるという意味である。

拡張とは、この本と同じプロセスを使って、どうすればそのプロセスを組織全体に広められるかを考え、不確実性からチャンスを生み出すためのより良い方法を追求することを意味する。うーん、ややこしい！

組織の中でデザインを拡張する方法は多数ある。この本では、ビジネスをデザインし革

新するツールを解説しているが、拡張は、個々のツールよりも、むしろ組織のマインドセットに関係する。それぞれの組織は、独自の文化的構成や、その組織特有の問題、機会、体質などを持っているので、1つであらゆる拡張を可能にする万能なプロセスやツールは存在しない。むしろ、拡張が組織の文化に浸透した結果として、デザインツールが活躍する。■

アドビ
P231

アクセラレーター。
拡張を探す
新たな猟場

ケーススタディ：さまざまな**拡張**の方法

アクセラレーター、インキュベーター、スタートアップスタジオは、拡張だけに焦点を絞った比較的新しい仕組みである。これらのプログラムでは、スタートアップがデザインジャーニーを使ってピボットを繰り返し、ついには拡張を実現するか、さもなければ力尽きる。もしあなたが、自分の組織でデザインを拡張したければ、成功した事例から学ぶことが重要だ。

アクセラレーターについて

ウェブで「アクセラレータープログラム」を検索すれば、世界中で2000以上見つかるだろう。1つには大きな資本を必要としないため、1つにはYコンビネータやTechstarsなどの有名どころの成功によって、アクセラレーター業界はここ2、3年で爆発的に成長した。さらに、その成功がメディアで大きく取り上げられると、ロイヤルバンク・オブ・スコットランド（RBS）、セフォラ、ナイキ、ターゲット、Google、ロサンゼルス・ドジャースなどの大企業が独自のアクセラレーターを設立した。

アクセラレーターは、スタートアップと大企業の両方を対象にしたものだ。だが、広範なネットワークと豊富な資源を持つ大企業は、アクセラレーターを利用して、スタートアップに出資したり、起業を促進したり、創業者を育成したりしている。

スタートアップ・アクセラレータープログラムとはどんなものか?

スタートアップ・アクセラレータープログラムは、ビジネスと人間を集中的に開発するプログラムである。成長して社会に大きな影響力を与えたいという野心を持った少数の創業者チームをサポートする。サポートは、メンターシップ、手頃な価格のワークスペース、起業資金などのかたちで提供される。まとめると、プログラムは次のような主要な要素から成っている。

- すべての人に開かれた競争性の高い応募プロセス
- 通常は株式持ち分というかたちで提供されるプレシード投資
- 限られた数の小規模なチームへの集中
- 訓練プログラムと徹底的なメンタリングで構成される、期間を限定したサポート
- 最終的にスタートアップがアイデアをピッチして、初めての大きな資金調達をおこなう「デモデイ」

かつては、投資に適した最も将来性のあるアーリーステージの企業を見つけるのは投資顧問会社だった。スタートアップの望みは、次の資金調達の段階へと進んで、最終的に（うまくいけば）買収してもらうか、IPO（新規株式公開）をオファーすることだった。現在は、新しいマインドセットと各種のアクセラレータープログラムがあり、それぞれが独自のビジョンと野心を持っている。■

アクセラレーターの概要

ワークスペース

オフィスの所在地となり、スタートアップや成長期のビジネスに、デスクやオフィススペースや設備（インフラ）を、割引料金や低料金で提供する。

スタートアップウィークエンド、ハッカソン、ブートキャンプ

48〜72時間かけておこなうイベントで、厳しい時間制限の中で、ビジネスのアイデア開発に積極的に取り組む、新しいスタートアップチームを生み出すことを目的としている。

スタートアップアクセラレーター

利益主導の（テーマに基づいた）プログラムで、小規模な創業者チームによって運営される新しい会社のクラス（あるいは「コホート」）に、公募で選ばれた参加者が出席する。最初のアイデアは、すでに創業者によって開発されているのが前提である。

コーポレート・スタートアップアクセラレーター

非利益主導型のプログラムで、小規模な創業者チームによって運営される新しい会社のクラスに、公募で選ばれた参加者が出席する。このプログラムの焦点は、ネットワークやエコシステムを構築し、企業文化を変え、アイデアやテクノロジーへのアクセスを確保し、より広い社会に役立つ雇用を生み出すことにある。

スタートアップスタジオ

アクセラレーターの、より小さく、より実際的で、親密なバージョン。スタートアップスタジオは、1つの屋根の下に2、3社のスタートアップが入った形態で、スタジオの責任者が個人的な時間と労力をそれぞれのスタートアップに投資して拡張を図る。

ちょうどいい時に、ちょうどいい場所に。

Startupbootcamp を立ち上げたとき、私たちはちょうどいい時と場所にいた。世界中で多くのアクセラレーターが誕生するのを見てきたので、今は、起業家のビジネスを支援する事業への関心の高さに興奮している。

アクセラレーターの運営は難しくはなく、必要なのは、長期のビジョンと、知識を持った共同出資者のエコシステムを築くまでの忍耐力と、ビジネスモデルをピボットする能力である。私たちは、共同創業者が出資すべきなのはビジネスモデルに対してであるという重要なことを発見した。そして、ほとんどのビジネスモデルで、イノベーションプログラムや企業のイノベーション教育といった別の収入源の必要性も明らかになった。

しばらくのあいだ、大半のスタートアップは撤退しないだろう。だが、私たちはずっとここでやり続ける。

ルート・ヘンドリクス、パトリック・デ・ゼーウ
Startupbootcamp の創業者

225

ケーススタディ：**1871**
ひと工夫したコワーキングプレース

1871 は、イリノイ州シカゴで、デザイナー、プログラマー、起業家たちの非営利的なコミュニティとして設立された。お互いから学び、励まし合い、スタートアップの急勾配の学習曲線を上る旅を共有するのが目的だった。

> **現実を見よう。**
> **ガレージは**
> **過大評価**
> **されている。**
> **冬は寒いし、**
> **夏は暑い。**
> **そして**
> **一年中孤独だ。**
>
> ——ハワード・タルマン、
> 1871のCEO

1871年に戻ろう

シカゴ大火（1871年）は好景気に沸く経済に大打撃を与えた。街の再建という直接的なニーズによって、思い切ったイノベーションや、異質なものの相互交流、実際的な創意工夫が生まれた。2012年、シカゴでテクノロジーを推進するグループが、1871年の情熱を再び燃え上がらせようと考えた。1871はここから誕生した。

好景気とはどんなものだろうか？　好景気は、大企業をさらに大きくするだけではなく、企業家精神とイノベーションを育む環境を作り出す。デジタルスタートアップの起業のハブである1871は、シカゴの歴史的建造物、マーチャンダイズマートの12階に入居している。そこは、人と協力できる柔軟な仕事環境を求める起業家たちが来て、自分たちの夢のビジネスをデザインし、作り出す場所である。

1871に関して、たぶん最も興味深いのは、最初から、起業家たちがネットワークを拡張するのに役立つようにデザインされていることだ。

既存の起業家たちは、このネットワークを通じて、アイデアを検証する潜在的顧客ベースに容易にアクセスできる。また、新たに形成される起業チームや単独の起業家でも、アイデアをさらに発展させるための共同創業者や他の人材を見つけられる。こういう意味で、1871は、拡張のため、すなわちネットワークを拡張して、デザインが開花する機会を増大させるためにあるのだ。

ここを学ぼう

成功するビジネスを構築するのは難しい。ビジネスのコミュニティにつながっていない場合はさらに困難だ。1871は、創業者が自分のチームを作るのを手助けし、弾力性と粘り強さを生み出すのに役立っている。

人間志向

インサイドアウト

ワークスペース

ケーススタディ:**Startupbootcamp** アクセラレーター

パトリック・デ・ゼーウは、アメリカを訪れたときに Techstars のコンセプトに魅了された。彼はできるだけ多くのスタートアップの力になりたいと思ったが、自分1人だけではできないとわかった。そこで、友人のルート・ヘンドリクスとともに Startupbootcamp を立ち上げた。以下は彼らが学んだことだ。

人間志向

アウトサイドイン

スタートアップ
アクセラレーター

どうやってチームを募集するか

私たちは長年、応募基準を練ってきた。もしあなたが次の4つの M に適合すれば Startupbootcamp に参加できる。

Market（市場）
自分が狙うニッチを明確に定義しているか？
Model（ビジネスモデル）
ここに来たのはお金を儲けるためか？
Management（経営陣）
一緒に事業を始めるパートナーが3人いて、プロダクトマネージャーを中心に、フロントエンド、バックエンドの担当者がそろっているか？
Momentum（機運）
今は適切な時機か？

ただし、最後の項目は少し判断が難しい。

ここを学ぼう

アクセラレーターの経営は不動産を扱うのとは違う。ネットワークと知識を通じて価値を付加しなければならない。そのためには、チームがオフィスの外へ出て顧客のニーズを見つけるように、背中を押す必要がある。

失敗を恐れてはならない。ビジネススクールや大企業では失敗を恐れるように教わったかもしれないが、ここでは失敗は学びである。

「知りません」と言うことをためらってはいけない。それでかまわないのだ。お互いに知らないことはある。たとえ傷ついたとしても、自分が何を知らないのかをはっきりさせよう。

創業者は常にトラブルを起こす危険性をはらんでいる。内部抗争で凋落した企業もある。衝突が起きたら、すぐに仲裁しよう。内輪のもめごとは、大問題になる前に手当てすべきだ。

> **多様性は「まとめる」ことを難しくするが、大きなエネルギーを持ったチームを生む。**
>
> ——パトリック・デ・ゼーウ、Startupbootcamp の共同創業者

ケーススタディ：**RBS**
コーポレート・スタートアップアクセラレーター

ナショナル・ウエストミンスター銀行（NatWest）、RBS、アルスター銀行の3行は、未来への視点を持つ銀行である。彼らのアクセラレーターハブは、無料のワークスペース、起業家の仲間と交流する機会、特別な訓練を受けた銀行のスタッフ、経験豊富なビジネスパーソンとの出会いの場を提供している。

> 私たちが
> 手伝って
> いるのは、
> ビジネスを
> 始動させる
> ことだ。
>
> ——ロス・マキューアン、
> RBS の CEO

アクセラレーターハブ

NatWest、RBS、アルスター銀行は、Entrepreneurial Spark〔世界最大のビジネスアクセラレーター〕と提携して、イギリス各地で無料のアクセラレーターハブを運営している。あらゆる分野からの応募者に、無料のワークスペースと、起業家とチームを組む機会、銀行の専門スタッフや経験豊かなメンターとの接点を提供している。

プログラムの終了時には、参加者が「卒業」イベントを主催して、起業家やアドバイザーを招待する。卒業生はそこで、潜在的な投資家たちにピッチをするのだ。

RBS の商業銀行業務とプライベートバンキング業務の責任者アリソン・ローズは言う。「私たちはイギリス中の起業家と、彼らが経済に及ぼすプラスの影響を支援している。私たちはスタートアップに成功のチャンスを与える、全国的な

エコシステムを作っている。また、無料で使えるハブがあれば、起業家はオフィス設備の心配をせずにビジネスに専念できる」

ここを学ぼう

3銀行の代表ゴードン・メリリーズは語る。「私たちは、5年間で7000人の起業家を支援する予定だ。Entrepreneurial Spark とともに、マインドセット、行動、ビジネスモデル、ピッチのやり方などを教える。また、専門的な技術や知識と、ネットワークや市場へのアクセスを提供する。起業家のコミュニティと文化を形成するためだ。私たちが関わるのは、手助けするためだけではなく、学ぶためでもある。私たちの『起業家育成アカデミー』では、社員たちが起業の方法を開発したり学んだりしている。顧客と建設的な会話をし、ビジネスの問題を理解したり支援したりするためだ」

プロセス志向

アウトサイドイン

コーポレート
アクセラレーター

ケーススタディ：**SEB イノベーションラボ** 社内インキュベーター

SEB ラボのイノベーション部門の責任者マート・マーシクの言葉を借りれば、私たちのラボは、「非職業的な」（企業内の）開発者や多様なチームが協力したり貢献したりするのに最適な場所だ。私たちはパートナーの学生たちの協力を得て実験を始めた。

人間志向

インサイドアウト

コーポレート
アクセラレーター

私たちの野心

私たちの野心はシンプルだ。社員の能力を上げて奮起させ、イノベーションを起こすことである。そこで何より重要なのは、人である。私たちは、他の社員に針路を示す「灯台」となる人材を、必要な数だけ持ちたいと思っている。「灯台」というのは、ラボの一員として、ソリューションを提供することで経験を積み、インスピレーションを得てきた人々を意味する。私たちは時々ラボを「ベースキャンプ」と呼ぶが、個人的な能力開発のためにやって来たはずの人々が、結果的に会社を時代遅れにならないように変えてしまうからだ。

ここを学ぼう

ラボを開設してから、私たちはたくさんのことを学んできた。大部分は、人々が経験の一部として学ぶ新しいスキルになっている。その1つは、顧客を理解し、顧客の経験を大きな旅の一部として見られるようになることだ。2つ目は、点と点を結んで全体像を作り上げる能力を磨く

ことである。問題のあるサービスをデザインし直したり、簡素化したりしなければならないときは、作業帽をかぶって問題のポイントに飛び込むより、システム全体を見渡すほうが賢明である。新しいサービスコンセプトに取り組む場合は、どのようにビジョンを設定するかを学ぶ必要があるし、同時に、そのビジョンを裏付け、ストーリー全体を支える証拠を集める能力も求められる。3つ目に、ほとんどの人は、チームのリーダーになると学習曲線が大きく上昇する。多様性のあるチームだったら、マルチスキルを持ったリーダーに近づける。

これらに加えて、人は安全な環境さえ与えられれば実験するのが好きだという事実も学んだ。また、最初は大部分の人が顧客インタビューを難しいと感じるが、彼らが持ち帰る洞察やストーリーは非常に大きな価値があるとわかった。検証が進むにつれて、学習のスピードは上がっていく。

> 一日中、
> 業務に集中する
> ことに慣れている
> 人にとって、
> イノベーションの
> プロセスは
> 曖昧に感じられる
> ときがある。
>
> ——マート・マーシク、
> SEB ラボのイノベーション
> 部門の責任者

ケーススタディ：**Quby と Eneco**
一体になる

Quby

2005年、イヴォ・デ・ラ・リーブ・ボックスがQubyに参加し、スタートアップだったQubyの拡張に手を貸そうとしたとき、彼は未来で何が待っているか知らなかった。5年間で数回のピボットを終えたころ、Enecoのタコ・イント・フェルトが、Qubyが開発したサーモスタットシステムを両社が協力して市場に出そうとQubyを説得した。

> 大企業が
> リスクしか
> 見ないところに、
> スタートアップは
> チャンスを見出す。
> 両者が
> 協力すれば、
> 安全を
> 確保しながら
> ビジネスを
> 実現できる。
>
> ——タコ・イント・フェルト、
> Qubyのスマートエネルギー部門
> の責任者

私たちはまだレーダーに探知されていない

Quby が Eneco の傘下に入ったとき、スタートアップを押しつぶさないために、タコは Quby を Eneco の監視や官僚主義から守った。のちに、Quby のチームが Eneco に首尾よく統合され、パイロットテストが成功したとき、取締役会はようやく、次の段階で実行される大きな賭けを完全に理解した。

ここを学ぼう

異なる文化やワークスタイルを持つスタートアップを取締役会に入れるときは、新たなメンバーが既存の企業環境に完全に統合されると思ってはいけない。

また、そうなることを望むべきでもない。スタートアップがあなたの会社に適応するのではなく、あなたの会社がスタートアップに適応するのだ！ スタートアップのチームの一員になり、金曜日の仕事終わりにはビールのケースを持っ

ていき、何が彼らを異色のビジネスパーソンにしたのかを理解しよう。

スタートアップの牽引力が増大すれば、走っている列車に組織の他のメンバーを飛び乗らせることになるが、それは持続可能な形でおこなう必要がある。チームの構成と上下関係が頻繁に変わり、職務記述書が交換可能な大企業の文化は、小さなスタートアップにはまったく異質なものだからだ。

Eneco では、当初の Quby メンバーが持っていたエネルギーと情熱が会社のすみずみまで広がり、社員たちは新製品に誇りを持っている。スタートアップが入ってきたことで企業のマインドセットも変わった。Eneco は今、自分たちをコモディティ市場のエネルギー企業とは捉えていない。Eneco はデータ駆動型のサービス企業であり、エネルギーの販売と節約をサポートする高品質な製品を提供していると考えている。

人間志向

アウトサイドイン

スタートアップの買収

Adobe®

ケーススタディ：**Adobe** イノベーションを生む HIVE

アドビの先端デザイン＆イノベーションチームのシニアマネージャー、アン・リッチがアドビに入社したとき、HIVE〔本来の意味はミツバチの巣箱〕で使われているデザインプロセスが大きな問題のソリューションを見つけるのに適していることに気づき、拡張すべきだと考えた。

プロセス志向

インサイドアウト

コーポレートプログラム

大企業が抱える問題を解決する

従業員が1万4000人を超えるソフトウェア企業アドビも、他の大企業と同じ問題を抱えていた。世界中に従業員がいて、コンシューマーからプロのクリエーター、マーケターに至るまで、さまざまな市場に向けた多くの製品があるので、大きな規模で共同作業をしたり問題を解決したりするのは難題だった。

パイロット段階

2014年、CTO首席スタッフのジョイ・ダーリングと事業計画運営責任者キム・メインズは、イノベーションを加速し、アドビ最大の問題点に取り組む新しいビジョンを考え出した。彼女たちは、コンサルティング会社の8Worksと協力してプロトタイプを作り、アドビ本社の既存のスペースを現在「The HIVE」と呼ばれているものに改築した。ダーリングとメインズがHIVEでテストしたかったのは、アドビがデザイン思考を大規模に取り入れる準備ができているかどうか、デザインを使って（大きな）ビジネスの問題に対するソリューションの開発を加速できるかどうかということだった。

共同作業ができるように特別にデザインされたHIVEの方法論を使って、400人以上の人々が大きな問題を協力して解決した。HIVEの成功は実証された。次は拡張する番である。2015年、イノベーションとデザインのストラテジストだったアン・リッチが採用され、彼女の監督のもとでHIVEの原理はアドビ全社に拡張された。

ここを学ぼう

このデザインジャーニーの成果に1つ重要なことがある。HIVEのような高度に円滑化された取り組みは、しばしば日常業務と関連づけるのが難しいということだ。拡張が目的なら、HIVEは能力開発のセッションを超えるものにならなければならない。アンが受け取った最高のフィードバックは、バンガロールのあるアドビ社員から届いた次のような質問だった。「これのやり方を、いつ教えてくれるのですか？」■

> **ここの意義は物理的なスペースよりはるかに大きい。**
> ——アン・リッチ、
> 先端デザイン＆イノベーションチームのシニアマネージャー

ケーススタディ：**Matter** デザイン主導のアクセラレーター

Matter の業務執行パートナーであるコーリー・フォードは語る。「Matter は、メディアに革命を起こしたいと思っている起業家をサポートする、デザイン主導のアクセラレータープログラムだ。ベンチャーを加速させ、行きたい場所にもっと速くたどり着かせるのが使命だ。相当ハードだが、必ず成果が出る」

ベンチャーアクセラレーション

Matter はベンチャーアクセラレーションのためにある。狙いは、目的地により速く着くことだ。ワークスペースは提供しない。Matter は、投資先企業が、既存の経営、資金調達、アドバイザーのネットワークよりも能率的に、速く、プロダクトマーケットフィットを達成するのを手助けする。

Matter の5カ月間のアクセラレータープログラムは1週間のブートキャンプで始まり、1カ月のデザインスプリントを4回実施する。非常に濃密な内容だが、それに見合う結果が得られる。

デザイン思考がすべてを動かす

デザイン思考は、企業のライフサイクルを通じて適用できる。私たちのプログラムは、デザイン思考と、起業家精神と、メディアの未来が交わるところに位置している。とくにデザイン思考は決定的な役割を果たす。デザイン思考は、基本的に人間中心の視点からスタートするので、そこで学べることは、最初のβ版に向かって進んでいるときだけではなく、販売戦略や、資金調達、地理的な拡大、雇用の仕方にも適用できる。

私たちのプログラムをやり抜いたチームは、修了後何年にもわたって速い動きを維持できるスキルセットを身につけて旅立っていく。

Matter はどこが違うのか？

Matter は意図的に実験の文化を作ってきた。私たちは、古くさいメディア組織の枠にとらわれた起業家やパートナーに Matter の文化を体験させ、潜在能力を限界まで引き出すように力を注いでいる。それによって提供できるものは、スペースや資金をはるかに超える。最高の金銭的利益を得ることが目的ではない。

マインドセットが私たちの原動力だ

私たちが依拠している独特なマインドセットは、はっきりと目に見えるメッセージを持っている。「大胆で、破壊的であれ」や「ストーリーを語れ」といったマインドセットの背後には、取るべき態度や、行動を起こすきっかけが明確に示されている。そうしたサインはリマインダーとして働き、投資家や、戦略的パートナー、起業家、メンター、そしてもっと大きなコミュニティーに対したとき、どう

顧客に求められ、商品として成り立ち、実際に作れるもののアイデアを、どうしたら20週のプロセスで生み出せるのだろう？

いう姿勢をとるべきかを思い起こさせてくれる。私たちが求める文化の「シグナルジェネレーター（信号発生器）」なのである。受講生は、何をするときでも、その文化を意識しなければならない。

フィードバックがすべて

十分に訓練された人々からの定期的なフィードバックは、私たちのプロセスの中核である。受講生は、多様な専門家のグループに信頼のおけるメンターを加えた審査員団の前で、毎月エレベーターピッチ〔15〜30秒といった、エレベーターで乗り合わせたぐらいの短い時間でおこなうピッチ〕をおこない製品のデモをしなければならない。私たちはそれを「デザインレビュー」と呼んでいる。さまざまな角度から、新鮮な視点でなされる建設的な批評を安心して聞ける場である。その目的は、ビジネスに関して気づいていない問題を洗い出すことだ。デザインレビューでは、毎回9つの質問からなる試練が与えられる。質問は誰でも見られるように壁に貼られている。たとえば、「あなたのやる気はためらいに勝るか？」といった問いだ。私たちは、コホートの他の起業家も含めて、聴衆全員に回答を求める。こうすれば、聴衆はフィードバックを返すだけではなく、受け手の立場にもなるからだ。

私がこのプロセスの前提にしているのは、起業家の旅は孤独だということである。通常なら、ほとんどの人が、フィードバックをもらうまであまりにも長い時間待たなければならない。そのため、実際にフィードバックを受け取るときにはすでに手遅れになっていて、内容は極めて厳しいものになる。だから、ここではフィードバックがすべてなのだ。

自分が飼っている子イヌを葬れる起業家が、世界最高の起業家である。

1ページの視覚的ビジネスプラン

1ページのビジネスプランを使えば、非常に直感的で明確な問いを通じて、自分たちのビジネスを理解できる。そこからは、アイデアが商品として成り立つかどうかを問う質問が次々に生まれる。

1ページのプランには、多くの情報がギュッと詰め込まれるので、専門用語だらけの話が「どうすれば〜ができるか」という問いに変わる。余分が削られて、本体がむき出しになるのだ。

たとえば、うちの起業家たちが「持続可能な競争優位」とは何か知っているかと問われたら、彼らの90％が、聞いた覚えはあるが意味はよく知らない、と答えるだろう。

私たちが求めているもの

私たちが求めているのは、元々のアイデアを捨てられるチームだ。ここで育った GoPop というチームがその典型で、今は BuzzFeed に買収され、モバイル用のプロトタイプを開発している。大多数のチームは、見込みのないものにしがみついて、時間を使い果たす。

そうした中に、ひらめきの瞬間をつかむチームがある。彼らは、大切にしてきたものを消すことができる。次に何が来るかわからないまま、確信をもって切り捨てるのだ。彼らは、かつて同じことをした人々のストーリーから力を得て同じ行動に踏み切り、自覚しながら深みに落ちていく。≫

233

Matter デザイン主導のアクセラレーター

共感とヒューマン・ファクター

デザインアプローチの美点は、すべてがヒューマン・ファクターから始まることである。あなたが発見のプロセス全体の土台にするのは、現実の人間の現実のニーズだ。それを土台にしないでビジネスを構築するのは、砂の上に楼閣を建てるのと同じである。

あなたが将来提供するものを使ったり買ったりする人々を理解する努力から始めよう。そうすれば、顧客に対する商品の魅力や、作りやすさ、市場での持続性を最大化するプロトタイプがもっと容易に作れるし、テストもしやすくなる。顧客に対する共感がないと、リーンスタートアップの多くは、自分たちが作ると決めたものの最良のバージョンに向けて最適化をおこなってしまう。それが自分たちの作るべきものかどうかの検討をどこかに忘れてしまうのだ。本質的に、リーンスタートアップは極大に達するための優れた方法だが、必ずしも最大を実現できるわけではない。

大事なのはステージではなくスピードだ

企業が私たちのアクセラレーターに適しているかどうかを評価するとき、私たちが基準にするのは、彼らが適切なスキルセットに基づ
いていて、チームに実績があり、彼らの製品やサービスにワクワクするかどうかである。

しかし、何よりも私たちが確かめたいのは、起業の深い霧の中を何とかして通り抜けるマインドセットと原動力を持っているかどうかだ。すなわち、ミッションに適合していて、共同作業が得意で、ユーザー中心の考え方を持ち、プロトタイプ主導で、メディアに革命を起こすためには砂漠さえ踏破する覚悟があるチームである。

彼らは稀少なチャンスを利用して、エコシステムのあらゆる人、つまり、メンター、メディアのパートナー、投資家、他の起業家たちから恩恵を受ける。彼らにとってフィードバックはプレゼントである。そして彼らは、自分たちの次のステージに、現在のペースで進むよりも速く到達したいと思っている。■

フィードバックを返してくれるメンターや他の組織との交流に時間を使おう。

234

これまで、組織内でのデザインの拡張について多くの議論がされてきたが、すでに将来のリーダーはデザインのツールやスキルをマスターし、デザイナーのマインドセットを身につけて学校を卒業している。それはアートプログラムの出身者だけではない。

世界中で、経営学教育の屋台骨である MBA のプログラムがデザイン思考を取り入れている。このあとの 2、3 ページで紹介するもののように、デザインが完全にビジネスと融合している事例もある。

世界が変化し、さまざまなスキルや新たなマインドセットが必要になるにつれて、MBA のプログラムも進化し、プログラムを卒業したリーダーたちに、それに対応できるスキルやマインドセットを身につけさせるようになりつつある。好むと好まざるとにかかわらず、将来のリーダーはデザイナーになるだろう。デザインの時代が近づいている。あなたには準備ができているだろうか？

将来のリーダーは
デザイナーだ ≫

ケーススタディ：ビジネスの曖昧さをマスターする

Master Business Admibigistration

CCa DMBA
CALIFORNIA COLLEGE OF THE ARTS

ネイサン・シェドロフは、カリフォルニア美術大学にデザイン戦略MBAプログラムを創設した講座主任である。シェドロフが構想したのは、従来とはまったく違うタイプのビジネス大学院のプログラムだった。狙いは、これからのリーダーたちに、豊かなだけではなく持続可能で有意義な未来を想像しデザインできるような、マインドセットや訓練や実習を経験させることだった。

「デザイナーは、誰か他の人が変化を起こすのを待っていてはダメだと学ばなければならない。持続可能性と資源の枯渇の面から見ると、有益な変化を起こすためには、こういう考え方の人が、あと60億人必要だ。だから、デザインプロセスを幼稚園から教育に取り入れよう。幼稚園から高校3年生になるまでのどこかで、もうこういう暮らし方はできないのだと私たちが教えなければいけない」

——ネイサン・シェドロフ、カリフォルニア美術大学準教授で、デザインMBAプログラムの講座主任。designmba.cca.edu

今日の、ダイナミックで、予測不能で、そしてワクワクするビジネス環境に適したスキルを、私たちはリーダーに教えているだろうか？

正しい答えを探すのではなく、正しい問いを探そう

もし、あなたが5年以上前に経営学修士号（MBA）を取っていたら、マーケティング、経済学、金融、経営、組織行動、リーダーシップといった所定の科目を、講義、教科書、ケーススタディ、グループワークなどをとおして学んでいただろう。マーケティングの授業は、4つのP、5つの要因で構成される競争、3つの選択肢に要約される戦略を中心に展開していたはずだ。ちなみに3つの選択肢というのは、市場リーダー、ファーストフォロワー、低コストプロバイダのことである。当時のリーダーは大局的なビジョンを伝えられる人物だったし、経営陣はプロジェクトや人間を監督する運営スキルを持っていた。けれど、そのときから時代

は変わった。現在では、絶え間ない変化が、新たな創造的破壊や混乱をあおり、古い戦略は道端に打ち捨てられている。

イノベーションを推進する

ビジネスの競争は、もはや、顧客の（固定した）ニーズの最も大きな部分を誰が取るかという問題ではなくなっている。誰が、顧客の真のニーズに、まったく新しい方法で、リアルタイムに応えられるかが問題なのだ。顧客のニーズは絶えず変化しているからである。顧客は、自分が求めるどんなサービスや製品もクリック1つで見つけられる。提供されたものが気に入らないときは、意地の悪いツイートを2、3本打てば、全地球に響くメガホンが即座に売り手にダメージを与えてくれる。

——エミリー・ロビン、
2016年のDMBA修了生

イノベーションの推進は現代のルールである。例外はない。今、持続可能なビジネスモデルにはさまざまなフレーバーがあり、持続する成功は、伝統的なMBAのコースで使われたケーススタディの概要よりもはるかに複雑になっている。

だとしたら、将来のリーダーたちは、今日の、ダイナミックで、予測不能で、そしてワクワクする環境で成功するために、何を学び、何を経験する必要があるのだろうか？

直感的スキル

10年前、作家のダニエル・ピンクは、MFAつまり美術修士号を新しいMBAと考えてはどうかと提案した。彼の独創的な本『ハイ・コンセプト——「新しいこと」を考え出す人の時代』（三笠書房、2006年）の中でピンクは、世界はもっと自動化や外注化が進み、オファーであふれるだろうと予言した。彼の主張は、共感、ストーリー、遊び、意味など、感性的で人間に訴えるスキルに、教育上もっと組織的な注意が払われるべきだというものだった。要するに、創造的、直感的なスキルやプロセス主導の定量的なスキルの開発を助けるために、規律のある訓練が必要だと訴えたのだ。

ピンクが描いた未来像は、スマートフォンやUberなど、現在、私たちにとってなくてはなら

この前、
すべての答えを
「知っているわけではない」ことを心地よいと感じたのはいつだっただろう？

ないものをほとんど先取りしている。彼の予言は正しかった。唯一間違っていたのは、こんなにも早く実現してしまったことだ。

曖昧さ

DMBAは、MBAプログラムの新たな基準として、ピンクのMFAを取り入れる時が来たと真剣に考えている。手始めにできることはプログラムの名称の変更だ。「Mastering Business Administration（ビジネスの管理をマスターする）」（これから先、管理する機会などあるのだろうか？）の時代はすでに過ぎ去ってしまった。今、私たちが教えなければならないモデルをもっと適切に表現する名称があるとすれば、それは「Master-

正しいと証明されるまでは、
すべてが想定である。

——シュリ・バルクリシュナ・パティル、
2016年のDMBA修了生

「Mastering Business Administration (ビジネスの管理をマスターする)」時代はすでに過ぎ去った。

ing Business Ambiguity（ビジネスの曖昧さをマスターする）」だろう。

「DMBA」は、カリフォルニア美術大学に13ある先進的大学院プログラムの1つである。そのカリキュラムは、109年の歴史を持つ評価の高い美術・デザイン教育と、ベイエリアの起業家精神とを統合した教育法によって、活気あふれるものになっている。リサ・ケイ・ソロモンは、ここ6年間革新的なデザイン戦略MBAの一翼を担ってきた。彼女が力を注いだのは、創造的かつ分析的な問題解決スキルの統合である。それは、持続可能でインパクトを重視した方法で、価値を創造し、獲得し、拡張するのに役立つものだ。

適応問題

DMBAでは、4学期のそれぞれにスタジオベースのコースが設定されている。それらのコースには、理論、ベストプラクティス、ダイナミックツール、本物のクライアントや、世界で起りつつある問題に対する実践的な取り組みなどが織り込まれている。どのクラスも、利益を超えて、仕事が社会やコミュニティや環境に与える影響について、学生が考えるようにデザインされている。「イノベーションスタジオ」の授業では、学生が「お金の未来」「仕事の未来」「有権者の政治参加の未来」といった、複雑な適応問題に取り組んできた。こうした挑戦は、学生が大学院教育を体験する初日から始まる。プログラム全体をとおして学生が経験し実践する、拡散的、収束的なプロセスの洗礼を受けるのだ。

チームを作る人

ビジネスにおけるすべての挑戦と同じように、このアプローチも、勇気と、1つの簡単な答えでは解決できない問題に進んで取り組む意志が必要だ。学生は、この本に掲載しているのと同じツールやスキルを使って、有効な解決策へ続く道を見つけなければならない。学生は、ビジュアル思考やデザイン思考、視点の取り方、共感に基づいた自由回答形式の質問といった創造的スキルを学ぶ。また、あらゆる種類のコミュニケーションチャネルを使って、多様な視点を持った、協力的で生産的なチームの作業を促進するスキルを身につける。それに加えて、学生には、業界のさまざまな専門家やリーダーと、直接一緒に作業をする機会が与えられる。専門家たちはしばしばクラスを訪れ、講義をするだけではなく、共同製作者、メンター、人的ネットワークを作る人として、学生と一緒に学ぶのである。 **≫**

あなたの組織で、デザインの拡張を支援してくれるのは誰だろう?

——セバスチャン・イプラー、2016年のDMBA修了生

238

BECAUSE...

チームでの作業は、
チームとしての作業と
同じくらい重要だ。

——ジェニファー・ムーラー

アイデアを実行する

DMBA の学生は、学期ごとに、問題になりつつある事象に対して独自のソリューションを考え出す機会を与えられる。彼らは動的なフレームワークとツールを使って既存のビジネスモデルを詳しく調べ、新しいビジネスモデルを作り出す。学生は、冷酷なまでに執拗な捜査官や厳格

な研究者でなければならないし、同時に、直感や戦略的判断を磨くことも求められる。彼らは、アイデアを実現するために、自分が得た洞察を、仮説を前提とした実験に転換するための、新しく、疑問の余地がない方法を見つけなければならない。説得力のあるストーリーや場数を踏んだプレゼンテーションを通じて、アイデアを共有する方法を学ぶ必要もある。プレゼンテーションは、アイデアの金銭的価値だけではなく、相手の感情的ニーズに光を当てることが肝心だ。そうする中で、学生たちは不確実性や曖昧さに心地よさを感じるようになっていく。彼らは新たな能力を開発するために、リスクを冒してコンフォートゾーンから外に踏み出す。たとえ早々と失敗する結果になっても意に介さないのだ。

これが私たちの新しいリーダーだ

DMBA の学生は、可能性と、楽観主義と、豊かさというマインドセットを身につける。これが最も重要な点だ。彼らは、リーダーとしての役割は、「正しい」と証明された1つのソリューションを提示することではないと気づいていく。やがて、何か根本的に新しいものを生み出すためのスペースや、条件や、チームを作るのがリーダーの役割だと確信する。学生たちは、新しい言語、新しいツール、新しいスキル、そして、変化によって生まれるチャンスを、継続的に、繰り返し利用する能力を身につける。もし、あなたが将来変革を起こしたいなら、持つべきなのはこのマインドセットである。■

—— DMBA の本棚

現実世界の曖昧さをマスターする DMBA の修了生たち

あなたが解決したいと情熱を燃やしている「やっかいな問題」は何だろうか?

アダム・ドール、
2010年の DMBA の修了生
利用しやすい医療制度をデザインする

アダムは、開設されたばかりの DMBA を修了して間もなく「大統領府イノベーション・フェローズ」に選ばれ、ホワイトハウスに勤務する。アメリカ保健社会福祉省と協力して民間セクターとの協力を進め、アメリカにおけるオーダーメイド医療の成長を促進している。

スー・ポロック、
2013年の DMBA の修了生
持続可能な惑星をデザインする

ザ・ネイチャー・コンサーバンシーの自然保護プログラム開発部門の統括責任者。科学者、自然保護活動家、支援者、資金提供者、非営利団体などのさまざまなスタッフが、共通の目標に向かって協力するのを、スーはデザインを使って支援している。「私たちの仕事は、本質的に、『やっかいな問題』に対処するためにある。利害関係者を集めて信頼を築くことが、使命を果たす鍵になる」

モハメッド・ビラル、
2014年の DMBA の修了生
異文化コミュニティをデザインする

モハメッド・ビラルは、人の心を捉えるストーリーテラーであり、プロデューサー、テレビのパーソナリティーでもある。African American Art and Culture Complex(アフリカ系アメリカ人芸術文化センター)の理事を務めるビラルは、アフリカを中心とした芸術文化の表現や、メディア、教育、各種の企画を通じてコミュニティを改善する活発な組織を監督している。その活動の目的は、子どもたちや若者に変革の推進者となる動機を与えることである。

パラダイムを打ち壊す、大企業では得ら

もし、かつて勤めていた企業に、そして昔の私に、ひと言伝える機会があったとしたら、こう言うだろう。今日からデザインを始めなさい。顧客のためにデザインを始めなさい。ビジネスモデルと価値提案のデザインを、そして未来の戦略のデザインを始めなさい。とにかく始めなさい。だが、かつての私は、こんなふうに考えていたわけではなかった。

始まり

カリフォルニア美術大学（CCA）のデザイン戦略MBAプログラム（DMBA）に入学する前、私は、オラクル、Hexagon、オートデスクといった大手のB2Bのソフトウェア企業で15年間働いた。これらの企業に勤務するあいだに、セールスエンジニアに始まり、ソフトウェアエンジニア、プロダクトマネージャー、ストラテジストに至るまで、幅広い役割を担った。こうした製品重視（顧客重視の対立概念だ）の企業では、何かあるとすぐ市場要求仕様書（MRD）だの製品要求仕様書（PRD）だの製品ロードマップだのという話になった。特に、上級プロダクトマ

ジャスティン・ロキッツ
戦略デザイナー

れないもの

ネージャーを務めていたオートデスクでは、ほとんどの物事が1年の製品サイクルで動いていて、多くの場合それは5年間のロードマップに基づいていた。

ところが、オートデスクが大胆な変革を実行してクラウドに舵を切ると、重大なことが明らかになり始めた。クラウドでは、切れ目のないリリースサイクルで漸進的な改良をしなければならなかったのだ。私個人も、終わりがなく、しばしばムダな、なぞ解きゲームのように思えるものにうんざりしていた。私は、ソフトウェアを開発するもっといい方法があるのを知っていた。

私がMBAの取得を考え始めたのとほぼ同じころ、リーン開発とかアジャイル開発といったデザインの実践が広がりを見せていた。オートデスクですら、私のグループなどはアジャイル開発の方法論にスイッチし始めていた。私は依然として複数年のロードマップを進めていきながら、もっと良い製品を作る方法としてデザイン思考に関する本をたくさん読んだ。そして、もちろん、自分がただ製品を作りたいだけではないことを自覚していた。重要な製品を作りたかったのだ。

デザイン思考への転換

ビジネスの学位を取ろうとする人の多くは、仕事のチャンスを広げたいと思っている。私もそうだった。イントラプレナー（企業内事業家）として、私がオートデスクで自分の名前を高めたかったのは確かだ。だが、1人の起業家としては、会社の外にある可能性の世界にも心を引かれていた。とくに、サンフランシスコやシリコンバレーのIT業界のお祭り騒ぎを見るとその思いが募った。

起業家に焦点を合わせたMBAのプログラムを探すうちに、私はCCAのDMBAプログラムと出会った。私の注意を引いたのは、DMBAが掲げていたプロミス（約束）だった。DMBAの学生は、流行している言葉の裏にある理論を学ぶだけではなく、そこに含まれる戦略的な意味を理解しながらデザイン思考を実践できると書かれていたのだ。≫

243

ケーススタディ：変われという声

> 程度の差はあれ、会社の他の人々には
> 見えていなかった大企業特有の問題と機会が、
> 私には見えてきたのだ。

それぞれの学生グループは、わずか2年間で、少なくとも6つの現実世界のクライアントやプロジェクトのために（あるいは共同作業で）ビジネスモデルや戦略を開発する予定になっていて、その環境は（失敗しても）（比較的）安全だとされていた。これだ！と私は思った。

オートデスクでの私の仕事は、1隻のソフトウェアの巨大船を沈まないように運航させることだった。そのため、種類の異なる複数のプロジェクトで同時に仕事をする機会はほとんどなかった。たとえあったとしても、多くの失敗は許されなかっただろう。だから私はDMBAのプログラムを選んだ。

アハ体験

私がDMBAを踏破する旅は、大部分のクラスメイトとちょっと違っていた。1つには、コホートの99％の学生よりも私のほうが年長だった。彼らはほとんど20代の半ばだったが、私は30代の（かなり）後半だった。そのうえ、若いころの創造的な自分からも距離ができ

ていた。長年、製品重視の巨大企業で働いていたせいで私が放置していたなけなしのデザインスキルは、潜在意識の底深くに埋もれていた。だが、私が一番驚いたことはクラスメイトとの年齢差ではなかった。むしろ、DMBAに入学した学生に、並外れた才能を持ち、創造力にあふれたデザイナーがたくさんいることに驚嘆した。私がデザインに重点を置いたプログラムに少しおじけづいていたのは言うまでもない。だが、私だって同じくらいの価値があるものを持っていた。経験である。

最初に、ちょうどいいタイミングで起きたアハ体験のおかげで壁が壊れると、私はビジネスと人生への向き合い方をまったく新しい形で建て直すことができた。事実、プログラムの2カ月目までにはマインドセットが大きく変わった。程度の差はあれ、会社の他の人々には見えていなかった大企業特有の問題と機会が私には見えてきたのだ。ただ、すでにそれに気づいていた人々もいた。デザイナーだ。

パラダイムシフト

では、どうしてあんなことが起きたのだろう？　デザイン思考の視点から見ると、他の人たちには見えないものが見えるのはなぜだろうか？　前に書いたように、CCAのDMBAプログラムの根幹をなすのは、ありとあらゆるものはデザインできる（し、そうすべきだ）という思想である。確かに、私たちは誰でも、製品や、ウェブサイトや、サービスがデザインできると知っている。だが、同じツールやスキルやテクニックで、イノベーションや、ビジネス、果ては未来までがデザインできるのである。デザインプロセスの基本的なフレームワークは、顧客のニーズに注目し、プロトタイプを作り、想

244

定を検証し、最後に製品を作る、というものだ。現実世界でのこの考え方の例、つまり、Airbnb、Uber、Amazon、プロクター・アンド・ギャンブル（P&G）や、その他の革新的で、パラダイムシフトを起こすような（入念にデザインされた）ビジネスモデルを持った組織について知ると、見たり学んだりしたことが忘れられなくなる。私の場合、これは2カ月目に、リサ・ケイ・ソロモンの「イノベーションスタジオ」という授業で起こった。

それまでのビジネスの知識を、新しいツールや、スキルや、マインドセットに置き換えると、私は、自分の（人生と仕事での）経験はデザイン思考をリアルタイムで適用する能力を高めただけだとわかった。オートデスクに戻ると、私は「デザイン色」の新しい眼鏡をかけた。それは、チームとともに、新しい、人間中心のイノベーションに集中するのに役立った。私は、デザイナーの同僚に協力してもらい、シンプルなプロトタイプと山ほどの質問を使って、自分たちの想定を頻繁にテストした。また、それまでにおこなったすべてのプレゼンテーションを捨てて、新しい視覚的言語をデザインし、戦略的会話（と今ならば呼ぶもの）を円滑に進めるために使った（おかげでムダな発言がずいぶん減った）。私は、毎日のように新しいツールをベルトに差していった。

そのころマネージャーを務めていた製品のために私たちが（顧客中心のデザイン思考の原則を使って）開発したイノベーションも、パラダイムシフトを起こすようなものだった。実際、それらの技術的イノベーションのいくつかは特許出願中になっている。顧客中心のデザインの意外な効用だった。■

ぼくには死んだ (人たち) マインドセットが見えるんだ ［映画『シックス・センス』で霊感の強い少年が言うセリフを元にしている］

2015年、私はオートデスクを退社し、サンフランシスコに Business Models 社のオフィスを開設した。去年1年間、私は大手自動車メーカーから非営利団体、ビッグデータを扱う企業まで、幅広いクライアントと仕事をし、彼らがどれほど支援を必要としているかを痛感した。

私自身のデザインパラダイムが根本的に変わってしまったので、今では他の人々がマインドセット（とプロセス）を変える手助けが仕事の一部になっている。クライアントたちは、アイデアと実行に焦点を置いた2段階の製品開発から、デザイン中心で、顧客を最優先するマインドセットの採用にシフトしている。私たちは、彼らと一緒にニーズを見つけ、共同でアイデアを生み出し、想定を検証し、連続して実行する。

デザインツールとプロセスを信頼しよう。確かに、プロジェクトは常に成功するとはかぎらない。けれど、適切な（デザイナーの）マインドセットと（顧客への）フォーカスがあれば、やがてイテレーションのやり方がわかるはずだ。私がクライアントに真っ先に伝えるアドバイスは、今すぐにデザインを始めなさいということだ。あなたも、顧客のためにデザインを始めよう。ビジネスモデルと価値提案のデザインを始めよう。そして、未来の戦略のデザインを始めよう。

始めるのは今しかない！

投資のレディネスレベル 〔ある事業がどれだけ投資に適しているかを表す指標。投資成熟度レベル〕

あなたが、投資家でも、インキュベーターの経営者でも、スタートアップの起業家でも、大企業の管理職でも、成功するプロジェクトや製品や企業と成功しないものとを、プロセスの早い段階で見分けるメトリクスを知りたいはずだ。

直感だけではダメだ

長いあいだ、投資家や企業経営者が、生まれたばかりのプロジェクトやスタートアップが安全な投資先かどうかを知りたいとき頼れるのは、直感だけだった。これには強いビジネスの体力が必要だ。ほとんどの場合、自由に使えるメトリクスは、製品のデモ、スライドデッキ、プロジェクトチームといった定性的なものだった。確かに他の人よりもカンの鋭い人はいる。だが、スティーブ・ブランクが言うように、「判断の参考にできるような客観的な方法はなかった」

投資のレディネスレベル

現在、ほとんどすべてのプロジェクト、製品、企業は、データの塔の頂点に築かれている。もし、そのデータを使ってプロジェクトや製品や企業の進展や成功を、定性的、定量的に評価できたらどうだろうか？　実際、できるのだ。

スティーブ・ブランクが開発した「投資のレディネスレベル（IRL）」を使えば、誰でもプロジェクトや製品や企業を、社内の他のプロジェクトや製品と、あるいは投資ポートフォリオと簡単に比較できる。

マネーボール

この本を通じて私たちが説明してきたのは、より良いビジネスをデザインするためには、適切なチームを編成し、適切なスキルとマインドセットを獲得し、適切な時に適切なツールやプロセスを使うということだった。ちょっと考えると、こうしたものの質はつかみどころがないように思える。ベンチャーが最終的に成功するか失敗するか以外に、どんな尺度で評価できるというのだろう？

アメリカの球団経営者たちもずっとこの考えを信じてきたが、興味深いことに、2002年に終止符が打たれた。詳細は、マイケル・ルイスが2003年に発表した同名のノンフィクション書籍を元に制作され、賞も獲得した映画『マネーボール』に描かれている。オークランド・アスレチックスのマネージャー、ビリー・ビーンが、選手の成績を分析したメトリクスを利用してチームを編成し、資金が豊富なライバルチームを相手に驚くべき成功を収めたのだ。

打率と出塁率の両方を統計分析したビーンは、他の大部分の球団が求めていた（そしてお金を払った）スピードや（ボールとの）コンタクトなどの特性よりも、データを元にしたほうが成功率の高い攻撃方法がわかるという仮説を証明した。それに基づいて、アスレチックスは自由市場の選手と契約するという方法で数千万ドルを節約した。前代未聞の出来事だった。あなたもどこかで聞いたことがあるんじゃないだろうか？　で、アスレチックスだが、負け越しの記録を持っていた状態から、2002年、2003年にプレーオフに出場するという躍進を遂げたのだ。

さあ、**マネーボール**の始まりだ!

多くの投資が、その場のパッとした判断に基づいておこなわれている。たとえば、「すごいプレゼンだった」とか「デモに感動した」とか「素晴らしいチームだ！」という感じだ。スタートアップが入手できる実データがなく、コホート内やポートフォリオ同士で比較できるデータがなかった20世紀の遺物である。そんな時代は過ぎ去った。

今、私たちは、インキュベーターやアクセラレーターを次のレベルへと引き上げるツールもテクノロジーもデータも持っている。スタートアップは、反復や拡張が可能なビジネスモデルを持っている証拠を投資家に示すことで、自分たちの能力を証明できる。そのためのメトリクスを投資家に提供するのが、投資のレディネスレベルである。

投資家がマネーボールをする時代が来たのだ。

自分でやる

デザインの拡張によって成果を出すには、人材、スキル、ツール、マインドセット、プロセスの、適切なコンビネーションが必要になる。投資のレディネスレベルを使えば、マネーボールが可能になり、メトリクスを達成度に適用することで、プロジェクトや製品や企業がどれくらいうまくいっているかを測れる。

次のページでは、投資のレディネスレベルをどういうふうに使えば、メトリクス主導の簡単な方法で、デザインプロジェクトを評価できるかを説明しよう。■

詳しい背景については、スティーブ・G・ブランク、ボブ・ドーフ著
『スタートアップ・マニュアル──ベンチャー創業から大企業の新
事業立ち上げまで』（翔泳社、2012年）を参照。

スティーブ・ブランク
シリアルアントレプレナー、著作家、講演者

ツール：**投資のレディネスレベル**

投資のレディネスレベルはスティーブ・ブランクによって作成された。

あなたがチームリーダーでもマネージャーでも投資家でも、投資のレディネスレベルを使えば、製品やプロジェクトや企業の進捗状況を定量化する手段が得られ、投資判断に役立つ。

フォーカスする

レベルを定義する

±15分

セッション

チーム

全員で

ビジネスの到達度をレベルに分ける

プロジェクトや製品や企業は、ライフサイクルのどこにいるのか？ この本で紹介しているすべてのツールと同様に、IRL は充実した戦略的会話を実現するようにデザインされている。ここではその手段として、話題にしているプロジェクト、製品、企業のビジネスモデルに関連する一般的なメトリクスのセットを会話のベースにする。

次のステップは何か？

IRL は規範的なツールでもある。プロジェクトや製品や企業がデザインプロセスのどこにいても、次の目標はすぐに明らかになる。

多くのプロジェクトリードやプロダクトマネージャーや起業家は、次の製品のローンチか、効果的なプレゼンテーションやデモしか頭にない。しかし、デザインプロセスを採用するのなら、学習を最大化することに集中すべきである。

どれほど多くのインタビュー、イテレーション、ピボット、やり直し、実験、MVP（実用最小限の製品）を彼らは経験してきたのだろうか？ そこから何を得たのだろう？ それは彼らの判断にどんな影響を与えたのだろうか？ 彼らの次のステップを裏付ける証拠は何だろう？

IRL を使ってプロジェクトのアップデートをするときでも投資家にプレゼンするときでも、焦点を置くべきなのは、どうやって証拠を集めたか、それは下敷きにしているビジネスモデルの理解にどういう影響を与えたのか、ということである。

IRL とは何か

❯ 投資のレディネスレベル（IRL）を使えば、「自分たちはどういう状態にあるか」というメトリクスのセットが得られる。

❯ IRL は、投資家、企業のイノベーショングループ、起業家が共有できる、共通言語とメトリクスを生み出す。

❯ IRL は柔軟なので、業界特有のビジネスモデルに合わせて修正できる。

❯ IRL は、企業のイノベーション部門や、アクセラレーター、インキュベーターを運営する人々のための、さらに大きなツール群の一部である。

投資のレディネスレベルについて詳しい背景を知りたい人は、steveblank.com および、スティーブ・ブランクのブログをチェックしよう。

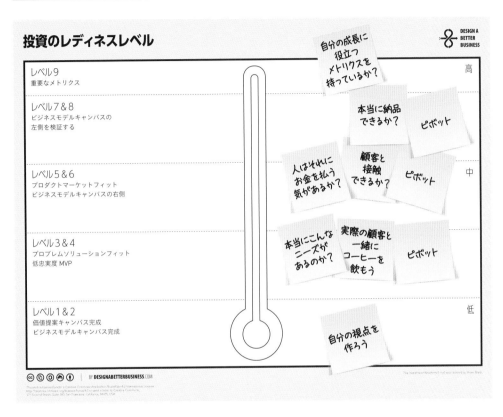

チェックリスト

☐ 投資のレディネスレベルを
定義した。

☐ 見直しを継続して、
投資のレディネスレベルの精度を
上げていく。

次のステップ

➤ 次のレベルに達するために
何が必要かを考える。

➤ 投資家を探す。

レベル1&2
始めたいことや変えたいことを定義し、ビジネスモデルキャンバスに記入し、自分の想定を明確にする。

レベル3&4
オフィスから出て、顧客を理解する。発見や洞察をうまく表している言葉を引用する。

レベル5&6
プロダクトマーケットフィットを見つけ、顧客の流れ、チャネル、顧客を引きつけて逃がさない方法を理解する。

レベル7&8
ビジネスモデルキャンバスの左側を理解する。資源とコストといった重要な部分をどんなふうに扱うか？

レベル9
重要なメトリクスに焦点を合わせ、ビジネスと、ここまでに成し遂げた変化を拡張する。

ヒント
あなたの学習のプロセスはどんなものか？ IRLをあなたの会社や業界に特化したものにしよう。着目すべきなのは、仮説の数とインタビューの数だ。

249

事例：**投資のレディネスレベル**

じゃあ、1つのアイデアがあるんですね……

たった1つのアイデアからスタートするときは、投資のレディネスレベルを使って自分の進捗状況を追っていこう。または、すでに確立したスタートアップを持っている場合は、IRLを使って次に何をすべきかを考えよう。デコボコ道を進むことを覚悟しておく。

レベル1&2：自分の想定を明確にする。

自分の視点からスタートしよう。まず、ビジネスモデルキャンバスと価値提案キャンバスを完成させる。次に、ビジョンとデザイン基準を定義する。これらはすべて想定だらけになるはずだ。そこで、「最もリスクの高い想定」キャンバス（204ページ）を使って、どれが最もリスクの高い想定かを見極める。想定を明確にしよう！

レベル3&4：プロブレムソリューションフィットを見つける

潜在顧客へのインタビューによって、問題があるかどうかを確かめる。顧客のニーズを正しく理解しよう。

実用最小限の製品（MVP）のプロトタイプを作る。検証済みの発見（顧客の洞察に思わず声を上げるだろう）を集めるのに十分な機能（おおまかな表現でいい）があるものにしよう。

顧客は何を欲しがり、
何を必要としているの
だろうか？　その対価
として喜んで払うのは
いくらだろう？

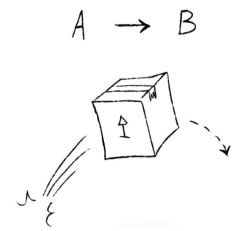

A → B

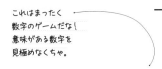

これはまったく
数字のゲームだな！
意味がある数字を
見極めなくちゃ。

レベル5＆6：右側を検証する。

ビジネスモデルキャンバスの右側を検証する。MVP
を通じてプロダクトマーケットフィットを検証す
る。実験によって、価値提案、顧客セグメント、
チャネル、顧客との関係を検証し、常に、次に最
もリスクの高い想定をテストする。

レベル7＆8：左側を検証する。

最後は、最終製品に非常に近い高忠実度のMVPを
開発する番だ。今度はビジネスモデルキャンバス
の左側を検証する。実際に、約束した価値を実現し、
運用し、顧客に提供できるだろうか？

鍵となる資源とアクティビティ、そしてコストを
検証する。また、パートナーに対してデューデリ
ジェンスをおこない、自分が適正なパートナーと
仕事をしていることを確認する。

レベル9：重要なメトリクス

あなたの会社にとっての、あるいはあなたがいる
業界での成功や投資成熟度を測るメトリクスを定
義する。適切なメトリクスは、ビジネスが成長軌
道に乗っているかどうかを示すものだ。その逆が、
誤った安心感を与える「バニティーメトリクス（虚
栄の指標）」である。あなたのビジネスの成長と最
も強い相関関係を持つメトリクスを見つけて、拡
張に役立てよう！

ここまでに
やり終えたことは……

❯ **投資のレディネスレベル**を
定義した　　　　　　　　　P.248

❯ **次のステップ**がどういうものかを
明確に把握できた　　　　　P.250

次のステップ

❯ **ループに戻る**　　　　　　P.50
次の投資のレディネスレベルに取り組む

❯ **あなたのデザインジャーニーを
共有する**　　　　　　　　P.72
あなたのデザインジャーニーについて
オンラインで教えてほしい

おさらい

不信は**イノベーション**を
ダメにする。

アクセラレーターは
新たな**拡張を探す猟場**である。

未来のリーダーはデザイナーだ。

とにかく始めよう!

大企業がリスクしか見ない
ところに、**スタートアップは
チャンスを見出す。**

業務の遂行に専念している人
にとって、**イノベーションの
プロセスは曖昧に感じられる。**

成功とは
成功するまで
続けることだ。

新しい未来。
新しい企業。
新しい人間。

「世界があまりにも急速に変化しているので、大学で勉強しても、
卒業するころには学んだことの大半が妥当性を失い、多くが時代遅れになる。
これは、知識や経験が、もはや人が生きていくのに最も役立つものではなくなったという意味だ。
それよりはるかに価値があるのは、学ぶ能力や、学んだことを新しい独自のシナリオに
適用する能力である」

——ジェイコブ・モーガン著
『The Future of Work: Attract New Talent, Build Better Leaders, and Create a Competitive Organization
（仕事の未来——新たな才能を集め、優れたリーダーを生み、競争力のある組織を作る）』

いったい誰がこんな時代が来ると想像しただろうか？　私たちは今、発達したデジタルメディアを使って、コミュニケーションをとり、共同作業をし、相互に接続し、情報を追跡している。それなのに、付箋やマーカーといった単純なツールと、デザイナーのスキルやマインドセットを組み合わせれば、不確実性を利用して、より良い未来のビジネスがデザインできるのだ。

企業が、ただ周囲の変化についていくだけのために悪戦苦闘するようなビジネス環境は、いまだかつて存在しなかった。そのうえ、変化のスピードはひたすら加速している。大企業が既存のビジネスモデルに従って仕事を続ける一方で、スタートアップやデザイン志向の企業は現状への挑戦を続けている。そうするうちに新たな産業が出現し、他の産業は衰退へと向かう。

学位を超えるもの

過去2世紀のあいだ、大企業が新しい市場分野を開拓する基盤にしてきたのは、特定の学位と実務の才能だった。しかし、インターネットによって誰もが瞬時に知識にアクセスし、グローバルな意見交換に参加できるようになると、公的な資格の重要性はますます薄れ

そのうえ、もっと多くのものがつながる世界になれば、人々はまったく新しい方法で問題を解決し、人間的な野心を追求するようになる。その手段になるのは共同作業とデザインだ。そして変革をもたらすのは、もはや1人の天才でも個人の知識や経験でもなく、「群衆の英知」になる。いずれにせよ、重要なのは、もっと懸命に働くことではない。もっと賢く働くことだ。

デザイナーのように考え、仕事をする

新しく、賢い働き方とは、デザイナーの仕事のやり方である。デザイン思考を取り入れた企業は、変化に逆らったり、利益を増やすためにコストを下げ続けたりしても成長が生まれないとわかる。社員が、顧客に焦点を絞った人間中心の視点を持てるようにすることで、小さなチームが極めて大きな成果をあげられるのだ。

デザイン思考を導入した企業は、不確実性に直面しても、そこに莫大なチャンスを見出せるだろう。多才なデザイナー（意外な側面を持つ人々）のチームは、人々の生活や会社の利益だけでなく、私たちの惑星さえ改善する新しい製品やサービスを生み出す。こうした変化を起こす人々（デザイナー）は、職場のデスクよりも、人と人

てきた。今の時点でも、教育を通じてビジネスの知識を得るという考え方そのものに疑問を抱く人は多い。YouTube の動画を見るだけで、誰もが、製品をデザインし、開発し、マーケティングし、販売する方法を学べる世界で、形式的な学位や経歴は重要性を失いつつある。実際、すでに潮目は変わっている。今は、ビジネスの理論しか知らない人々よりも、実際的なデザインのスキルを持った人々のほうが求められるケースが多いのだ。

との交流を大切にする。彼らが価値を置くのは、理解し、アイデアを出し、プロトタイプを作り、検証し、拡張するというプロセスの、迅速で周期的なイテレーションだ。硬直した直線的戦略ではない。

すべては
あなたから
始まる。

すべてはあなたから始まる。

あなたの会社、あなたが生み出す製品やサービス、そしてマインド
セットの変革は、すべてあなたから始まる。必要なのは、あなたが
反逆者の役割を引き受け、コンフォートゾーンから外へ踏み出すこ
とだ。小さく始めてもいいし、大きく始めてもいい。だが、何をす
るにしても、組織の中で自分が起こしたい変化を、形あるものにし
なければならない。そのとき初めて真の変化が起きるのだ。■

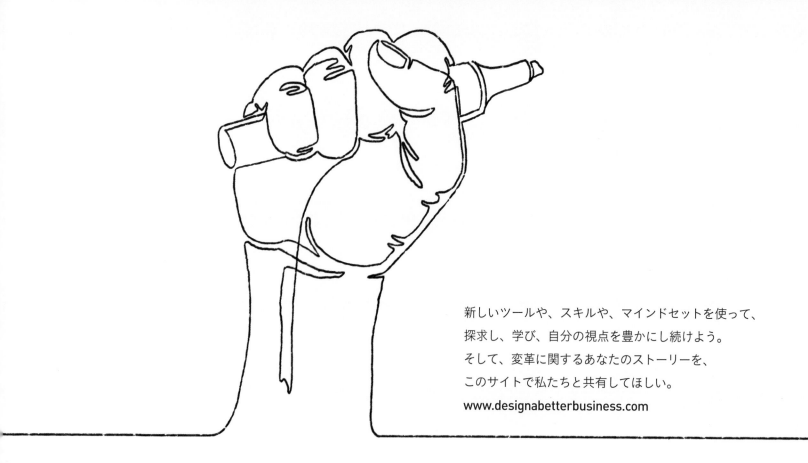

新しいツールや、スキルや、マインドセットを使って、
探求し、学び、自分の視点を豊かにし続けよう。
そして、変革に関するあなたのストーリーを、
このサイトで私たちと共有してほしい。
www.designabetterbusiness.com

メイキング：
100日で1冊の本を作る

私たちはアムステルダムの「地下牢〔ダンジョン〕」に3カ月間身をひそめてこの本を制作した。
制作のプロセスは、この本自体への旅であり、この本自体の旅でもあった。
多くの愛しいものを切り捨てながら、私たち自身のダブルループをたどった
波乱に満ちた旅を、みなさんと共有したいと思う。振り返れば、私たちの
デザインジャーニーにも、あるべき姿のダブルループがはっきりと見て取れる。

DAY 01

2016年1月1日：
（100日の）
1日目

↑
✕

ビジョンをマッピングするために、
5ボールド・ステップ・ビジョン®
(62ページ) を使って、簡単なチ
ームセッションをおこなった。

ENTREPRENEUR
WHY BUY?
I WANT TO HAVE A SUCCESSFUL BUSINESS
I WANT TO SOLVE MY PROBLEM
EXAMPLE THAT I CAN RELATE TO
THE RIGHT TOOL
DIAGNOS-TICS

ビジネスモデルキャンバス

KEY PARTNERS(KP)
主要なパートナー

KEY ACTIVITIES(KA)
主なア

5 ボールド・ステップ・ビジョン® キャンバス

魔法の
解決策は
ない

考えを
喚起する

ビジネスの
ための
視覚的戦略

実証済み
＋有用

成功のため
の準備

使いやすい

大胆なステップ

支援

5.
4.
3.
2.

「100」の
ピボット

「100」の
ピボット

DESIGN CRITERIA—

M	S	C	W
MUST	SHOULD	COULD	WON'T
BE THOUGHT PROVOKING	BE LINKED TO EXISTING THEORY	HAVE ADDITIONAL ONLINE CONTENT	BE A "SILVER BULLET"
PROVEN EXAMPLE DRIVEN	BE USEFUL AS TEXT-BOOK		BE COMPLETE
HUMAN/ PERSONAL EXPERIENCE	APPEAL TO EARLY ADAPTERS		THEORETICAL APPROACH
BE PRACTICAL TOOLS-SKILL PERSONAL P.O.V.	STARTING POINT FOR MORE		
APPEAL 2 MASS AUDIENCE			

初めにデザインありき

この本のテーマはデザインなので、私たちはデザインを、仕上がった本の主要な要素にしたかった。そのために、出版の常識に反する方法を採用し、デザイン最優先で作業を始めた。この本のすべての見開きページは白紙からスタートし、チーム全員で、付箋を使って内容を定義したり、ページレイアウトのアイデアを提案したりした。

私たちは視覚的に仕事を進めた。すべての見開きページをオフィスの大きな壁に貼り付けて、チーム全員にフローがわかるようにし、意見やアイデアを書いた付箋を貼り付けた。これらの見開きのスケッチを元に、私たちは InDesign でプロトタイプを作成した。この時点で初めて、できるだけページのスペースに合うように実際のテキストを書いた。そして、プロトタイプの中から、自分たちの判断や、他の人からもらったフィードバックによって採用するものを選ぶことになった。

ビジュアル
ドリンキング！

「それも決定打じゃないね」

デザインとコンテンツは密接に結びついている

DAY **10**
章をプロット
壁に付箋を貼り付ける

DAY **15**
初期デザイン
（フォントのセット、配色、ムードボード）

DAY **28**
48％終了：
校閲セッション

In design thinking wrong is right

259

GROVE
strategyzer.com

THE THREE **AREAS** TO UNDERSTAND

デザイン：エーリク・ファン・デル・プラムと
マーテン・ファン・リースハウト

ジネスデザイナーたち

ル、ジャスティン・ロキッツ、リサ・ケイ

"THIS MASTERFUL BOOK WILL PUT YOU BACK IN THE GAME.
A MUST HAVE FOR EVERY ENTREPRENEUR."
ALLAN SMITHEE

HOW TO
DESIGN

BETTER
BUSINESS

HOW TO DESIGN
BETTER BUSINESS

Written by Patrick van der Pijl, Justin Lokitz
and Lisa Kay Solomon

Designed by Erik van der Pluijm
Maarten van Lieshout

What's in the Journey?

UNDERSTAND

DESIGN

第一印象

30種類を超えるカバーデザイン
のプロトタイプを作り、書店の写真
に貼り付けて他の本と比較してみた。
黄色のカバーが一番目を引くことが
わかった。また、実際の書店に
ダミーの本を置いて客たち
の反応を見た。

ダメだ！
群島の構造は
仕掛けに
凝りすぎだ！

START

GOAL

この海岸はすでに試した

ここはうまくいかない ▲

ここでは何も発明されていない岬 ☠

♂ 自己満足

コンフォートゾーン・プレート

群島

デザインジャーニーを説明するために、私たちは群島のメ
タファーから始めた。それが好評だったので、詳細なデザ
インに取りかかった。

しかし、群島の構造を使った本のダミーを作ってみると、
校閲者たちから、仕掛けに凝りすぎている感じがするとい
う意見が出た。そのメタファーでストーリーを語ると複雑
になりすぎたのだ。

⚓ 最愛の人

象牙の塔

森の中

ブレインストーム山脈

▲ ずっと温めてきた企画

● 黄色い帽子

☠ 単一のソリューション

意思決定
ツール

○ サイコロを振る

● 常識では考えられない組み合わせ

開けている

⚓ 無重力状態

選択肢諸島

✳ 2番目に幸せなこと

DAY
29

感情的な交流

BECOME THE RECORD
COMPANY OF THE CAR
INDUSTRY

● 私がアイデアを出す

● アイデアウォール

校閲セッション：
航海術になぞらえた形式
は大幅な見直しが必要。

Who should read this book?

you skip?

ARE YOU...

ブレークスルー・

SYNTHESIZE

IS
NOT

260

最愛の人を消せ

私たちは、閲覧しやすく、明確な構造を持った本を作りたいと思っていたので、それに多大な注意を払っていたが、独りよがりだったかもしれない。校閲者は3度、私たちに途中でまったく話についていけなくなったと言った。私たちは3度、本を再構成し、読者の誘導の仕方を変えざるを得なかった。私たちはそのたびに多くのことを学び、製品を改善した。ただし、そこにたどり着くためには貴重な部分を切り捨てなければならなかった。

島々よ、
さようなら

こんにちは、
ダブルループ

島を
切り捨てろ

最愛の人を消せ

再び軌道に
戻す

振り出しに戻る：
ダブルループだ！

DAY 30

不確実性に
対処する

DAY 33

0%に戻る

（新しい）ダブルループを
使ってデザインを
再スタートさせる。

DAY 45

15%終了：
（再び）「理解する」の
章を終える。

DAY 57

25%終了：
「準備する」の章を
終える。

5 BOLD STEPS VISION

261

校閲作業を、現場と Google ハングアウトで見守る

私たちが典型的な読者であるのがわかった

全部の承諾書にサインをもらったか？

もっとコピーがいる！

ページ番号

DAY 67 — 43% 終了「視点」の章を終える。

DAY 70 — 72% 終了（予定していた）全部のイラストができあがる。

DAY 77 — 82% 終了「検証する」「イントロダクション」「プロトタイプを作る」の各章を終える。

DAY 82 — 6冊のダミー本を印刷次の校閲セッションへまわす。

拡張する

最後の工程は、細部に注目し、チェックリストや、一貫性、テキストとイラストの仕上げが主役になる手間のかかる作業だ。すべてに画素単位の正確さを期さなければならない。

デザインは直線的なプロセスではない

本も含め、何かをデザインするのは直線的なプロセスではない。イテレーション、ピボット、進路の模索といった意味だけではなく、プランニングや進行にもそれは当てはまる。

進行のスピードは指数関数的に上がる。第1章はまるまる1カ月かかった。第2章は倍の速度になり、最終段階では本全体を1週間で作り直した。当初、私たちは判断や探索に多くの時間を使ったが、最後には設計図が完全に明確になった。それがわかっていたから、このデザインプロセスを締め切りまでに完了できるようにプランニングできたのだ。

要チェック！

INCLUDING
PERSONAL INSIGHTS
AND EXPERIENCES OF
30 DESIGNERS
AND THOUGHT LEADERS

NEW TOOLS, SKILLS, AND MINDSET
FOR STRATEGY AND INNOVATION

DESIGN A
BETTER
BUSINESS

Written by Patrick van der Pijl, Justin Lokitz, and Lisa Kay Solomon
Designed by Erik van der Pluijm & Maarten van Lieshout

「ロレム・イプサム」
（テキストができていない時点でのダミータイプを作るときに使用するダミーテキスト）が残っていないか、**最終チェック**

94% 終了
「アイデアを出す」の章を終える。

96% 終了
「拡張する」の章を終える。

98% 終了
内容が重複するページを整理／削除する。

98.5% 終了
ページ参照を整理する。

99.9% 終了
最終章を終える。

出版！

263

APPENDIX
付録

ケース　　　**NEC はお客様のプロトタイプ場**　　　　　P.266

人名・企業名インデックス　　　　　　　　　　　　　P.282

ツールインデックス　　　　　　　　　　　　　　　　P.283

参考書籍　　　　　　　　　　　　　　　　　　　　　P.284

スタッフクレジット　　　　　　　　　　　　　　　　P.285

著者・デザイナー紹介　　　　　　　　　　　　　　　P.286

顧客との共通言語「NECのデザイン思考」フレームワーク

NECはお客様

どうすれば顧客と共に次の社会をデザインし、
イノベーション創出や事業変革を
実現していくことができるのか?

266

創出の取り組み

のプロトタイプ場

100 年以上の歴史のある、日本の代表的な IT 企業 NEC（日本電気株式会社）。IT 業界は昨今のデジタル化の波による影響が注目されている。NEC が対象とする顧客は、政府、官公庁、公共事業者、通信事業者、製造業、流通・サービス業、金融業など多岐にわたり、そのほとんどがデジタル化の波に直面し、事業や業務の変革を迫られている。

この VUCA の時代に、どうすれば次の社会の価値観を捉え、顧客の事業創出や業務変革を共に実現していくことができるのか？　NEC 常務の小玉は、この問いを解くために、これまでの「IT サービスによる支援」から、専門的なテクノロジーの知見にもとづき「顧客の事業創出や業務変革を自らデザインしていく」というビジネスへの変革を示している。

デジタルビジネスにおけるサービスデザインコンサルタントを務めるシニアマネージャーの安 浩子とチームメンバーの赤堀桃音は、その方法論の開発と展開に取り組んだ。その結果生まれた、NEC の事業開発プロセスとデザイン思考を組み合わせた「NEC のデザイン思考」フレームワークは、今では様々な顧客のデジタル化を加速する Future Creation Design プログラムとして展開するに至っている。

小玉 浩
NEC（日本電気株式会社）
執行役員常務 兼 CIO（チーフインフォメーションオフィサー）
兼 CISO（チーフインフォメーションセキュリティオフィサー）
デジタルビジネスプラットフォームユニット担当

「NECのデザイン思考」ストーリー

私たちは、社員が様々なパートナーと協働作業をするためのマインドセットとプロセス／ツールを記したツールキットを作成した。このツールキットは、本書『DESIGN A BETTER BUSINESS』のプロセスやツールをもとに、本書の著者パトリック氏率いるBusiness Models 社（BMI）の協力で、NEC のお客様と社員のために開発したものである。作成にあたっては、プロトタイプをつくり、実際のプロジェクトで何度もテストを繰り返した。日本固有の言い回しのわかりにくさや従来のビジネスプロセスとの違いなど、実ビジネス上で多数のメンバーが戸惑いを見せるポイントについて集中的に解説。また本ツールキットでは、フレキシブルに自分なりの方法を見つけ出すことのできるよう、手順を詳細に示すよりも、活動の目的や意味に重点を置き記述している。現在は、お客様のデジタルビジネスを加速する「NEC Future Creation Design」として、専門家チームによるコンサルテーションと共にプロセスやツールを提供している。

「組織で」実行する

NEC のような大企業で、協働し、共にあるべき事業の姿を描いていくためには、組織的にその活動の意義を理解してもらいながら集団でイノベーションを起こしていく必要がある。

NEC には、これまで長年培ってきた自社の事業開発プロセスがある。この事業開発プロセスにより、過去いくつもの成功事例を出している。しかし一方で、このデジタルの時代に、お客様のイノベーション創出や業務変革に対して共創する方法について事業部門は課題を持っていた。ビジョンを絵に描くだけの共創プロジェクト、事業実行まで進まない PoC（概念実証）プロジェクトも散見されていた。

こうしたなか、サービスデザインを専門とする私たちは、事業部門がいかにお客様と協働し、共にビジネスを描いていくことができるのか、その方法論を開発し展開する役割を任されることとなった。まずはいくつかのプロジェクトで実施を始めてみたが、そのほとんどのメンバーはデザイン思考を用いた事業開発の方法に馴染みがなかった。

これまで NEC は、IT の導入による顧客の業務効率化に貢献してきた。お客様の要件を実直に実現し、実現方法に重きを置いた活動をしてきた人員がほとんどだった。しかしデジタルの力でお客様のイノベーション創出や業務変革をおこなうためには、デジタル技術の導入が、誰の

何の役に立つのか、その目的や価値をお客様と「共に」デザインしていくことが求められる。

私たちが直面したのは、お客様とのコラボレーション以前に、事業開発の必要性を、そしてコラボレーティブに進めることの重要性、試行錯誤をおこなうことの意義などを説明していく必要があるという現状だった。つまり社内に、新しい事業開発の方法とデザイン思考の導入をおこなっていく必要があったのだ。

厳格な企業文化と慣習の壁

120年の歴史があるNECだからこそ簡単ではなかった。NECはこれまで、パソコンや携帯電話のものづくりや通信インフラ、ミッションクリティカルな大規模SIなどの領域で成功を収めてきた。この背景には、日本の製造業が得意とする重厚で厳密なプロセス管理やドキュメント作成ルール、プロセス間の審査基準などがあり、これらが成功を支えてきたといえる。

しかしこうした成功体験が、このVUCAといわれる変化の激しい時代に新しいデジタルビジネスを創出する弊害となって立ちはだかった。新規事業開発のためにリーンスタートアップのプロセスや、スタートアップのマニュアル、ビジネスモデルキャンバスのメソッドなど、新しい考え方やツールを取り入れても、その実行方法に一部の社員は戸惑ってしまい、ビジネスモデルキャンバス1枚の9つのマスを埋めること自体に一生懸命になってしまったり、本来とは異なる使い方が蔓延する事態となっていた。自部門で理解しやすいように、今までの慣習にならったプロセスに置き換えることにより、ラピッドに試行錯誤するプロセスが抜けてしまうという事象も発生していた。

デザイン思考に関しては、その本質が理解されず、一部ではポストイットをペタペタ貼る行為だと思われていた。ワークショップは目的とタイムテーブルの設計も行われておらず、ブレーンストーミングではテーマや問いの立て方について設計されていない方法が浸透していた。その結果、かえってデザイン思考は失敗する、役に立たない、との誤解も生じた。

こうした状況で、デザイン思考を真剣に学び取り組んだ事業部ほど落胆は大きかった。昨今は、海外事例などの情報も増え認識が変わりつつあるが、当然ながらデザイン思考の考え方だけを既存事業に導入しても役には立たない。デザイン思考のビジネスのプロセスを事業目標に照らし合わせて適用してこそ、その効果を発揮するものだ。このことの理解を促すのも大変だった。

私たちは本書『DESIGN A BETTER BUSINESS』や『ビジネスモデル・ジェネレーション』の出版で著名なビジネスモデル社の台北支社にコンタクトをとり、相談を持ちかけた。BMI台北のメンバーはグローバルで実績のある方法でイノベーションを成功しており、かつ日本人の文化の理解もできる。彼らのグローバルでのビジネスデザインの実績と洗練された本書のメソッドを実験をしながら試行錯誤を重ね、NECの文化に適用していった。こうしてできあがったのが、「NECのデザイン思考」フレームワークである。共通言語となるツール、プロセス、スキルを整備したものだ。

安 浩子
NEC（日本電気株式会社）
デジタルエクスペリエンスデザイングループ
シニアマネージャー

「NECのデザイン思考」 ストーリー

シンプルな共通言語

私たちに必要だったのは、社内外、様々なステークホルダーと迅速に協働するための「共通言語」だった。それはシンプルでわかりやすく、みなが楽しく理解しすぐ実行に移すことのできるものでなければならない。NECは、過去からデザインのメソッドを持っている。それらを活かしつつ、日本企業独特の文化にデザイン思考を取り込む方法、新しい方法が必要だった。

INSIGHT 日本のカルチャーを踏まえた
シンプルな共通言語が共創の鍵

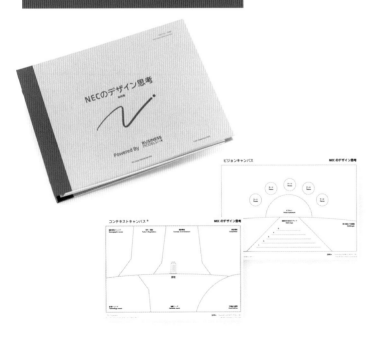

マインドセットのインストール

シンプルな共通言語を備え、ツールを用意すればそれで実践をすることができるかというと、残念ながらそうではない。それらを使って、試し、失敗し、見直す、そのために協働していくことができなければ、価値創造にはつながらない。

試行錯誤やコラボレーティブな取り組みのマインドセットをインストールするために、世の中でよく紹介される成功事例は、チームでバンジージャンプを跳んでみる、共に外に出てダンスをする、などである。しかし、私たちの試行錯誤や実験からは、それだけでは不十分だった。マインドセットを備えない状態で、まじめに生きてきた日本のビジネスマンにそのような急激な変化を要求すると、よりチームから遠ざかってしまうことを経験してきた。これは、私たちが試した様々なチーミングやアイスブレイクの方法からの学びである。

ビジネスをデザインしていくマインドセットが醸成するためには、まず先に不安を取り除くこと。心の準備と楽しさをインストールしてから、ジャンプを楽しむ手順が必要である。その詳細は次のページで解説する。

INSIGHT **不安の払拭と楽しさのインス**
トールが、マインドセットを醸成する

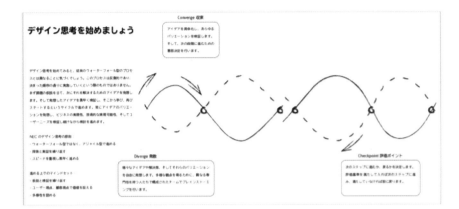

デザイン思考を始めましょう

デザイン思考を始めてみると、従来のウォーターフォール型のプロセスとは異なることに気づくでしょう。このプロセスは反復的であり、決まった順序の通りに実施していくという類のものではありません。まず課題の仮説を立て、次にそれを解決するためのアイデアを発想します。そして発想したアイデアを簡単に検証し、そこから学び、再びスタートするというサイクルで進めます。常にアイデアのバリエーションを発想し、ビジネスの実現性、技術的な実現可能性、そしてユーザーニーズを検証し続けながら検討を進めます。

NEC のデザイン思考の原則
・ウォーターフォール型ではなく、アジャイル型で進める
・探索と実証を繰り返す
・スピードを重視し、素早く進める

進める上でのマインドセット
・探索と検証を繰り返す
・ユーザー視点、顧客視点で価値を捉える
・多様性を認める

Converge 収束
アイデアを具体化し、あらゆるバリエーションを検証します。そして、次の段階に進むための最終決定を行います。

Diverge 発想
様々なアイデアで解決策、そしてそれらのバリエーションを自由に発想します。多様な観点を得るために、異なる専門性を持つ人たちで構成されたチームでブレインストーミングを行います。

Checkpoint 評価ポイント
次のステップに進むか、戻るかを決定します。評価基準を満たして次のステップに進み、満たしていなければ前の段階に戻ります。

彼らは、社内外の関係者にとって慣れない試行錯誤のプロセスに対する不安を払拭するあらゆる手立てを講じた。反復的なプロセスの意義や必要性について文字とイメージで伝えた。また、黒子としてプロジェクトを支援するメンバーのマインドセットや立場を明確にする T シャツやシールなども重要なツールとして具備している。

赤堀 桃音
NEC（日本電気株式会社）
デジタルエクスペリエンスデザイングループ

271

ここでは、デザイン思考を実践していく際によく迷ってしまう2つのポイントと共にその解決策について紹介する。デザイン思考を用いた事業開発では、ウォーターフォール型ではなくアジャイル的に進めていく。今までウォーターフォールで進めていた人からすると、果たして進んでいるのか、最初にどのツールから使わなくてはいけないのかなど進め方に違和感や不安を覚えることがある。たとえば、その進め方が気になり、進め方の議論ばかりをしてしまい、次に何をして良いかわからなくなる、といったことだ。取り組みの最初のころは、実際に他部署からもそのような問い合わせが多くあった。私たちが開発した「NECのデザイン思考」フレームワークでは、実際のプロジェクトで何度もテストを繰り返した結果、日本固有の言葉のわかりにくさや、従来のビジネスデザインプロセスとの違いなど、実ビジネス上で多数のメンバーが戸惑いを見せる2つのポイントについて集中的に解説をしている。

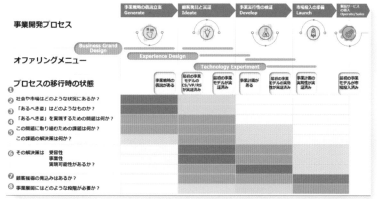

プロセス深度の目安

1つ目の迷いポイント：
進んでいるのかどうかがわからない

1つ目の迷いポイントは「進んでいるのかどうかがわからない」である。アジャイルで進めていくと、同時並行で様々な観点の検証や検討を進め、検証結果が芳しくなかった場合は後戻りをするという工程を繰り返すため、果たして進んでいるのか否かがわからなくなりやすい。そのような場合には、一度立ち止まり、何が現状整理できていて何ができていないかを見直す。NECのデザイン思考ではプロセス移行時に必要な状態の目安を示しており、これに則って現状のフェーズの確認と次のフェーズに移行できるのかを判断できる。

2つ目の迷いポイント： どのツールから使えば良いのか、どれを使うのが正しい のかがわからない

この問いに対しては「プロジェクトの状況や目的に応じて、ツール の位置づけを理解しながら、利用順を検討します」という答えを用 意している。デザイン思考プロセスは反復的であり、決まった順序 の通りに実施していくというものではないことを強調する。事業開 発を進めるうえではこのようなマインドセットが必要になる。

ツールの目的とプロセスの目安を示す

プロジェクトの状態と活動の目的を見定め、それを導き出すのにふさ わしいツールを使う必要がある。たとえば、あるべき姿（ビジョン） が明確であるプロジェクトではビジョンキャンバスから利用する、そ もそも対象領域のことがわからないといった場合はCVCA(Customer

Value Chain Analysis：顧客価値連鎖分析) から始めてみる、とい うように、解くべき課題に対して、現状不明瞭な点はどこか？ 何 を明確にすべきか？など、プロジェクトの状況に応じて適切なツー ルを選択して進めることを提案している。

ツールはあくまで手段であるため、何を明らかにするべきかという 目的を明確にしたうえで必要なツールを選定していくのが適切であ る。NECでは、上記のマインドセットを取り入れた「NECの事業 開発プロセス」とツールを使うタイミングの早見表を整備し、全社 に展開している。

これらのツールは1つずつ完璧にして次のツールに進むといったウ ォーターフォール的な使い方ではなく、ビジネスモデルの精度を上 げていくためにすべてのツールを俯瞰的に使いながら進める。

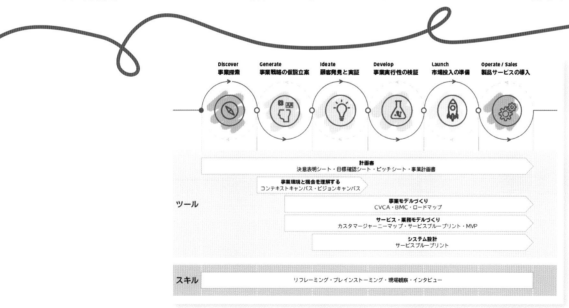

ツールを使うタイミングを対応付けした早見表

NEC 社員の大半は事業開発の方法について学んだことがあり、その必要性も理解している。ワークショップやセミナーで、新しい方法を学ぶことに積極的な社員も多くなってきた。では、これらの知識を身につけ、楽しくワークショップができたら、実際のビジネスで実行できるのか？　答えはもちろんノー。ここでは、初心者がビジネスで実践するうえでの難しさに関する例をご紹介する。

座学とは違う実ビジネス

ツールやフレームワーク無しで初心者が実践力を身につけることの難しさを、「どんぴしゃエンジン」チームの迷走と奮闘を例に見ていこう。初めての事業開発、初めてのデザイン思考、初めての他のメンバーとのコラボレーションで、一緒にプロジェクトを推進するという活動はどのような苦労があるのか、またどんな良い点を感じたのかをお伝えする。

チームとゴール

このプロジェクトでは、「3年以上の業務経験があるが、事業や製品・サービスの企画を実践したことがない初心者」が、次世代の事業を担うメンバーとして選出された。メンバーは、これまでの経験やスキルが混在した4つのチームに分けられた。

3カ月後に検討結果を発表し、プロジェクト継続の承認と投資予算を獲得するのがこのプロジェクトチームの目標である。3カ月の間にも、次の検討フェーズに移れるかの「ゲート審査」が設けられ、外部のベンチャー投資や事業開発の

専門家に客観的な評価を得ながら事業を開発していくというものだった。

チームは、座学で学んだ事業開発プロセスやデザイン思考の考え方を取り入れながら検討を進めていく。基本ツールとして「ビジネスモデルキャンバス」を活用し、これまで学んだ様々な方法を調べながら取り組んでいった。

対象テーマの具体化だけで1.5カ月

さっそく、チームで毎週集まる時間を決めて、学んだとおり計画をしてみたものの、事業開発をしていくことは初心者にとっては大変難しいことを最初の段階で痛感することになった。まず初めに「市場の伸び」「デジタル化できるものか」「外部ステークホルダーの巻き込みやすさ」「自分たちが取り組みたいテーマなのか」という観点でテーマを絞り込んだ。また、もたらす変革については、「エンドユーザーの近くにサービスが来るという未来を描けないか」という観点をもとに、店舗の機会損失を「機会拡大」にシフトするということと、高コストを「低コスト」にシフトするという2点を挙げた。

機会損失の原因分析では、「人（スキル）が限定」されるペットトリマーや美容院などに機会ロスが発生しやすいことがわかった。日常で繰り返し利用し、関係を構築しやすいという観点で、私たちは美容室などの業態にフォーカスすることに決めた。

とここまで順調なようであるが、4つのチームのうち、このどんぴしゃエンジンチームは進行がとても遅れていた。この事業機会の検討になんと1.5カ月もかかってしまった。口頭で議論を進めており、色々な意見が発散するだけで、記録は残らず空論で終わる会議を何度も繰り返した。夜遅くまで話し合った日もあったが、意見はまとまらなかった。

TIP! このような段階では、思考の展開を簡単に可視化できるキャンバスの活用が重要！コンテクストキャンバスを活用すれば、効率的に事業機会の検討ができる。

「どんぴしゃエンジン」の誕生

テーマ決定後、どのような機会損失があるのか
を調べるため、とある美容室でヒアリングをお
こなった。わかったことは、ユーザーからは、
前髪カットなど小さなメンテナンスへのニーズ
があり、店舗はそのニーズを活かすことができ
ていないということである。まず私たちは「店
舗に移動せずに利用できるメンテナンス専門美
容サービス」を考えた。この仮説をもってユー
ザー評価を実施したところ、メンテナンスのニー
ズはあるものの、移動不要のニーズは無かっ
た。むしろ、受けたい時にお店を探すのが面倒、
色々なメニューがあり検索作業が面倒、という
声が多く上がった。そこで私たちが考えたサー
ビスが、今の自分のどんぴしゃがわかり、探す
苦痛から卒業できる「どんぴしゃエンジン」だ。
つまり、ユーザーの気分やニーズと店舗側の状
況や要望をマッチさせるマッチングサービスで
ある。

迷走から本線に戻るためのピッチシート

私たちは、ここでもまた、長い発散と議論をし
続け、自分たちが今いるフェーズと、明らかに
なっていることがわからなくなってしまった。そ
うした時にようやく活用したツールが「ピッチ
シート」だ。ピッチシートは、本書で紹介され
ているツールをプレゼンテーション用に整理し、
順番を決めて表示するオリジナルのツールで
ある。

このピッチシートを途中段階で作成してみるこ
とによって、何が明らかになっているのか、何
が明らかにできていないのかがわかってきた。
口頭の議論だけでは検討をスピーディーに進め
られないと理解した私たちは、検討内容を一度
整理し、見直しながら進めるためにツールを積
極的に使うようにしていった。キャンバス上に
ビジュアルに表現していくことが、プロジェク
トのスピードと質を向上することを実感する体
験であった。

多様なチームと組織としての取り組み

このような苦労をしながらも、このプロジェク
トは学んだことや気づいたことも多かった。た
とえば、専門性や経験の異なるメンバーと一緒
にプロジェクトを進めてみると、検討の幅が広
がり、得意な領域から役割分担が明確化しやす
くなるため、しっかりとキャンバスで議論すれ
ば、効率的かつスピーディーに議論が進められ
る良さに気づくことができた。

さらに、デザイン思考の多様な意見を取り入れ
るための「Yes,and…」話法をベースに議論を進
めることで、オープンなマインドが醸成しやす
くなると感じた。また、実践的な自社プロジェ
クトを題材とし、自分たちの興味のある分野で、
オーナーシップを持って事業開発を体験するこ
とができた。

TIP! 現状や、まだ明らかでないことを把握
してプロジェクトを展開していくためにも、
見える化することが重要！

NEC の **Future Creation Design**

開発された「NEC のデザイン思考」フレームワークを用いて、どのようにお客様と共に次の社会をデザインし、お客様のイノベーション創出や事業変革を共に実現していくことができるのか？　お客様と共に 60 日で迅速に結果を出すために、パッケージ化されたオファリングとして整備された NEC の Future Creation Design について紹介する。

短期間でお客様と共に結論を出す

NEC では、お客様と共にプロジェクトを実行し、短期間で "実のある対話" により答えを出す、Future Creation Design というものがある。「NEC のデザイン思考」フレームワークを活用し、顧客のデジタルを活用した事業創造や業務変革を共に実行するプログラムだ。

60日で実行するには

「NEC のデザイン思考」を活用した Future Creation Design は、基本的なプロジェクト期間は60日で実行する。次のページで紹介する、NEC 本社ビルをプロトタイプにするという実証プロジェクトも、プロジェクトの活動期間は 2019 年10月から 2020 年 6 月の約 9 カ月間。事業企画から開発・ローンチまで、スピーディーに成果を出したプロジェクトのひとつだ。7 月のプレスリリースでお披露目をした製品・サービスやプロトタイプは、顔認証ロッカー、フロア居場所通知、エレベーター混雑表示など、数十件に及ぶ。なぜ、このように早く成果を出すことができるのか？その理由は次に紹介する「道具」「知恵」「仲間」の 3 つがキーとなる。

道具

必要な検討や視点を明らかにするプロセスや手法、ツールを提供

事業開発では市場投入までのスピードが重要であり、また顧客の想定を超える価値を提供するには、従来の枠にとらわれない発想が必要となる。プロセスやツールを使うことで、次に何をすべきか、検討の中で抜けていた視点はないかなどを明らかにすることができる。

知恵

マーケットとコンシューマーのインサイト、業界やテクノロジーナレッジの提供と育成・活動のガイド・事例の提供

マーケットやコンシューマーのインサイトを収集するデザインリサーチプラットフォームの提供や、事業開発に必要なプロセスとツールの基本的な使い方を学べる研修プログラムやガイド、過去の活動をまとめた事例を提供する。プロジェ

クトチームを立ち上げる際や、活動中に迷いが出たときなどに役に立つ。

仲間

三位一体のチームで速く実行する

NEC では、「サービスデザイナー」「ビジネスデザイナー」「テクノロジーデザイナー」の 3 つのタイプの専門家が存在し、デザインコンサルチームとしてプログラムをお客様に提供する。サービスデザイナーは人間中心の考え方を基本とし、顧客や従業員の体験を最適化するサービスや顧客接点を設計する役割を担う。ビジネスデザイナーは、ビジネスモデルとその事業性を検討する役割を担っている。テクノロジーデザイナーは、課題解決をするアイデアを技術的に実現するための方法を検討する。この 3 者が、エンドユーザーや顧客にとって最大限価値を得られるかたちになっているのかを見極めながら、「NEC のデザイン思考」フレームワークという共通言語を使って質の高い議論をおこなうことで、早く検討を進めることが可能となっている。

コラボレーティブな進め方

初期段階から社内外へNECの検討内容やプロトタイプを発信し、実際に触ってもらい意見を貰う。このことにより、早い段階で検討内容やアイデアの課題を見つけ改善をするとともに、共感者を増やし、様々なステークホルダーを巻き込みやすい環境を整え、エコシステムを構築しながらオープンに進めることができる。機密性の高いプロジェクトの場合も、ユーザーや課題の当事者を巻き込み評価をしながら進めることを重視する。

お客様と共に未来を創る

ここから、実際にNECのお客様と共に、デジタルを活用した事業創出と業務変革に取り組んだ事例を2つ紹介する。

(1) 横浜銀行とNEC
地域社会で価値ある銀行となるための共創

本プロジェクトは、オープンAPIの利活用を推進する金融機関や様々な業種の企業が連携し、社会課題の解決や超スマート社会の実現を目指す共創活動のひとつだ。横浜銀行とは、地域の人々のために価値ある新しいサービスを生み出すことを検討した。

まずは「NECのデザイン思考」フレームワークを活用して、地域社会の人々のお金にまつわるライフステージにおいて、どのような課題があ

るのか、銀行は地域にどのような貢献をすべきなのかを、コンテクストキャンバスとビジョンキャンバスを用いて明確化していった。そこから、ワンストップ化することで地域の人々と銀行との新しい関係が生まれるサービスのアイデアを創出し、プロトタイプを作成。ライフイベントのホームドクターとしての銀行のサービスについて、ユーザーの受容性があるかを検討していった。

目指したい新たなビジネス
ライフイベントのホームドクターとしての銀行サービスを実現する
サービス事業者を巻き込んだECO SYSTEM
銀行が運営する、地域の人々が生き生きと暮らすためのサービスとなるプラットフォーム

(2) ANAとNEC
共創の取り組み

ANA Blue Base（ABB）は、3万平方メートル以上の敷地面積と世界最先端の訓練設備を有する日本最大級・最新鋭の訓練施設だ。経営の基盤である安全をはじめ、オペレーション品質の向上、イノベーション推進、働き方改革およびANAブランドの発信をおこなう人財育成の拠点でもある。

この施設に「高速大容量・低遅延・多接続」の

特徴をもつ5Gを導入し、訓練のパーソナライズ化によるサービス品質の向上、並びにパートナー企業との共創による新たなサービスの開発を目指した。たとえば、現在実施している訓練では収集しきれなかった姿勢・手順・視線・訓練生の感情変化などのデータを、ローカル5Gに接続したカメラ・視線測定機器・バイタルセンサ・VRゴーグルなどの様々なIoTデバイスからリアルタイムに収集・分析し、一人ひとりにフィードバックすることにより、訓練の効果をさらに高める。あるいは、パートナー企業が提供する新たなテクノロジーを5G上で活用し、ABB内の端末やシミュレーター、モックアップなどと組み合わせることで、新たなサービス開発をおこなっていく、といった取り組みである。デジタルトランスフォーメーション（DX）が急速に進展する中、ANAとNECは、ローカル5Gの活用をはじめとしてデジタル化に積極的に対応し、従来の産業構造の枠にとらわれない新たな事業・サービスの創出に取り組んでいる。

NEC本社スーパータワー全体を
プロトタイプの場にする

**NECの本社全体を
プロトタイプにする
取り組み >>**

デジタルを活用した新しい働き方

ここでは、New Normal(ニューノーマル)時代の新しい働き方を、デジタルトランスフォーメーション(DX)の力で実現するデジタルオフィスのプロジェクトを紹介したい。

NECでは新たな取り組みとして、New Normal時代に求められるオフィスの在り方を見据え、生体認証や映像解析などの先進ICTを活用し、ゲートレス入退システムやマスク対応レジレス店舗などの様々なシステム実証をNEC本社ビル内にて実施し、自社ビルをお客様のプロトタイプの場とする試みをおこなった。

2019年10月当初、3つの専門家が集まった少人数のチームでスタートした。12月までの2カ月で、構想仮説とプロトタイプ作成、受容性の評価をおこなった。1月からは、全社横断プロジェクトに発展。2020年7月には10余り

の製品サービスをプレスリリースするという、スピーディーかつアジャイルな開発方法を用いて、90日でサービスの公開に繋げることができたプロジェクトであった。

利用者にとっての価値を起点に検討する

10月当初、サービスデザイン部門メンバーは体制構築し、チームビルディングを実施した。あらかじめ実施しておいた社員アンケートやインタビューなどエンドユーザーの分析と、働き方やビルの活用方法などに関する市場調査をおこない、全社的に進めている働き方改革に先んじて1カ月で事業目標と事業機会の明確化をおこなった。その際、本書でも紹介されているように、外部環境を把握、整理をするためのコンテクストキャンバスを活用。そのほか、最初にフィージビリティを上げるためのKR(キーリソース)リスト、ステークホルダー間の関係性を整理する顧客価値分析をおこない、事業の提供価値に関する理解を深めていった。

ユーザーインタビュー
イベントの様子

11月に評価した
プロトタイプ

オープンに進めて巻き込む

このプロジェクトでは、早い段階から情報発信をしていくことを心掛けた。検討風景と検討内容を公開し、共感を呼ぶように発信。その結果、社員から、共同スペースの提供と、社外の方にも発信する場に活用してみませんか？というコメントをもらい、11月にユーザーインタビューをおこなう社外イベントを実施することができた。

NEC単体では実現できないアイデアも、協力者の存在により、より大きな規模のビジネスに展開させることができるかもしれない。そのためにも、同じ思いを持った協力者を早い段階で巻き込むことをとても大切にしている。顧客候補やパートナー候補に早くリーチし、必要な社内外のステークホルダーを素早く巻き込むことができた。

NEC 本社スーパータワー全体を
プロトタイプの場にする

未来の姿を具体化する

仮説検証イベントの結果をもとに、仮説をより具体化し、NEC が、これからどのような顧客体験をつくりあげていくべきなのかを明確化するため、未来の働き方ジャーニーを作成した。そこには、今、何を変革していくべきか、変化の激しい外部環境の変化を踏まえ、中長期的にありたい未来の姿を具体的に描いていった。そのうえで、短期的に実現すべきこと、中長期的に実行していくことを整理し、実現のためのマイルストーンをコンセプトに落とし込んでいった。

グローバルでフラットな
「全社アジャイルチーム」による開発

2020 年 1 月、お客様との共創を迅速におこなうために、常務の小玉より、本社全体をプロトタイプの場にするというコンセプトが示され、全社の事業部の若手中心に「全社アジャイルチーム」が結成された。私（赤堀 桃音）も、このチームのメンバーとなった。顔合わせを含むキックオフの後、すぐに活動を開始。この活動では、若手も役員も同じ社内 SNS のプラットフォームを活用し、対等に議論をしながらアジャイル開発を実行していった。

まずは、自分たち社員自身の困り事や、このようなサービスがあったら働きやすくなるのではないか、というアイデアをブレストした。そのアイデアは切実か、すぐに本社で実行できるかなど、様々な観点でクイックに絞り込みをおこなった。ここまでは良かったが、すぐに導入できるシステムへの落とし込みができず、スピードが落ちてしまった。

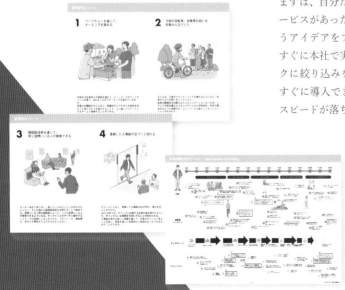

そのようなときに小玉から、「NECのインド拠点にも
いくつかソリューションがあり、また、アジャイルに
進めるノウハウとマインドを持っているから連携をし
てみるとよい」というアドバイスがあった。私たちは
さっそくインド拠点にコンタクトを取り、2月にはイ
ンドのチームが合流し、私たちの現状の案を共有する
とともに、今後スピーディーに開発を進めていくため
の方針を確認した。

最初は言葉の壁で意識合わせが大変だったり、インド
で開発したソリューションを日本の本社に当てはめた
際に想定外のことが発生したが、それに対するインド
拠点の対応は早く、修正や改良も数日で対応すること
ができ、一気に開発スピードが上がった。

7月のプレスリリースでは、多くのメディアにも大々
的に取り上げていただけた。NECのデザイン思考フ
レームワークを活用し、本質的な課題に取り組んだた
め、COVID-19の影響下において必要となるオンライ
ン会議での個人の能力の見える化や、食堂やエレベ
ーターでの密の見える化などを発表することができた。
NECのデジタルワークプレイス関連製品サービスと
ともに、COVID-19の影響下においても事業継続が
必要な役割を担っているお客様にいち早くお届けし、
社会に貢献していくことを目指している。

PROFILE

NEC

日本電気株式会社(NEC)は東京都港区に本社をおく
ICT企業である。1899年の創業以来「ベタープロダク
ツ・ベターサービス」の精神で、「安全・安心・公平・
効率という社会価値を創造し、誰もが人間性を十分に
発揮できる持続可能な社会の実現を目指します」を
Purpose(存在意義)に、地方公共団体、医療機関など
が中心の社会公共事業、官公庁やメディア向けの社会
基盤事業、製造業、流通・サービス業、金融業などの
民需向けのエンタープライズ事業、5G等のネットワ
ークサービス事業などを推進している。

人名・企業名インデックス

人名

あ

アールト・J・ロース	61
アッシュ・マウリャ	201
アド・ファン・ベルロ	91
アレックス・オスターワルダー	25
アレックス・ダヴィッジ	135
アン・リッチ	231
ウィリアム・ギブスン	112
エニス・ソネメル	58
エマニュエル・ブッタン	38
エマヌエーレ・フランチョーニ	192

か

ガブリエル・ルビンスキー	134
グラント・マクラッケン	102
ケヴィン・フィン	133
コーリー・フォード	232

さ

ジャスティン・ロキッツ	242
ジョージ・ボースト	137
スー・ブラック	58
スティーブ・ブランク	247

た

タコ・イント・フェルト	230
ダン・ローム	177
デビッド・シベット	41
ドロシー・ヒル	67

な

ナンシー・デュアルテ	77
ネイサン・シェドロフ	236

は

パトリック・デ・ゼーウ	225
ハワード・タルマン	226
ピーター・デ・ケイザー	117
ビッキー・シーリー	58
フリッツ・ファン・メロード	59,119

ま

マーク・アンドリーセン	191
マート・マーシク	229
マイケ・ドイヤー	103
マルク・ウェッセリンク	189
マルクス・アウエルバッハ	39
ムキ・ハンステーン＝イソラ	109

ら

リシャルト・ファン・デルデン	97
ルート・ヘンドリクス	225
レンス・デ・ヨング	43
ロブ・フィッツパトリック	93

企業名

123

1871	226

ABC

Abrella	212
Adobe	231
Audi Innovation Research	39
Auping	61
AUTODESK	168
BNP パリバ	38
BNP パリバ・フォルティス	116
Bupa	135
Duarte	77
Eneco	230
Founder Centric	93
GoSparc	192
ING 銀行	67
Matter	232
Mindpearl	59
OneTab	198
Quby	230
SEB ラボ	229
Sheppard Moscow LLC	58
Startupbootcamp	189, 225
Strategyzer	25
The Grove Consultants International	41
TheSumof	133
TOYOTA	137
VanBerlo	91
Wavin	96

あいう

インテルラボ	109
シーメンスヘルスケア	58
パナソニック	134
マーストリヒト大学医療センター	59, 119

ツールインデックス

1章：準備する

シナリオ
44

チーム憲章キャンバス
46

2章：視点

5 ボールド・ステップ・ビジョン® キャンバス
62

カバーストーリー・ビジョン® キャンバス
68

デザイン基準キャンバス
72

ストーリーテリングキャンバス
78

ヒーローのジャーニーキャンバス
83

3章：理解する

カスタマージャーニーキャンバス
104

価値提案キャンバス
110

コンテクストキャンバス®
114

ビジネスモデルキャンバス
120

4章：アイデアを出す

クリエイティブマトリクス
144

ビジネスモデルキャンバス・アイディエーション
146

ウォール・オブ・アイデア
148

イノベーションマトリクス
150

5章：プロトタイプを作る

スケッチング
176

ペーパープロトタイピング
178

6章：検証する

「最もリスクの高い想定」キャンバス
204

実験キャンバス
208

検証キャンバス
210

7章：拡張する

投資のレディネスレベル
248

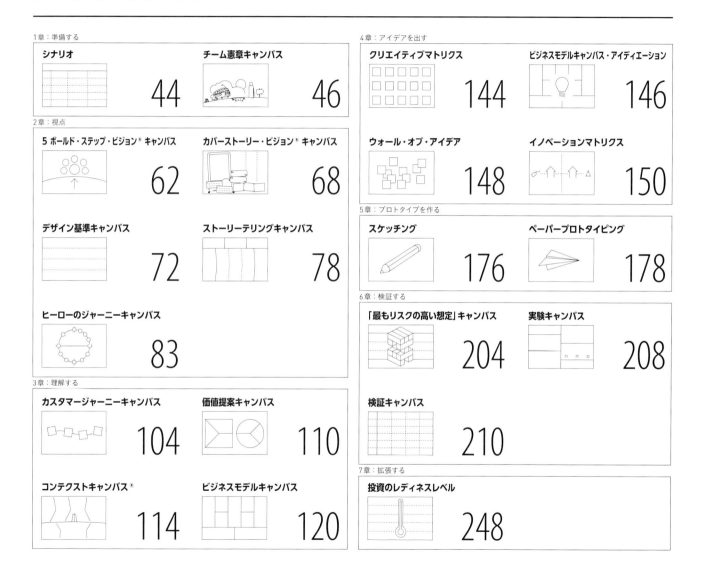

参考書籍

Berger, Warren. *A More Beautiful Question: The Power of Inquiry to Spark Breakthrough Ideas*, 2012.
『Q 思考──シンプルな問いで本質をつかむ思考法』ウォーレン・バーガー著、鈴木立哉訳、ダイヤモンド社、2016 年

Pink, Daniel. *A Whole New Mind: Why Right-Brainers Will Rule the Future*, 2006.
『ハイ・コンセプト──「新しいこと」を考え出す人の時代』ダニエル・ピンク著、大前研一訳、三笠書房、2006 年

Osterwalder, Alex. Pigneur, Yves. *Business Model Generation: A Handbook for Visionaries, Game Changers, and Challengers*, 2008.
『ビジネスモデル・ジェネレーション──ビジネスモデル設計書：ビジョナリー、イノベーターと挑戦者のためのハンドブック』アレックス・オスターワルダー、イヴ・ピニュール著、小山龍介訳、翔泳社、2012 年

Liedtka, Jeanne. Ogilvie, Tim. *Designing for Growth: A Design Thinking Tool Kit for Managers*, 2011.

Blank, Steve. *The Four Steps to the Epiphany: Successful Strategies for Products That Win*, 2013.
『アントレプレナーの教科書［新装版］──シリコンバレー式イノベーション・プロセス』スティーブ・G・ブランク著、堤孝志、渡邊哲訳、翔泳社、2016 年

Gray, Dave. Brown, Sunni. Macanufo, James. *Gamestorming: A Playbook for Innovators, Rulebreakers, and Changemakers*, 2010.
『ゲームストーミング──会議、チーム、プロジェクトを成功へと導く 87 のゲーム』Dave Gray、Sunni Brown、James Macanufo 著、野村恭彦監訳、武舎広幸、武舎るみ訳、オライリー・ジャパン、2011 年

Vaynerchuk, Gary. *Jab, Jab, Jab, Right Hook: How to Tell Your Story in a Noisy Social World*, 2013.

Croll, Alistair. Yoskovitz, Benjamin. *Lean Analytics: Use Data to Build a Better Startup Faster*, 2013.
『Lean Analytics ──スタートアップのためのデータ解析と活用法』アリステア・クロール、ベンジャミン・ヨスコビッツ著、角征典訳、オライリー・ジャパン、2015 年

Belsky, Scott. *Making Ideas Happen: Overcoming the Obstacles Between Vision and Reality*, 2012.
『アイデアの 99% ──「1% のひらめき」を形にする 3 つの力』スコット・ベルスキ著、関美和訳、英治出版、2011 年

Solomon, Lisa Kay. Ertel, Chris. *Moments of Impact: How to Design Strategic Conversations That Accelerate Change*, 2014.

Duarte, Nancy. *Resonate: Present Visual Stories that Transform Audiences*, 2010.
『ザ・プレゼンテーション──人を動かすストーリーテリングの技法』ナンシー・デュアルテ著、中西真雄美訳、ダイヤモンド社、2012 年

Guidice, Maria. Ireland, Christopher. *Rise of the DEO: Leadership by Design*, 2014.
『CEO から DEO へ──「デザインするリーダー」になる方法』マリア・ジュディース、クリストファー・アイアランド著、坂東智子訳、ビー・エヌ・エヌ新社、2014 年

Harnish, Verne. and the team at Gazelles. *Scaling Up: How a Few Companies Make It...and Why the Rest Don't*, 2014.
『スケーリング・アップ──成長できる企業とできない企業は何が違うのか』ヴァーン・ハーニッシュとガゼルチーム著、ダイレクト出版、2015 年

Roam, Dan. *The Back of the Napkin (Expanded Edition): Solving Problems and Selling Ideas with Pictures*, 2013.
『描いて売り込め！超ビジュアルシンキング』ダン・ローム著、小川敏子訳、講談社、2009 年

Horowitz, Ben. *The Hard Thing About Hard Things: Building a Business When There Are No Easy Answers*, 2014.
『HARD THINGS（ハード・シングス）──答えがない難問と困難にきみはどう立ち向かうか』ベン・ホロウィッツ著、滑川海彦、高橋信夫訳、日経 BP 社、2015 年

Campbell, Joseph. *The Hero with a Thousand Faces*, 1949.
『千の顔をもつ英雄（上・下）』ジョーゼフ・キャンベル著、倉田真木、斎藤静代、関根光宏訳、早川書房、2015 年

Christensen, Clayton. *The Innovator's Dilemma: When New Technologies Cause Great Firms to Fail*, 2011.
『イノベーションのジレンマ──技術革新が巨大企業を滅ぼすとき（増補改訂版）』クレイトン・クリステンセン著、玉田俊平太監修、伊豆原弓訳、翔泳社、2001 年

Ries, Eric. *The Lean Startup: How Today's Entrepreneurs Use Continuous Innovation to Create Radically Successful Businesses*, 2011.
『リーン・スタートアップ──ムダのない起業プロセスでイノベーションを生みだす』エリック・リース著、井口耕二訳、日経 BP 社、2012 年

Fitzpatrick, Rob. *The Mom Test: How to talk to customers & learn if your business is a good idea when everyone is lying to you*, 2013.

Wickman, Gino. *Traction: Get a Grip on Your Business*, 2012.

Osterwalder, Alex. Pigneur, Yves. Bernarda, Gregory. Smith, Alan. *Value Proposition Design: How to Create Products and Services Customers Want*, 2014.
『バリュー・プロポジション・デザイン──顧客が欲しがる製品やサービスを創る』アレックス・オスターワルダー、イヴ・ピニュール、グレッグ・バーナーダ、アラン・スミス著、関美和訳、翔泳社、2015 年

Sibbet, David. *Visual Meetings: How Graphics, Sticky Notes and Idea Mapping Can Transform Group Productivity*, 2010.
『ビジュアル・ミーティング──予想外のアイデアと成果を生む「チーム会議」術』デビッド・シベット著、堀公俊監訳、平山猛、加留部貴行、高見真智子訳、朝日新聞出版、2013 年

Fields, Jonathan. *Uncertainty: Turning Fear and Doubt into Fuel for Brilliance*, 2012.

Thiel, Peter. Masters, Blake. *Zero to One: Notes on Startups, or How to Build the Future*, 2014.
『ゼロ・トゥ・ワン──君はゼロから何を生み出せるか』ピーター・ティール、ブレイク・マスターズ著、関美和訳、NHK 出版、2014 年

主な協力者

ユーリ・ルフェーヴル（イラスト）
マリエ・スラウス（マーケティング
　と販売）
モニーク・ティール・フローネステ
　ージュ（法務と制作）
ローラント・ヴァイネン（テストと
　ツールのコンテンツ）

ケーススタディ

アールト・J・ロース
アド・ファン・ベルロ
アダム・ドール
アレックス・オスターワルダー
アンドレアス・スーゴー
アッシュ・マウリャ
ダン・ローム
デビッド・シベット
ドロシー・ヒル
エマニュエル・ブッタン
エマヌエーレ・フランチョーニ
ファリッド・タバーキ
フリッツ・ファン・メロード
ジョージ・ボースト
ケヴィン・フィン
マイケ・ドイヤー
マルク・ウェッセリンク
マルクス・アウエルバッハ
マティアス・エドストローム
モハメッド・ビラル

ムキ・ハンステーン＝イソラ
ナンシー・デュアルテ
ネイサン・シェドロフ
パトリック・デ・ゼーウ
ポール・ワイアット
ピーター・デ・ケイザー
レンス・デ・ヨング
リシャルト・ファン・デルデン
ロブ・フィッツパトリック
ルート・ヘンドリクス
スコット・クロス
スティーブ・ブランク
スー・ポロック

協力者

バラン・コルクト
ベン・ハムリー
ダイアン・シェン
ダグ・モーウッド
ダンカン・ロス
エーソィア・ヨンクル
エリーヌ・リーザー
レスリー・ウェインライト
マイケ・ドイヤー
マーク・マクラフリン
マティーニ・デ・リダー
マシュー・ケリー
マイケル・イールズ
スティーブ・リン
スーヒート・アナントゥラ
タリク・ファーミー
ビッキー・シーリー

校閲者

アレグザンダー・ダヴィッジ
アンドラ・ラリン
アン・リッチ
アルノ・ニーホイス
バール・デ・レージュ
ベルナール＝フランク・グィドーニ
　＝タリッシ
ベルナルド・カルデロン
バウク・バーステビンデル
クーン・テイホフ
コリン・ジョンソン
ダニエル・シャルモ
デビッド・シベット
デビー・ブラッキーン
エマニュエル・デヨンケーレ
エリク・プリンス
エルンスト・ハウトカンプ
エヴァン・アザートン
フランツィ・セスラー
フリーク・タルスマ
ヘーラルト・ビーツ
ハイス・メンシング
ギー・ファン・ワイメールシュ
ヘンク・ナーゲルハウト
JP・ファン・セヴェンター
ヤン＆レンスク・ファン・デル・プ
　ラム
ジャビー・ウィーツマ
ジム・ルイス
ヨハン・スター
ジュリアン・トーマス
ケヴィン・フィン
マンディ・チョーイ

マリアン・フィサー
マティユー・ファルク
モーリス・コンティ
ムキ・ハンステーン＝イソラ
ネイサン・シェドロフ
ルシアン・ヴィーガース
パトリシア・オルシャン
パウル・レイニールセ
パウル・ファン・デル・ヴェルフ
ペトラ・ヴィレムズ
ペトラ・ウーリングス
クイント・ツィルティエンス
レモ・ノップス
レネ・ヴェンドリーグ
リシャルト・ファン・デルデン
リク・バッカー
ロバート・デ・ブラーン
サンデル・ニューウェンハイゼン
タコ・イント・フェルト
ヴィンセント・クルト
ヴィレム・マステンブルーク
ヤニック・ポダール

著者紹介

パトリック・ファン・デル・ピール

パトリックは Business Models 社の CEO であり、世界的ベストセラー『ビジネスモデル・ジェネレーション──ビジネスモデル設計書：ビジョナリー、イノベーターと挑戦者のためのハンドブック』のプロデューサーである。彼は、起業家や、リーダー、反逆者、企業が、ビジネスモデルを革新し、未来の戦略をデザインするのを精力的に支援している。

🐦 @patrickpijl in ppijl

ジャスティン・ロキッツ

ジャスティンは、経験豊富な戦略デザイナーであり、Business Models 社のサンフランシスコオフィスでマネージングディレクターを務めている。彼は、さまざまな業界での経験を利用して、企業が、革新的で持続可能なビジネスモデルと、未来の戦略をデザインするのを手伝っている。

🐦 @jmlokitz in jmlokitz

リサ・ケイ・ソロモン

熱意あふれるデザインストラテジストで、経営者教育を担当するリサは、カリフォルニア美術大学デザイン戦略 MBA とシンギュラリティ大学で、体験型の手法でリーダーシップを教えている。ベストセラー『Moments of Impact: How to Design Strategic Conversations That Accelerate Change（インパクトの瞬間──変革を加速させる戦略的会話をどのようにデザインするか）』の共著者。

🐦 @lisakaysolomon in lisakaysolomon

マールテン・ファン・リースハウト

マールテンは、ビジネスモデル社のクリエイティブディレクターである。彼は、メンター、（ビジネス）デザイナー、戦略的ストーリーテラーとして、学生、スタートアップ、企業と仕事をしている。彼のクリエイティブなスキルを使い、人々が未知の領域を開拓するのを支援している。

🐦 @maartenvl 💼 mvlieshout

エーリク・ファン・デル・プラム

エーリクは Thirty-X 社の創業者で、クリエイティブディレクターを務めている。彼が愛してやまないのは、複雑なものをシンプルにし、物事の隠れた構造を見つけることである。彼は、アートやデザイン、人工知能、コンピュータゲーム、スタートアップの世界での経験を生かして、デザインとプログラミングと戦略をミックスさせることを得意としている。

🐦 @eeevdp 💼 erikvdpluijm

ヨナス・ルイス

根っから視覚的にものを考える人間であるヨナスは、神経心理学で理学修士号を取るとすぐ、起業家兼デザイナーとして出発した。彼は、デザインと心理学のスキルを使って、複雑な事象を理解し、人々にも同じことを理解させることを喜びにしている。

🐦 @jonaslouisse 💼 jonaslouisse

DESIGN A BETTER BUSINESS
デザイン・ア・ベタービジネス

ビジネスイノベーション実践のためのツール、スキル、マインドセット

2020年11月15日　初版第1刷発行

著者　　パトリック・ファン・デル・ピール、ジャスティン・ロキッツ、リサ・ケイ・ソロモン
訳者　　神月謙一
監修　　安 浩子、赤堀桃音、NEC

翻訳協力　　　　　　株式会社トランネット（https://www.trannet.co.jp）
版権コーディネート　株式会社日本ユニ・エージェンシー
日本語版デザイン　　中山正成、小森 椿（APRIL FOOL Inc.）
編集　　　　　　　　伊藤千紗、村田純一
編集協力　　　　　　赤羽太郎（CONCENT）

印刷・製本　　　　　シナノ印刷株式会社

発行人　上原哲郎
発行所　株式会社ビー・エヌ・エヌ新社
　　　　〒150-0022 東京都渋谷区恵比寿南一丁目20番6号
　　　　FAX：03-5725-1511　E-mail：info@bnn.co.jp
　　　　www.bnn.co.jp